達賴喇嘛自傳

Dalai Lama 著

烏蘭巴托
蒙古共和國
內蒙古
滿洲
韓國
北京
安多
藏
中華人民共和國
昌都
台灣
香港
緬甸
泰國
仰光
N

西藏及其鄰國
蘇　聯
塔什干
東土耳其斯坦
喀布爾
阿富汗
伊斯蘭
馬巴德
巴基斯坦
達蘭莎拉
喜馬拉雅山
德里
尼泊爾
加德滿都
錫金
岡托
孟加拉
加爾各答
印　度
西
烏
拉

前言

「達賴喇嘛」的意涵，言人人殊。有些人認為我是大悲觀世音菩薩的化身，也有人視我為「法王」。然而在一九五〇年代末期，我卻是中華人民共和國人代委員會副委員長。隨後我從西藏出走，展開流亡生涯，即遭詬詆為反革命分子與寄生蟲。無論上述稱謂如何，均非我本意。我認為「達賴喇嘛」是一個示現個人職務所繫的頭銜。在下僅是一介凡夫，一個不經意間走上僧途的藏人。

本書中，我全然以一個喇嘛的角色來敘述我生平的事迹；然而，這絕不是一本關涉佛教的書。寫書的兩個主要原因是，其一，愈來愈多人熱中於探知達賴喇嘛的生平事迹。其次，有些歷史事件與我有關，因此我想平實地留下記錄。

由於時間的限制，我決定直接以英文敘述。這並不容易，因為我的英文自我表達能力有限。此外，我也意識到某些我表達的微妙意涵，恐怕無法如我所想般，能精確地以英文再現。但是，同樣的情況，在從藏文譯成英文的過程中，亦難避免。而且，我不像有些人擁有可供利用的研究資源，而我的記憶力一如常人，可能記錯。因此，我要在此向西藏流亡政府的有關官員及本書編輯亞歷山大·諾曼致謝，感謝他們在這些我力有未逮之處的協助。

一九九〇年五月

目次

第一章　手持白蓮的觀音

一九五九年三月，我逃出西藏，從此以後，一直流亡印度。一九四九至一九五〇年期間，中華人民共和國出兵入藏。將近十年，我身兼政教領袖，致力重建兩國之間的和平關係，但是終歸無效。我得到令人傷感的結論：我在西藏外面，能對留在西藏的人民做出更大的貢獻。

當我回顧西藏還是自由國度的時光，發覺那是我一生中的黃金歲月。今天，我的確是快樂，但面臨的現況無可避免地迥異於從前我成長的時代。儘管沈湎於懷鄉思緒顯然無益，每當憶及過往，我仍不禁神傷，我想起同胞遭逢的非常苦難。古老的西藏並不完美，然而，實不相瞞，當時藏人的生活方式確是獨樹一格，有很多的確值得保留，如今卻是永遠失傳了。

我說過，「達賴喇嘛」一辭意涵言人人殊；但對我而言，此辭僅關涉到我的職務。實際上，「達賴」是個蒙古字，意即「海洋」；而「喇嘛」是個相當於印度字*Guru*的藏文，意指上師。「達賴」與「喇嘛」兩個字合起來，有時被泛解為「智慧之海」。但是，我認為這是出於誤解。「達賴」只是「索南嘉措」（**Sonam Gyatso**）——第三世達賴喇嘛名字的部分意譯。「嘉措」意即藏文裡的海。更嚴重的誤解源自中國人把「喇嘛」解為「活佛」，意喻「活著的佛」。這是不對的，西藏佛教裡沒有這回事。只有這種說法：某些人可以自在地轉生，例如達賴喇嘛，這種人稱為「化身」（*tulkus*）。

當我還駐錫西藏，身為達賴喇嘛，象徵著人間天上。它意味著過著一種遠離絕大多數人民塵勞、困頓的生活。我到任何地方，都有侍從相隨。我被裹著華麗絲袍的閣員及長老們圍繞，這些人皆從當地最高尚、貴族的家族擢拔而出。每天與我相伴的，則是睿智的經學家及充分嫻熟宗教事務的專家。每回我離開布達拉宮——有一千個房間的壯麗冬宮，總有數以百計的人群列隊護送。

隊伍的前頭是一名拿著「生死輪迴」象徵的男子（*Ngagpa*），他後面是一隊帶著旗子、著五彩斑斕古裝的騎士（*Tatara*）。其後則是挑夫，攜著我的鳴禽籠子及全用黃絲包裹的個人用品。緊接著是來自達賴喇嘛本寺南嘉寺的一群和尚，他們都拿著飾以經文的旗幟。隨後則是騎著馬的樂師。再後，跟著兩群僧官，首先是低階和尚，他們是抬轎的；然後是潡烱階級的喇嘛（*Tsedrung*）①，他們都是政府官員。達賴喇嘛廄中的馬群英姿矯健地跟在後面，皆由馬夫控馭，並飾以馬衣。

另一陣馬群則馱著國璽。我則隨後坐在由廿名男丁抬著的黃轎裡，他們都是綠衣紅頂的軍官。與大多數高級官員不同的是，他們有自己的髮式，留著一條長辮子，拖在背後。至於黃轎（黃色指涉修行意涵）則由另外著黃絲長袍的男子扛抬。轎旁，四名達賴喇嘛核心內閣成員噶廈（**Kashag**）②騎馬緊隨，由達賴的侍衛總管（*Kusun Depon*）及西藏軍總統領馬契（*Makchi*）照應。行伍皆佩劍凜然致敬，他們著藍褲和飾以金色繐帶黃束衣的制服。頭上則戴著流蘇帽。隊伍四周，最主要的團體是一群警衛僧（*sing gha*）。他們看來聲勢懾人，一概至少六呎高，穿著笨重的靴子，平添外表的奪目之感。他們手裡拿著長鞭，隨時派上用場。

我的轎後是高級及初級親教師（前者是我即位前的西藏攝政）。然後是我的父母及其他家人。接著是包括貴族及平民的一大群俗官，依階級出列。

每當我出巡，幾乎所有拉薩人民都爭睹我的風采。所到之地，人們向我頂禮或五體投地，一陣令人敬畏的肅穆後，他們經常隨之涕下。

這種生活迥異於我幼年所過的生活。我生於一九三五年七月六日，名為拉木登珠，字面上的意思是「期盼充滿神性」。藏人為人、地、事命名，常取其傳神畢肖，比如，西藏

青海
西寧
古本
塔澤
塔希結
安
多
翠處河（揚子江）
中
國
藏
昌都
10 640 FT
甘孜
廷寺
康定
巴塘
裏塘
甘丹寺
色拉寺
拉薩
拉姆拉錯湖
卓雍湖
隆次宗
旁地拉
澤普
印度
逃亡路線
奇處河
拉薩
12 090 FT
哲塘
隆次宗
芒茫
旁地拉
澤普

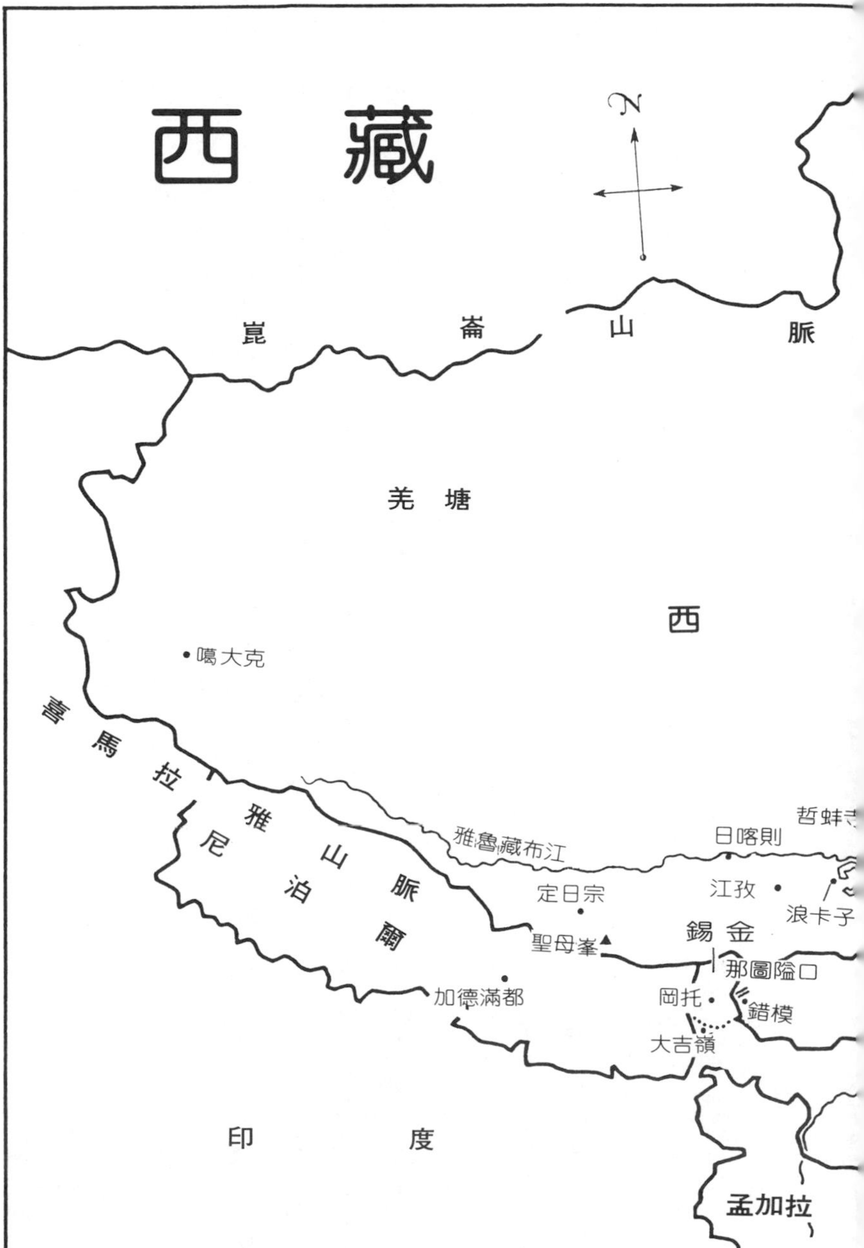
西藏
N
崑崙山脈
羌塘
西
噶大克
喜馬拉雅山脈
尼泊爾
雅魯藏布江
日喀則
哲蚌寺
江孜
浪卡子
定日宗
聖母峯
錫金
那圖隘口
岡托
錯模
大吉嶺
加德滿都
印度
孟加拉

最主要的河流之一，也是印度大川布拉馬普德拉河（**Brahmaputra**）源流的昌加波河（**Tsangypo**），其意即為淨化。再如我們居住的村莊塔澤（**Taktser**，位於今青海湟中祈家川），名為「咆哮之虎」。這裡是小而貧瘠的墾殖地，雄踞一座小丘上，俯視著寬闊的谷地。那片草地從未長期開墾或耕種，只有牧人放牧。原因是氣候變幻莫定，不適農耕。小時候，我家即為典例，全家廿多人在這裡過著看天吃飯的營生。

塔澤位於東北藏邊陲的安多省（**Amdo**）。在地理上，西藏可分為四個主要區域。北方是羌塘（**Changthang**）寒漠區，東西橫亙八百哩，幾是不毛之地，只有一些吃苦耐勞的遊牧人在荒煙中出沒。羌塘南邊是烏昌省（U-Tsang）③。其南方及西南方毗鄰的是高大的喜馬拉雅山。烏昌省東邊是康省（**Kham**，即中國的西康省），是全藏最肥腴的地方，因此人煙也最稠密。康省北方是安多省，兩省的東邊則是西藏與中國分界的天然屏障——高原縱谷。我出生時，一名回教軍閥馬步芳才剛在安多建立了一個效忠於中華民國的地方政權。

我的雙親是小農，不完全是農夫，因為他們從未與任何地主有所關連；但他們絕非貴族階級。他們擁有小塊土地，自力耕種，西藏主要農作物是青稞和蕎麥。家父母兩者都種，還有馬鈴薯。但是，他們終年辛勤，常因嚴重的降雹或乾旱而付諸流水。他們也養些牲口，這是比較靠得住的生產資源。我記得我們有五或六隻擠奶用的犏（*dzomos*），這是犛牛與水牛的雜交種，以及一些生蛋用的土雞，還混養了一群大約八十頭的綿羊和山羊。父親愛馬，幾乎總有一兩匹甚或三匹馬。此外，我家有一對犛牛。

犛牛是上蒼賜予人類的一種禮物。牠能存活在一千呎以上的高地，所以極適應西藏。在低於千呎以下，則很難存活。作為負重的牲口以及奶（母犛牛才能擠奶，稱為*dri*）、肉的來源，犛牛真是高原農作的一寶。雙親種的青稞則是西藏的另一寶。將青稞焙乾，研磨成細粉，即成糌粑。在西藏，很少有一餐不用到糌粑，即使在流亡生涯，我仍然每天吃糌粑。當然，我們並不光吃麵粉；首先必須與液體攪拌，通常用茶，但牛奶（我喜歡）或牛奶提煉的半固態酪（*yoghurt*），甚至青稞釀成的啤酒（*chang*）也可以。然後用手指在碗底攪和，捲成小球狀。否則，也可以煮成麥片粥。西藏人非常喜歡這樣的美味，雖然在我經驗中，少有外國人敢領教。中國人尤其是一點也不喜歡。

雙親種的大多數作物只用來餵養我們。父親偶與過路的牧人交換穀物或綿羊。他間或下山到最近的城市西寧—安多省的首府，從事交易，騎馬需時三個鐘頭。在這廣袤的鄉區，貨幣並不太流通，大多數交易仍是以物易物。因此父親可以把當季收成盈餘交換茶、糖、棉布，也許是一些裝飾品以及一些鐵製用品。有時帶回一匹新的馬，他可樂了。他很善待這些動物，並以善治馬疾享譽桑梓。

我誕生於一座典型的藏人住屋裡，屋子以石塊與泥造成，圍住一個廣場的三面。它唯一特色是杜松木做成的水槽，鑿成半圓形狀，以利雨水宣洩。在它的正前方兩翼之間，有個小天井，立著一根長竿。旗竿上掛著一面祈禱幡，頂部及底部繫緊，上面寫著數不清的祈願文。

牲畜養在屋後。屋裡有六間房，其一是廚房，在室內時，我們在廚房消磨的時間最多；一間有座小佛壇的祈願室，每天清晨，我們都得群集在此獻供；雙親的臥室、客房、食物儲藏室，以及牛棚。我們小孩沒有臥房。在嬰兒期，我與母親睡；稍大時，睡在廚房的火爐旁。至於家具，沒有我們一般所謂的椅子或床，但在雙親臥房及客房裡，有凸起的睡眠區域。屋裡還有很多華麗的漆畫木製小櫥。地板同樣是木製，是平整鋪成的厚板。

我父親中等身材，急性子，我記得有一次我扯了他的鬍子，因為頑皮，被狠揍了一頓。不過，他仍是一位慈悲的人，從未心懷不滿。聽說，我出生時，他有件趣事。他病了好幾星期，不能下床。大家都不知道是什麼病，開始擔心他性命不保。但就在我出生當天，他突然毫無來由地逐漸康復。再為人父，並無欣喜，因為家母已生了八個小孩，其中僅有四個存活（像我們這樣龐大的農耕家族的確有必要多生小孩，家母共生了十六個，其中七個活下來了）。撰寫本書時，我上面的哥哥羅桑桑天（**Lobsang Samten**）以及大姐澤仁多瑪（**Tsering Dolma**）已辭世。但我另二位哥哥、妹妹及弟弟仍安然健在。

家母無疑是我見過最慈悲的人之一。她真是好得不得了，我確信所有認識她的人都喜歡她。她非常有同情心。有一次，記得有人告訴我鄰近的中國發生可怕的饑荒。結果，許多可憐的中國人越界覓食。有一天，一對夫妻出現在我家門口，懷中抱著死去的孩子。他們向家母乞食，母親欣然給予。然後她指著他們的孩子，問是否需要幫忙埋葬。當他們明白家母的意思，於是搖頭，並澄清說打算吃掉「它」。母親嚇壞了，立刻邀他們入屋，出清貯藏室的全部食物，然後傷感地送他們上路。即使這樣布施家用食物，意味著我們自己可能要挨餓，她仍從未讓乞丐空手而歸。

多瑪是家裡最大的孩子，長我十八歲。早在我出生前，她就很盡心協助母親管理家務。她是我出生時的接生婆。她接生我時，發現我一隻眼睛張得不夠開，毫不猶豫地把她的拇指放在這隻不聽話的眼皮上，強行把它打開，幸運的是，沒有留下不良的後遺症。她也負責供應我的人間第一餐，傳統上，是取自當地產的一種特殊灌木皮的液體，大家相信如此可保證孩子健康。當然我也得如法炮製。幾年以後，姐姐告訴我，我是個非常髒的嬰兒。她剛把我抱到懷裡，我就拉了一堆屎。

我跟三位兄長都沒什麼相處。大哥圖登吉美諾布（**Thupten Jigme Norbu**）早被認定為高級喇嘛塔澤仁波切（**Taktser Rinpoché**，仁波切是賦予精神領袖的頭銜，其字面上的意義是「寶」）的化身，而被迎請到離家好幾小時馬程的著名大寺——古本寺④。二哥嘉洛通篤（**Gyalo Thondup**）長我八歲，我出生時，他早已到鄰村就學。只有長我三歲的三哥羅桑桑天還留在家裡。但他後來也到古本寺出家，所以在家時，我並不太了解他。

當然，除了看我是個普通的娃兒，沒人想到我可能會成為什麼。幾乎難以置信，一位以上的化身會降生在同一個家族。我的雙親當然也沒想到我會被認證為達賴喇嘛。父親的病癒是吉兆，但大家都不認為有什麼重大意義。我自己對前程同樣沒有特別的暗示。我最早的記憶非常尋常。有些人非常強調人們的最初回憶，我則不然。比如，我記憶中，發現一群孩子打架，我立刻加入弱者的一邊。我也記得首次看見駱駝。駱駝在蒙古地區非常普遍，但偶爾會穿越接壤處。身形龐大、壯觀的駱駝，看來非常駭人。我也想起有天發現我染了東藏習見的寄生蟲病。我記得，我很小的時候特別喜歡做的一件事，是隨母親到母雞窩裡撿蛋，然後落在後面，坐在母雞孵蛋的巢上，學著母雞呼雛咯咯叫。孩提時，另一件令我雀躍的事是，假裝即將出遠門，收拾物件放進袋子裡，然後說，「我要到拉薩了，我要到拉薩了」。還有，我總是堅持坐在桌子的上座，後來被認為是我必然知道命定要做更大事業的暗示。幼年，我也曾做過許多夢，都得到類似的解釋，但我始終無法直言知道自己的未來。後來，母親告訴我好些能喻義高僧轉世徵兆的故事。比如，除了母親，我從不允許任何人動我的缽。我也從未顯現怯生生的樣子。

在我繼續說到被尋訪、認證為達賴喇嘛轉世之前，首先必須說明佛教及其在藏地發展的歷史。佛教的創始者是位歷史人物悉達多（Siddhartha），後來他成了釋迦牟尼佛（Shakyamuni），在二千五百多年前出現。他的教義在西元四世紀間引介入藏。他們費了好幾百年排擠土著信仰苯教（Bon），然後全面建立佛教信仰；舉國終於徹底改變信仰，因為佛教教義統御了整個社會的各階層。不過，藏人本質上是十分富侵略性的民族，相當好戰；然而，他們對宗教實務的興趣日增，是促使藏區遺世孤立的主要原因。在此之前，西藏統領一個支配中亞的龐大帝國，疆域涵蓋北印度大部分區域、尼泊爾及不丹南部，也包括許多中國的領土。西元七六三年，藏軍確實攻佔了大唐的首都，得到對方輸貢的允諾以及其它的讓步⑤。不過，由於藏人日益耽於佛教，她與鄰國的關係成為一種精神上，而非政治上的性質。她與中國的關係尤然，因此發展出一種「僧伽和施主」（Priest-Patrony）的關係。清朝皇帝也是佛教徒，稱達賴喇嘛為「闡教王」（King of Expounding Buddhism）。

佛教的基本法則是緣起或因果法則。簡言之，人所經歷的每件事皆源自起心動念，而後有了行為。念頭因此是行為和經驗的根本。這樣的理解源自佛教意識及輪迴的教理。前者主張，因為「因」引致「果」，再接著成為另一個「果」的「因」，意識勢必接續不斷。念念遷流，剎那相續，蘊集經驗與印象。到肉身入滅的剎那，念頭持續不斷，人的意識包括所有過去經歷及印象的烙印，因此去向就跟著業力流轉。這就是「業」（*Karma*），意即「行為」。這就是意識跟著各人造作的業，隨後「轉世」於一個新的軀體——動物、人類或天人。

舉個簡單的例子，有人生平虐待動物，來生極易投胎為狗，受主人欺凌。同樣的，生平懿德善行，有助來生善報。

佛弟子更進一步相信，因為意識的本質是無自性的，欲避免無止盡的生、苦、死、轉世等生命無可避免的負擔，是可以做得到；但是，只有世緣牽縈的惡業已經消除，才有可能。到達此一境界，意識毫無疑問地首先會得到解脫，接著是達到無上的成佛境界（轉識成智）。然而，根據西藏傳統佛教的觀點，菩薩雖已證得佛果，解脫生死輪迴，菩薩將繼續乘願再來，致力利益眾生，直到眾生皆得解脫而後已。

以我自己為例，我被認證為西藏前十三世達賴喇嘛每一世的化身（第一世出生於西元一三五一年）。這些化身又是觀音菩薩的示現，具大慈悲的白蓮花的持有者，因此，我也被視為白觀音（**Chenrezig**）的示現，事實上，在傳繼系統裡的第七十四代，即可溯及一位婆羅門（**Brahmin**）男孩，他是釋迦牟尼佛時代的人。常有人問我，是否真的相信這些。這個答案不容易回答，但如今我已五十六歲，檢視此世的經歷，以及以佛弟子的信念見證，我毫不遲疑地認定，我在精神上與先前十三世達賴喇嘛、白觀音及佛陀本人相應。

我還不滿三歲時，政府派出一個尋訪團，打探達賴喇嘛的新化身，他們被許多迹象引導，來到古本寺。其中一個迹象，與我的前生達賴喇嘛十三世圖登嘉措（**Thupten Gyatso**）有關，他在一九三三年五十七歲時圓寂。在他塗了香料的遺蛻，趺坐接受瞻仰的期間，發現他的頭從朝南轉向朝東北。緊接著，一位高級喇嘛——攝政本人，看到一幅觀境。他在藏南聖湖拉嫫拉錯湖（**Lhamoi Latso**），清楚地看到水裡三個藏文字母：*Ah*、*Ka*及*Ma*，浮現眼際。接著出現下列影象：一幢三層樓寺廟，有綠藍色與金色屋頂，以及一條到山上的小徑。最後，他看到一間有怪異造型導水槽的小房子。他確信*Ah*字母暗示安多（**Amdo**），在東北方，所以尋訪團就出發了。

抵達古本寺（拉薩至此，要三個月旅程）時，尋訪團成員覺得他們走對路了，看來如果*Ah*字母暗喻安多（**Amdo**）的話，*Ka*勢必喻義位於古本（**Kumbum**）的這座寺，而它也確實是三層樓，且有綠藍色屋頂。他們現在只須找出那座山及有特殊導水槽的房子。所以，他們開始巡訪附近的村落。他們看到我家屋頂上結瘤的杜松木幹，即確定轉世的達賴喇嘛就在左近。儘管如此，他們並未透露此行的目的，只要求過夜。尋訪團的領袖結昌仁波切（**Kewtsang Rinpoché**）大半個晚上扮作僕人，與屋裡最小的孩子玩耍，伺機觀察。

小孩認得他，大叫「色拉喇嘛，色拉喇嘛」，色拉（**Sera**）是結昌仁波切駐錫的寺。翌日，他們就走了，幾天後再回來，這次是正式的代表團。他們攜來許多我那位前世的個人用品，混雜了一些他沒使用過的相似物件。每次試驗，小孩總是正確無誤地認出達賴喇嘛十三世的用品，並說「這是我的，這是我的」。這些多少證實尋訪團已經找到達賴喇嘛的新化身。不過，在最後的結果揭曉前，還有另一位可能人選猶待驗證。但沒多久，這位塔澤男孩即被確認為新的達賴喇嘛，我就是那個小孩。

不用說，對這件事，我記得不多。我太小了。我只記得有個雙眼銳利的人。這人名叫天津（Keurap Teuzin），他成為服飾總管，後來教我寫字。

尋訪團認定我就是達賴喇嘛的真正化身，消息傳回拉薩，報知攝政，在得到正式確認之前，還要好幾個月，這段時間，我仍待在家裡。其間，安多省地方政權的首長馬步芳開始找麻煩。但是，最後雙親把我帶到古本寺，我在那裡升座，儀式在黎明舉行。我特別記得這件事，因為日出前我就被人猛然喚醒、更衣，我也記得坐在法座上。

於是從此開始了我生命中一段並不怎麼快意的日子。我父母並沒在那裡待太久，不久以後，我即孤零零置身於陌生的新環境，與父母生離，對一個小小孩是一件頗殘酷的事。幸虧寺中生活還有兩事差堪告慰。其一是，我三哥桑天早就在那裡，雖然只大我三歲，他把我照顧得很好，我們很快成為親密的朋友。第二件是，他的上師是位非常慈悲的老喇嘛，常把我藏在他袍子裡。我記得有一回他給我一枚桃子。但大多數時候，我很不快樂，我無法理解成為達賴喇嘛意味著什麼。我只知道——我是許多小男孩之一。小小孩進寺並不稀奇，我也被一視同仁。比較痛苦的一件記憶和我的一位叔叔有關，他是古本寺的喇嘛。有一天傍晚，他正坐著讀祈禱文，我弄翻了他的書。正如今天所見，這本經典已書頁脫落。所以，當時我一碰即散。叔叔抓起我，狠狠揍了我。他非常憤怒，我也嚇壞了，之後的的確確有好幾年，我一直忘不了他黝黑的、麻瘢的臉，以及刺人的髫子。從此以後，只要看到他，我就非常恐懼。

我得知能與雙親永遠團聚，要一起到拉薩，才開始覺得來日有些興味。就像一般的孩子，我對旅行的種種，興奮莫名。不過，此行耽擱八個月之久，因為馬步芳勒索巨額贖金，不讓我到拉薩。他嚐到甜頭，需索更多。直到一九三九年夏天，我到拉薩前，一直如此。

好日子終於在我四歲生日過後一星期到來。記得當時充塞一片樂觀之情。護送我回拉薩的隊伍非常浩大，不僅包括我雙親以及我三哥羅桑桑天，也包括尋訪團的成員以及許多朝聖者。同行的，還有好些政府官員以及大量馭騾者和斥堠。這些人終身僕僕西藏商旅路線之間，任何長途旅行都非借重他們不可。他們知道每一條河正確的渡河位置，也知道攀越一座隘口要多少時間。

經過幾天的旅程，我們離開了馬步芳的轄區，西藏官方正式宣布承認我為達賴喇嘛的新化身。現在，我們進入某些世界上最渺遠、最美麗的鄉道：巍峨的山嶺綿延著平坦的草原，我們如昆蟲般，奮力越過。偶爾會遇到融冰成水的河流湍急而下，我們潑喇地踩水而過。每隔幾天，我們會碰到一個小小的屯墾區，群擠在草原中的篝火旁，或者宛如附枝般，守著一片山坡。我們能遙見一所寺廟奇蹟似地棲停在懸崖之上。但大多數時候，那裡只是乾燥不毛的空地，惟有挾沙的野風和狂亂的降雹，讓人知道大自然力量的可畏。

這趟到拉薩的旅程耗了三個月。我記得不多，只除了對所見每事的新奇感：龐大的野犛牛群奔越平野，一小群的野驢以及偶見的一陣閃光，小鹿輕捷，迅如鬼魅。我也愛時時可見的大群梟叫的野鵝。

大部分旅程，我都和桑天坐在由一對騾子拉的車輿裡。我們大半時間都在爭吵和辯論，就如一般的孩子，甚至經常大打出手，如此使車輿經常陷入失衡的險境。此時，車夫就得制止這種「獸行」，請來母親。母親往內探看，總會看到同樣的景象：桑天流著眼淚，而我臉上掛著勝利的表情，安坐不動。因為，桑天年紀雖然較長，我卻是比較直率的。儘管我們感情確實夠好，卻無法相安無事。我們之中，總有一個人會出言引發爭議，最後以打架和流淚收場；但流淚的總是他，而不是我。桑天就是脾氣太好，擺不出兄長的架勢來對待我。

最後，時序已入秋，我們一行人才接近拉薩。在我們距離拉薩還有數日行程時，出現一群政府高級官員，護送我們，直到離拉薩入口二哩外的多古塘平原。那裡早已樹立一座巨大的天幕營區。中間的一座是藍白結構叫做*Macha Chenmo*的「大孔雀」（Great Peacock）。在我眼中，異常龐大，它環繞著木雕的寶座，只是用來表達歡迎年幼的達賴喇嘛回家。

接下來的慶典持續了一天，授予我人民的精神領袖地位。關於此事，我的記憶很模糊，只記得歸家的盛大感覺，以及數不盡的人群。我永遠想不透那裡為什麼會有那麼多人。總歸言之，整個過程我自認表現良好；年僅四歲的我，即使一兩位特別年長的喇嘛自行審度我是否為達賴十三世的真正化身時，亦泰然自若。然後，活動全部終了，我和三哥羅桑桑天被送往位於拉薩西方大約三公里的諾布林卡（意即珠寶邸園）。

平常，諾布林卡宮僅作為達賴喇嘛的夏宮。但是攝政決定等到明年底，才讓我在布達拉宮（西藏政府的所在地）正式升座。在這段期間，我必須住在那裡。這實在是個很「英明」的決定，因為諾布林卡宮遠比布達拉宮好玩多了。諾布林卡宮由花園和許多小型建築組合圍繞，裡面風景清幽，空氣清新。布達拉宮則正好相反，我則見到塔樓壯觀地伸向遙遠的天際，宮裡則是黑暗、陰鬱的。

因之，我享有一整年不負任何責任的自由，快樂地與我兄弟戲耍，並能定期回家看望父母。這是我所能擁有的最後的短暫自由。

譯註：

①舊譯孜仲或濟仲，西藏政府之僧官。

②噶廈類似內閣，成員有四位，清氏三名為俗家，一名為僧官。

③烏昌舊譯為衛藏。

④古本寺，藏語全名為「兗本賢巴林」，意為十萬獅子吼佛像的彌勒寺，一般漢譯其名為「塔爾寺」，是藏傳佛教善規派的六大寺院之一（餘五寺為西藏甘丹寺、哲蚌寺、扎什倫布寺、色拉寺和甘肅的拉卜楞寺）。塔爾寺也是黃教創始人宗喀巴大師的誕生地。

⑤《資治通鑑》卷二二三，唐紀三十九，代宗廣德元年戊寅；吐番入長安，高暉與吐番大將馬重英等，立故邠王守禮之子承武為帝，改元置百官。郭子儀免冑見回紇是西元七六五年的事，唐與回紇聯兵破吐番。

第二章　獅子法座

成為達賴喇嘛後第一個冬天的種種，我記憶不深。只有一件事讓我縈懷。在當年臘月除夕，南嘉寺的喇嘛照例要表演名為恰木（*Cham*）的儀式舞蹈（跳神舞會），象徵驅除過往一年的負面力量。因我迄未正式升座，官方認為我不適合到布達拉宮觀賞。桑天卻由母親帶著去了。我很豔羨。他當晚深夜回來，作弄地詳述濃妝的舞者騰空與猝然跳躍的動作。

再接著的一整年，即一九四〇年，我仍留在諾布林卡。春夏月份間，我時常與雙親見面。在我被確認為達賴喇嘛之際，他們即取得貴族的地位以及可觀的財產，也可以在每年夏天使用諾布林卡宮園邨裡的一幢房子。幾乎每天，我習慣帶著一名隨從，溜去與他們相聚。這樣做並未全然獲准，但是負責管教我的攝政有時會放我一馬。我特別喜歡在午饍時間開溜，因為註定要成為和尚的小男孩，某些食物，如蛋與豬肉，必須忌口，我只有到父母家才能吃到。有一次，我正在吃蛋，正好被我的高級官員傑普堪布逮個正著。他非常震驚，我也是。我拉足了嗓門喊道：「滾開」。

另一個場景是，我坐在父親旁邊，看著他嚼脆皮豬肉，像隻小狗注視著他，希望他分給我一些，他果真如此。豬肉的味道真是美。所以，總而言之，我在拉薩的第一年非常快樂。我尚未成為喇嘛，我的教育課程也還未開始。桑天也樂於遊蕩一年，雖然他在古本寺已開始識字上學。

一九四〇年冬季期間，我被送往布達拉宮，在那裡正式升座成為藏人的精神領袖。關於這次典禮，我沒記起什麼特殊的，慶幸的是，這是我首度坐在希處普恩錯格廳裡的獅子法座上，那是巨大的、鑲滿寶石以及美麗木雕的寶座，廳名意指世間與出世間一切善行，這是布達拉宮東廂的主要包房。

不久以後，我被送往城中央的大昭寺，我在那裡剃度成為沙彌。典禮包括剃髮儀式，從此以後，我削髮，並依僧制著茶色僧服。我當然不太記得典禮是怎麼回事，只記得，看到濃妝的慶典舞者的那一刻，幾乎忘我，不加思索地對桑天說：「你看！」

我的頭髮由西藏攝政瑞廷仁波切①象徵性地剪掉一些。除了在我接掌大權之前擔任西藏最高領袖外，瑞廷也被指定為我的高級親教師。一開始，我小心翼翼與他相處，但我後來很喜歡他。他最引人注目的特徵是鼻子，連續有節。他充滿想像力，有一種相當自由的心性。他舉重若輕，不會過度小題大作：他愛郊遊與馬，後來他和我父親成了好友。可惜的是，攝政的那些年，他成為備受爭議的人物。而此時政府已非常腐化，比如賣官鬻爵的情形已很普遍。

在我受戒時，流言紛傳他不適合主持剃度儀式。傳言他犯了色戒，不再是個和尚。另外，他責罰一位在國會上與他唱反調的官員，也招致公開批評。儘管如此，依照傳統，我去掉了原名**Lhamo Thondup**，冠上他的，**Jamphal Yeshe**，再加上前幾世達賴喇嘛，所以我的全名變成**Jampal Ngawang Lobsang Yeshi Tenzin Gyatso**。

除了瑞廷仁波切是我的高級親教師外，我還有一位初級親教師塔湯（**Tathag**）仁波切。他是個非常脫俗的人，溫暖而且慈悲。我們一起上完課以後，他經常喜歡信口拈來地談話與說笑，我非常喜歡。最後，在我早年，尋訪團的領袖結昌仁波切，私底下也盡了不少心，形同第三位親教師。每有任一位親教師遠行，他替代他們的角色。

我特別喜歡結昌仁波切。他和我一樣，來自安多。他極為慈悲，我對他從來無法疾言厲色。在課堂上，為了逃掉我分內的背誦，我習慣鉤著他的脖子，撒嬌地說，「你背！」稍後，他警告崔簡（**Trijang**）仁波切，要特別注意不要笑出來，否則我鐵會吃定他。他在我九歲左右，成為我的初級親教師。

這樣的安排沒有持續太久。就在我的見習修行開始不久，瑞廷仁波切放棄攝政，主要是因為他的風評不佳。雖然才六歲，我仍被徵詢誰可以取代他。我指定塔湯仁波切，他隨後成為我的高級親教師；林仁波切則取代他，成為我的初級親教師。

塔湯仁波切是個溫和的人，林仁波切則非常自制且嚴厲，一開始，我的確很怕他。我甚至看到他的僕人就害怕，很快學會屏息辨聽他的腳步聲。但到最後，我很友善地對待他，我們發展出一種很好的關係。直到一九八三年往生，他一直是我最親近的知己。

如同我的親教師，另有三個人也被指定為我的貼身侍從，他們都是和尚。他們是儀式總管確彭堪布（*Chöpon Khenpo*）；掌膳總管索彭堪布（*Sölpon Khenpo*）；以及服飾總管堪蕊天津②。天津也是尋訪團的一員，眼神銳利，我印象極為深刻。

我還很小時，與掌膳總管有一種親密的連屬感。這種感覺強烈到他必須隨時在我視線所及之處；即使只從門口或內室裡的門簾下看到他的袍子下襬也行。還好他很包容我的行徑。他是個很善良單純的人，幾乎是全然地無諱。他既不是說故事能手，也不是有勁的玩伴，但這些一點也無所謂。

對我們這種交情，我常常想一探究竟。如今看來，就像是小貓或某些小動物與其飼主之間的繫連。有時我覺得餵食的動作是所有關係的基本根源之一。

剃度成為沙彌不久，我開始接受基本教育。這教育祇是學習閱讀。桑天與我一起受教。

教室我記得很清楚（一在布達拉宮，一在諾布林卡）。相對的兩面牆懸著兩根鞭子，一根是黃絲製的，另一根是皮製。前者是為達賴喇嘛預備的，後者是為達賴喇嘛的兄弟而設。這些體罰用的東西把我們倆嚇著了。只消師傅向那兩根鞭子望上一眼，就會讓我怕得顫抖。好在那根黃鞭從沒動用，那根皮鞭倒用過一兩回。可憐的桑天！他運氣不好，當起學生來不如我。不過，我懷疑他挨打也許是一句西藏古諺的作用：「打公羊，儆綿羊。」

儘管桑天和我都不許擁有同年齡的朋友，我們身邊卻總有人陪伴，不論在諾布林卡或布達拉宮，都有大群潔役人員以及內室照管者（不能稱為侍者）。他們大都是沒有受教或只受過一些教育的中年男子，有一部分是軍中服役後來此任職，職司保持房間整齊，監督地板務必擦過。這是我唯一講究之處，因為我喜歡在地板上溜冰。我和桑天在一起，惡形惡狀，他終於被送走，這些人就成為我僅有的陪伴。但他們真是不得了的玩伴！他們年紀也一把了，玩起來卻像孩子。

桑天被送到一所私立學校，我大約八歲。我當然很傷心，因為他是我與我家族的唯一聯繫。如今我只能在滿月時看到他。學校在滿月之日放假。每回會客完後，我站在窗前看著他離去，眼見他消失在遠處，心底梗塞著傷感。

除了與桑天每月固定的會面外，母親偶然的探訪便成我唯一的企盼。她總是由我姐姐多瑪陪著一道來。她們每回都帶來許多食品，所以我尤其喜歡她們來訪。母親是很棒的廚師，以烘焙精妙的點心著稱。

到我十幾歲時，母親也常帶著我的么弟天津秋結（Tenzin Choegyal）一道來。他比我小十二歲。如果有比我還調皮的小孩，那他就是。他最喜歡的遊戲之一是，帶著小馬上家裡的屋頂。我記得很清楚，小小的他，有一回挨到我身上來，說母親新近向屠夫訂了一些豬肉。買肉可以，這樣買則是嚴禁的行為。預訂是不可以，因為如此一來，為了特別滿足你個人的需要，有些動物可能遭到殺戮。

藏人對食用非素食之物，採取一種比較戒慎的態度。佛教不一定戒肉，但是主張不應該為了吃肉而殺生。在藏地，吃肉可以，因為往往沒什麼其它東西可吃（糌粑除外）；不過，無論如何，不能介入屠殺行為。宰殺工作由其他人做。有些是由定居在拉薩的回人承擔。他們擁有自己的清真寺，自成一個繁榮的社區。全藏至少有數千名回人，其中約半數來自喀什米爾，其餘則來自中國。

記得有一回，母親捎來肉食品塞滿米和剁碎物的香腸，是故鄉的特產，我立刻吃完，因為我知道如果讓任何一位潔役人員知道，勢必和他們分享。第二天，我病得很厲害。緊接著這次意外之後，掌膳總管幾乎丟差。塔湯仁波切認為他一定出了什麼錯，於是我被迫說出一切。這是一個很好的教訓。

布達拉宮雖然很美，但並不是個理想居所。西元七世紀，達賴喇嘛五世末期所建的布達拉宮，是位於一座名為「紅丘」石岩上的小建築。一六八二年，達賴五世圓寂時，布達拉宮大半仍未完工，所以，達賴忠誠的攝政德希桑結嘉措（Desi Sangye Gyatso）隱瞞他的死訊達十五年之久，直到完工。他只宣稱達賴要長期閉關。布達拉宮不僅是皇宮，垣內包括政府辦公室、許多儲藏室，還有南嘉（意即「勝利」）寺的一百七十五位和尚及許多佛壇，另外還有一所讓將來要成為瀲炯官員的小和尚念書的學校。

我這個小孩得到達賴五世位於頂樓（第七層）的臥室。室內極寒，燈火不足，我懷疑從達賴五世圓寂後，那裡是否有人碰過。裡頭所有東西都是古老的、陳舊的；四片牆上掛的帘子後面積著數百年的陳灰。臥室一邊靠牆矗立著一座佛壇。上面放兩盞油燈（盛著腐臭油脂的碗裡，燭心燃著），還有小碟裝的食物以及淨水，供養菩薩。每天都有老鼠來掠食這些供品。我逐漸喜歡這些小生物。牠們非常好看，自行取用每日口糧，了無懼意。一到晚上，我躺在床上，總會聽到我這些同伴來回奔跑。有時牠們會到我床上來。這床是臥室裡，除了佛壇，以及一個裝滿座墊的木箱之外，唯一的實用家具。床以長的紅色帳幔圍住，老鼠也爬上帳幔，我蜷伏在毯子裡，鼠尿滴下來。

不論在布達拉宮及諾布林卡，我的例行生活大抵相同，雖然在夏宮時，因為夏日白晝較長，作息表會提前一個小時。這無妨，我從未以日出之後起床為樂。我記得有一次睡過頭了，醒來發現桑天早在外邊玩著，覺得很生氣。

在布達拉宮，我習慣早上六點左右起床。梳洗打理好，作一段短短的祈禱及靜坐，為時一小時。然後，正好七時過後，我的早餐就送進來。早餐總是有茶及摻著蜂蜜或焦糖的糌粑。隨後跟天津開始上第一節課。從我學習閱讀以後，直到十三歲，這第一堂課都是書法課。藏文有兩種主要的書寫字體，「烏千」（Uchen）和「維美」（U-me），一種是用於手稿與官方文件，一種用於私人溝通。我只需學會寫「烏千」；但因學得很快，所以自己又學了「維美」③。

我回想這些早課，忍不住發噱。我在服飾總管注意的眼光下正襟危坐時，能聽到我的儀式總管在隔壁誦經。「教室」，實際上是一個有成排盆栽的走廊，正好毗鄰我的臥室。天氣很冷，不過天色明亮，是研究dungkar的大好時機。這是一種小而黑，鳥喙色彩鮮明的鳥，習慣在布達拉宮的頂上築巢。此時，我的儀式總管在我的臥室內晨禱。他誦晨課時經常睡著。每回他毛病犯了，就像斷電的留聲機逐漸消音，誦經聲慢慢消逝，愈來愈低，終至停止。停頓之後，直待他醒來，再度開誦。只是這時他會含糊帶過去，因為不知道自己念到那裡，所以經常一再重複好幾次。這種情形非常滑稽。不過，這樣也有好處。日後自己學到此段經文時，我早已了然於胸。

書法課後，照例是背誦課。只是學習佛經，當日稍晚再背誦。因為我學得快，所以覺得很無趣。饒是這樣，我通常立刻又忘了。

十點鐘是早課的休息時間。我當時還很小，也必須出席為政府官員舉行的會議。打從一開始，除了我全藏精神領袖的地位外，我即被培植有一天也成為西藏的世俗領袖。布達拉宮的會議廳正好在我臥室隔壁，官員從同一棟建築二及三樓的辦公室走上來。這些會議是很正式的場合，對各人朗念其當日的責任。有關我自己的案子自然也受嚴格檢視。我的侍從總管當結千嫫（*Dongyer Chenmo*）到我房間，領我到會議廳。我先接受攝政的問候，其次是四名核心內閣成員——噶廈依官階序列向我致敬。

朝會完畢，我回房繼續學習。我現在又有了一位初級親教師，我必須把當天背誦課學到的章節背給他聽。然後他把第二天要學的經文念給我聽，並且逐步詳析。這堂課持續到中午左右。此時，鐘聲響起（每隔一小時鐘響一次，只有一回，敲鐘的人忘了，中午一點竟敲了十三下）。中午也吹海螺。接下來是年幼的達賴喇嘛一天中最重要的節目：遊戲。

我很好運，擁有許多玩具。我還很小時，有位錯模（Dromo）地方的官員，這座城市與印度接壤，他常上進口玩具給我，有時還附成箱蘋果。許多到拉薩的國外使節也餽贈禮物給我。我最喜歡的玩具裡，有一樣是英國貿易使節團拉薩辦事處處長給我的麥肯諾（Meccano）牌全套鋼鐵組合的工學模型玩具。年歲日長，我得到更多套模型玩具；到十五歲左右，我已擁有最簡易到組合難度最高的所有麥肯諾牌套裝組合模型玩具。

我九歲時，二名美國官員組成的代表團來到拉薩。除了捎來羅斯福總統的信，他們還帶來一對美麗的鳴禽和一個華麗的金錶。兩者都是很受歡迎的禮物。我對來訪的中國使節所送的禮物並沒有很深刻的印象；畢竟，小男孩對成匹的絹絲不會有興趣。

另一件最愛的玩具是發條裝置的火車組合，我還有一套很棒的鉛兵。等我稍長時，我學會將之熔化，改鑄為和尚。依照他們原先的用途，我還是喜歡把這些和尚俑置於戰爭遊戲裡。我常耗時把他們擺成陣勢，然後戰爭開始。只消數分鐘，我排的完美陣勢就亂成一片。這種情形也同樣發生在另一個遊戲上，那是糌粑麵糰或俗稱的粑（Pa）做成的小坦克型及飛機模型。

首先，我在成人友伴中舉行比賽，看誰能捏塑最好的模型。每個人分配同樣大小的麵糰，比如說限定半小時內造出一個陸軍兵團。然後由我評定高下。比賽時，因為我夠機敏，總是不虞失掉場面。我往往淘汰做不好模型的與賽者。然後，我把我的部分模型給我的對手，換取其製造所費等量二倍的麵糰。如此這般，我總千方百計得到最大的實力，來結束比賽。同時，我在以物易物的交換中得到滿足。然後，我們開戰。至此，我事事順遂，在我全面落敗時也想一切如我意。正因我的潔役人員無論在何種形式的競爭，都從不放水。我經常試圖用我達賴喇嘛的地位來占便宜，也毫無用處。我玩起來非常頑強，常常大發脾氣，還動拳腳，但他們照舊不讓步，有時就弄得我哭出來。

另一個我喜愛的把戲是軍隊操練，從一個鍾愛的潔役人員諾布通篤（Norbu Thondup）

那裡學來的，他是大兵潔役中的一員。我總是像一般男孩充滿精力，離不開任何使用肢體的活動。我喜歡一種明令禁止的特定跳躍遊戲。這種遊戲是盡可能地快跑，跑上一塊豎立大約四十五度的木板，然後縱身往前跳。不過，我這種侵略性的傾向，有一次差點給我帶來大麻煩。我在我前世的遺物中發現一個古舊、前端飾以象牙的輕巧短棒。我據為己用。有一天，我拿著它在頭頂上用力甩，它忽然從我手中脫出，飛快打在桑天臉上。他咚一聲倒地。大約有一秒鐘，我確信我把他給害死了。暈眩過後，他站起來，淚如泉湧，右眉上可怖的縱深創口上血流如注。傷口後來受到感染，花了很長一段時間才復原。結果，可憐的桑天臉上多了一個明顯的記號，跟著他一輩子。

一點過後，就是輕便的午膳。由於布達拉宮形勢使然，日光到中午才照亮全室，此時我的早課正好結束。但到下午二時，日光開始消褪，房間陷入陰影裡。我討厭這個時刻：每當黑暗再度吞噬房間，我心頭也拂過一片陰影。午膳以後，午課隨即開始。頭一個半小時包括我的初級親教師上的一節通識教育。他竭盡所能吸引我的注意力。我是個很難駕馭的學生，所有科目一概討厭。

我學習的課程和所有志在取得佛學學位的和尚相同。課程安排極不平衡，在許多方面也完全不適合用來訓練廿世紀末葉的國家領袖。總而言之，我學習的課程涵括五個主要及次要學門④。前者是：因明學；西藏藝術與文化；梵文；醫學；以及佛學。最後一門最重要（也最難），可進一步分為五個領域：般若（*Prajnaparanita*），無上智慧；中觀（*Madhyamika*），觀想中諦的道理；戒律（毘奈耶 *Vinaya*），防止佛弟子邪非的法則；阿毗達磨（*Abidharma*），形上學；因明（*Pramana*），理則學；以及認識論。

五個次要科目是：詩；音樂與戲劇；占星學；度量與措詞⑤；同義字。事實上，學位的授予只以佛學、因明及辯證為基礎。因此，直到一九七〇年代中期，我才學梵文文法。諸如醫學等基本科目，我至今只經過非正式的學習。

辯證學，或辯論的藝術，是西藏喇嘛教育系統的根本。兩個爭辯者輪流提問題，附帶要擺出規定的姿態。問題提出，質詢者右手高舉過頭，與伸出的左手拊掌，同時左腳跺地。然後右手滑離左手，指近對手的頭部。被詢問的人處於被動，專注心神，不僅要回答問題，還要駁倒對方，而對方無時不在繞著他走。在這些辯論中，機智是很重要的一環，如能以幽默方法將對手的主張化為己用，可得高分。辯論因此成為一種通俗的娛樂，甚至風行於不識之無的一般藏人之間；他們也許跟不上智性層面的嫻熟運作技巧，但仍能享受其中的樂趣與場面。過去常見遊牧的流浪人和僻處拉薩之外的鄉野之人，費了大半個白日，在寺廟的庭院觀賞充滿學問的論辯。

一名和尚在這種獨特論辯裡的能力，是評估其智性成就的指標，因此，作為達賴喇嘛，我不僅在佛學、因明學具備良好基礎，而且必須嫻熟論辯。我十歲開始認真研讀這些科目；

十二歲時，兩位指定的辯證學專家（*tsenshap*）⑥訓練我辯證的藝術。

午課第一節過後，下一個鐘點由親教師向我解說當天論辯的主題如何進行。四點用午茶，假如有人喝茶比英國人還多，那就是西藏人。根據最近我得知一項中國人統計的資料，西藏淪陷前，每年從中國進口一千萬噸茶葉。這項資料不可能正確，因為它暗示每名西藏人每年幾乎喝掉兩噸茶；這個杜撰的數據顯然企圖證明西藏對中國的經濟依賴程度，卻沒有列出我們喜歡喝茶的數據。

話是這樣說，但我並沒有完全分享我的同胞對茶的偏好，在西藏社會，傳統上習慣在茶裡加鹽，用犛牛奶油取代牛奶的喝法。如果精心調製，會做成非常好而且營養的飲料，不過口味絕大部分要看摻和的奶油品質而定。布達拉宮膳房裡如常地供應新鮮的、乳酪似的奶油，而他們手釀的成品也很不錯。那是我真正樂享西藏茶的唯一時刻。今天，我大都採英國式喝法，早晚皆然。下午期間，我則光喝熱開水，這是一九五〇年代我在中國養成的習慣。雖然白開水平淡無味，事實上卻非常有益健康。在西藏的醫療體系裡，熱開水被視為第一帖藥。

喝完茶後，兩位專長論證的喇嘛加入，此後的一小時多，我用來辯論一些抽象的問題，諸如，心靈的本質為何。大約五點半過後，一天的苦難終於到尾聲。我無法掌握確定的放學時間，如同一般藏人並不太有時間觀念；因此，一些人與事的起始與結束大多視情況方便而定。倉促向為禁忌。

親教師一離開，我立刻衝出，爬上屋頂。如果是在布達拉宮，我就帶著望遠鏡。從附近的察克波里醫學院到遠處的聖城（拉薩的一部分），左近有大昭寺，俯瞰拉薩，景觀壯美。不過，我對位置遠在紅丘底下的蕭村興趣較濃。因為官方的監獄正好就在那裡，而此刻也正好是獄囚放風的時刻。我把他們視為朋友，關切他們的一舉一動。他們也知道。每當他們看到我，就行五體投地大禮。我全認識他們，我也知道誰獲釋或又有新人犯來了。除了細察獄囚，我也習慣檢視放在天井的成堆柴薪和草料。

如是巡驗過後，就到了有很多遊戲的時間，例如，晚膳之前的晚茶，在七時過後即送來。晚茶包括茶（無可避免）、蔬菜湯，有時加一點肉、乳果，再加上各種各類麵糰，這些麵糰甚為豐盛，由我母親烘焙，每星期新鮮地送來。我最愛的就是安多口味的小圓餅，外有硬皮，裡面清淡而鬆軟。

我時常安排和一位或多位潔役人員共進晚膳。他們是老饕，全都是。他們的碗大得可以裝整茶壺的茶。其它時候，我和一些南嘉寺的喇嘛一起吃。不過，我大都和三位喇嘛隨從，有時和契卡堪布（*Chikyob Kenpo*）——我的侍衛總管，一起吃。契卡堪布不在時，晚膳總是淪為喧鬧的場合，大家都很快樂。我尤其記得冬天的晚膳，我們傍著火爐坐，就著閃爍的油燈微光，喝熱蔬菜湯，一面傾聽外面風雪呼號。

吃過晚飯後，我蹬下七層樓梯，來到天井。我在那裡必須邊走邊背經文和祈禱文。不過，當時我還小，始終漫不經心，幾乎從未照做，不是把時間花在想以前聽過的故事，就是在猜晚上臨睡前會聽到什麼故事。當然，這些故事本身有超自然的本質，所以嚇壞了的達賴喇嘛九點鐘就爬上他那張黝暗、蝨蚤臭蟲肆虐的床。最恐怖的傳說是有一隻巨大的貓頭鷹專門在天黑後抓小孩。這個傳說源自大昭寺一座古代壁畫。因此，夜幕一落，我就非待在室內不可。

由於青康藏高原太高，許多其它地區流行的疾病在此地從未聽聞。不過，還有一種經常出現的危險疾病：天花。我十歲左右時，有一名新來的、長得圓胖的指定醫生，使用進口的藥為我接種疫苗，以防染上天花。這是個非常痛苦的經驗，除了手臂上留下四個永久的疤，痛苦非常，我還發燒，持續大約二星期。我還記得大吐苦水，抱怨「那個胖醫生」。

我在布達拉宮及諾布林卡的生活都很規律，逢重要慶典或閉關時才有所不同。我閉關時，由我的一位親教師，有時是兩位，或者其它南嘉寺的高級喇嘛陪同。通常，我每年冬天閉關一次。一般而言，閉關長達三星期，期間我只有一堂短短的課，也不准到外面玩耍；只是在督導下長時期的誦經和打坐。我是個小孩，並非經常喜歡如此。我花了許多時間往臥室的各個窗口外望。向北的窗口面對色拉寺，群山為其背景。向南的這扇則面對大議事廳，我與政府官員的每日晨會在此舉行。

議事廳裡掛了一組無價的、古老的刺繡絲畫唐卡（*thangkas*），描繪藏人最喜愛的宗教導師之一密勒巴尊者的一生行誼。我常注視這些美麗的圖畫。如今，它們不知遭遇如何。

閉關期的傍晚比白日更難捱，因為這正是與我年齡相仿的男孩騎在牛背上回到布達拉宮山麓蕭村家中的時辰。我至今記得很清楚，夕照逐漸淡褪，男孩子從附近的牧場歸來，引吭歌唱，我在靜默中坐著，口中誦著咒語（*mantras*）。我常常希望能和他們易地而處。不過，慢慢地我逐漸也能欣賞閉關的好處。現在我真的希望有更多時間閉關。

我因為學習能力強，基本上我與所有親教師都處得很好，我置身西藏某些「超級學者」間，我發現我心智能力還不錯。不過，大多數時候，我只是為了免得麻煩上身，才努力學習。然而，終於有一天，我的親教師開始憂慮我的進步速度。所以，天津想出一場模擬考試，讓我與我最鍾愛的潔役人員諾布通篤競試。我全然不知天津已在試前向他做過完整的解說，結果我輸了。這屈辱是公開的，尤其難堪。

欺瞞的把戲持續了一段時間，我非常用功，純然只是為了爭一口氣。但最後，我旺盛的向上心逐漸磨光，我又回到老樣子。一直到我接受專長教導後，我才了解教育有多重要，從此對功課才開始真正有興趣。現在我懊悔早年的懶散，每天總是至少用功四個鐘頭。有一件事，我想對我早年的學習生涯也許有所影響，那就是某些實際的競爭。因為沒有同學，我一直沒有任何對手可資以自我衡估。

我十歲左右，在我前世遺物中發現兩件古老的手搖電影放映機，以及幾卷底片。起先，找不到會操控的人。最後我們找到一位常住諾布林卡的中國老和尚，證實他是個精到的技師。一九〇八年，達賴喇嘛十三世親訪中國。當時還是小男孩的老和尚，曾由父母帶著禮拜過達賴十三世。他是個極慈悲、誠懇的人，竭力盡瘁於其內心的宗教召喚，雖然他像許多中國人，脾氣很暴。

其中一卷底片是英王喬治五世加冕禮的新聞影片。最令我印象深刻的是影片中的行伍，以及世界各地來的穿著華麗的士兵。另一卷則是充滿噱頭的影片，顯示一些女舞者如何從蛋裡孵出來。最有趣的是一部有關金礦的紀錄片。從這份資料，我了解採礦是多麼危險的一種行業，而且礦工得在多麼困難的情況下工作。稍後，每當我聽聞有關勞動階級被剝削的問題（在往後的歲月裡，我時常聽說這種事），就想到這部影片。

我和這位中國老和尚很快成為好友，可惜的是，他在這事不久即往生。好在這段期間裡，我已習得如何自行使用這部放映機，得到生平首度接觸電器的經驗，認識發電機的運用方法。這些經驗日後證實對我極有用處。後來我得到一件顯然是英國皇家送的禮物——一架附有發電機的現代電動電影放映機。這是透過英國貿易使節團轉達，貿易團副委員長福斯（**Reginald Fox**）親自教我使用的方法。

這段時間，我有另一位私人大夫，綽號列寧醫生，因為他蓄山羊鬍。他是個胃口極大的小個子，卻有極佳的幽默感。我尤其欣賞他說故事的本領。這二位醫生都接受過正統西藏醫療體系的訓練。關於西藏醫療體系，我在稍後章節會談一點。

我十歲時，打了五年的世界大戰結束了。對於大戰，我所知不多，除了終戰時，西藏政府派了一個使節團，到印度向英國政府致贈禮物與致賀。使節團由印度總督威福威爾爵士（Lord Wavell）接見。接下來幾年，我們又派一個代表團到印度，參加一個有關亞洲關係的會議。

就在那不久以後的一九四七年早春，發生了一件令人傷痛的意外，這件事情具體而微地顯示，上位者為圖個人私益，如何影響到國家的命運。

有一天，正當我觀賞一場論辯，我聽到槍聲響起，聲音來自北方色拉寺的方向。我衝到外面，滿懷興奮地期望從望遠鏡中看到什麼。然而，在那當下，我也很難過，因為我知道砲火也意味著殺戮。結果竟然是六年前宣布退位的瑞廷仁波切，他決定奪回攝政權位，在一些喇嘛及下野官員的支持下，圖謀不利於塔湯仁波切。結果，瑞廷仁波切被捕，他的跟從者也死了不少。

瑞廷仁波切隨即解送到布達拉宮，他請求見我。不幸遭我的代表拒絕，不久之後就死於獄中。自然我尚未成年，我極少有機會介入司法事件；但是回溯過往，有時我覺得我在這個事件中也許可以盡些心力。如果我以某種方式介入，瑞廷寺——西藏最古老、美麗的寺廟之一，也許就可能避免破壞。總而言之，這整件事情非常愚蠢。儘管他犯了錯，我個人仍舊非常尊敬他，視他為我的第一位親教師以及上師。他死後，他的名字曾從我的名字裡摘掉，直到許多年後，才奉神諭恢復。

那件令人傷感的事件發生不久，我隨塔湯仁波切到哲蚌寺及色拉寺（兩寺分別位於拉薩西方五哩及北方三哩半處）。哲蚌寺是當時世界最大的叢林，常住喇嘛逾七百人。色拉寺也沒小太多，有五百名。這次出訪是我的初次露面，擔任論辯者。我預定要和哲蚌寺三座學院及色拉寺兩座學院的方丈分別論辯。鑑於日來的擾攘，採取了額外的安全警戒，使我覺得不太舒服。此外，此生首度到達這個學習的高位階，我也覺得非常緊張。不過，無論如何，他們都對我很熟稔，我確信我的前幾世必與他們有所關聯。論辯當著數百名喇嘛大眾前進行，我雖不免緊張，幸好一切順暢。

大約在那段時間，我從塔湯仁波切那裡受領達賴五世的特殊祕法。這是達賴喇嘛獨傳的法，當初由偉大的達賴喇嘛五世（他至今仍名聞全藏）得之於一個異象。

這次傳法後，我有許多不尋常的經驗，特別是透過作夢的形式，雖然別人不認為有什麼大不了，我現在看來，卻覺得非常重要。

住在布達拉宮的一個補償是，那裡有數不清的儲藏室。對一個小男孩來說，房間裡的物件遠比房子有趣，那裡頭有銀、金、無價的宗教文物；更有趣的莫過於我的每一任前世外層鑲有寶石的巨大靈塔。我尤其喜歡古劍、燧發槍、甲冑等武器收藏。但是即使這些，也無法與我好些前世擁有的不可思議的寶物相比。在這些寶物中，我發現一枝古舊的空氣步槍，完整地配備靶心與子彈，以及我已提過的望遠鏡；當然更別提成堆有關第一次世界大戰的圖解英文書籍。這些令我著迷，而且提供了我製作船、坦克、飛機模型的藍圖。等我年齡稍長後，我請人將其中部分翻譯成藏文，好理解其內容。

我還發現兩雙歐洲鞋。儘管我的腳還太小，我還是穿上，在趾端塞些碎布，多少可以將就。聽到包著鋼皮的沈重鞋跟聲時，我就覺得興奮。

孩提時我喜歡的把戲之一是，把東西分解，然後試著重新組合。我逐漸長於此道。不過，一開始時並非經常如願。我在前世遺物中找到一個古老的音樂盒，是帝俄沙皇送給他的，兩人素稱友善。音樂盒已闇啞，我決定修修看。我發現一條主發條壞得很嚴重，而且纏成一團，我用螺絲起子戳它，機身突然放鬆，發條無法上緊，所有發聲的細金屬碎片應聲衝出，碎片滿屋子打轉，造成的那種魔惑的噪音交響曲，我永生不會忘記。回思此次意外，深覺慶幸沒有失去一隻眼睛，因為我瞎修那機器的時候，臉十分貼近，以後我可能被錯認為以色列的戴揚（Moshe Dayan）將軍。

我非常感激達賴十三世圖登嘉措（Thupten Gyatso），因為他有很多有趣的禮物。布達拉宮現存的許多潔役人員服侍過他。從他們口中，我逐漸知道他生平若干事蹟。我了解他不僅是道行高深的精神領袖，也是能幹且有遠見的世俗領袖。我又得知由於外國入侵，他兩度被迫出亡。第一次是一九〇三年，英國派楊豪斯本上校（Younghusband）率軍入藏。第二次是一九一〇年的曼處斯（Manchus）。第一次，英國自動撤兵。但第二次，曼處斯的軍隊在一九一一－一二年冬天才被逐出。

達賴十三世對現代科技也深感興趣。他引入西藏的新事物中，包括一座電力發動的工廠，生產兩種硬幣及西藏首度發行的紙幣，還有三輛汽車。這是西藏的大事。當時，全藏幾乎沒有車輛運輸。即使馬拉的車子也完全沒有。他們當然知道有馬拉車這回事，但在天候惡劣的藏地，馱獸是最實用的運輸方式。

圖登嘉措在其他方面亦同樣富於遠見，第二度出亡後，他安排把四位年輕藏人送到英國受教育。這個實驗成功了，留學生表現良好，甚至受到英國皇室接待，可惜後繼無人。如果這項計畫依他的初衷循序實施，我相信西藏今天的處境必然大不相同。

達賴十三世也把阻礙進步的軍事作了成功的改革，但也可惜人亡政息。他的另一項計畫是強化拉薩政府在康省的權威。他明知由於與拉薩迢隔，康省尤其不受中央行政當局重視。因此他提議將地方土司的兒子送到拉薩受教，學成返回，由政府授職。他也想鼓勵地方徵兵。不幸的是，由於慣性，他的計畫沒有一項實現。

達賴十三世的政治洞識也迥異常人。他在手書的遺囑中警告，除非發生急遽的變革，西藏的宗教與政府可能遭受來自內部與外部的攻擊，除非我們保護我們的家園，否則達賴與班禪喇嘛，父與子，所有這個信念的虔敬支持者，即將消失，湮沒無聞。喇嘛及其寺廟將遭摧毀。法律效力減弱。政府官員的土地及財產將被扣押。他們將被迫為敵人服務或讓家園淪落輾轉為丐幫。所有人類將沈溺於巨大的苦海及無邊的恐懼中；在苦痛中，日與夜過得特別慢。

文中提到的班禪喇嘛，在西藏佛教裡是僅次於達賴喇嘛的最高精神領袖。依照傳統，班禪駐錫在西藏第二大都市日喀則的扎什倫布寺。

就其個人來說，達賴十三是個很單純的人。他廢除了許多舊習俗。比如，以前的慣例是不論何時，只要達賴離開他的寢室，任何正好在附近的侍從都要立刻離開。他覺得這樣的規定給大家帶來不必要的麻煩，使他不情願露面，於是他廢掉這條規則。

我還小時，就聽到關於他的許多故事，刻畫他是如何淳樸的一個人。其中之一是由一個很老的人告訴我的，他兒子是南嘉寺的喇嘛。那個故事敘及當時諾布林卡一幢新建築即將啟建，照慣例，許多民眾會在地基上放一塊石頭，以誌其尊敬與祝福之意。一天，有個從遙遠地方來的遊牧人（說此故事者的父親）也來供養上石。他帶了一匹非常難駕馭的騾子，他俯身供養時，牲口隨即狂奔脫逃。好在有個人正從對面走來。這位遊牧人大叫，要他幫忙抓住奔跑的騾子。這位陌生人照做了，並且把牠帶過來。遊牧人先是高興，後即驚訝，因為給他援手的不是別人，就是達賴喇嘛他自己。

但是，達賴十三世也很嚴謹。布達拉宮和諾布林卡宮的花園都禁止抽洋煙。不過，也有例外的時候。偶爾他外出散步，行至石匠聚集工作處。他們沒有看到他，照舊彼此談天。其中一人大聲地抱怨禁煙，說人又累又餓的時候，抽煙實在真好；不管怎樣，他要嚼些烟草。達賴喇嘛聽到這些，轉身即離開，沒有驚動大家。

但這並不是說他一向處事都慈悲為懷。如果我對他有任何批評的話，那就是我覺得他或許有些太獨裁。他對他的高級官員非常嚴厲，能為了極輕微的錯誤而嚴斥他們。他的慈悲限於對一般民眾。

圖登嘉措在宗教領域上的最大成就是致力提升寺廟的學術水準（全藏寺廟逾六千座）。為了達此目的，他賦予名位給最有能力的喇嘛，即使他們並不資深。他個人也為數千名沙彌授戒。迄一九七〇年代，大多數高僧都從他受了比丘（*bikshu*）戒。

二十出頭以後，我開始永久住在諾布林卡。在那之前，是在每年早春搬到諾布林卡；大約六個月後的冬天開始前搬回布達拉宮。辭別我在布達拉宮的陰暗臥室，無疑是我全年最歡愉的一日。此行通常以一個為時兩小時的儀式揭開序幕（我覺得好像永世那麼久）。然後是個盛大的遊行，這遊行我並不是頂喜歡。我寧願安步當車，享受鄉下景物。這時節，正值芽萌葉出，到處湧現新鮮的自然美。

在諾布林卡的消遣是數不盡的。諾布林卡有座高牆環繞的美麗花園。裡面有許多建築，僚屬居停其間。另有俗稱黃牆的內牆，除了達賴喇嘛及其家眷，某些喇嘛可以出入，他人一概禁止。內牆的另一邊還有好些建築，包括達賴喇嘛的私人居所，有一個照顧得很周到的花圃環繞其間。

我愉悅地在花園地徜徉個把鐘頭，漫步美麗的花圃間，觀賞棲止其間的許多鳥獸。其間常見的，有一群馴服的麝香鹿；至少有六隻巨大的西藏獒犬（*dogkhyi*）充當警犬，是一位北京人從古本寺送來的。還有一些山羊；一隻猴子；從蒙古買來的幾隻駱駝；二隻豹；一隻又老又沮喪的老虎（當然關在獸檻中）；好幾隻鸚鵡；半打孔雀；幾隻鶴；一對金鵝；大約卅隻非常抑鬱的加拿大鵝，翅膀都剪過，飛不動，我為牠們甚覺惋惜。

有隻鸚鵡對我的服飾總管天津甚為友善。他習慣餵牠豆子。牠在天津掌中啄食時，他每每撫摸牠的頭，鳥兒此際似乎進入忘我之境。我非常想要這種友善的情誼，好幾次嘗試希望得到相同的反應，但是沒有效果。所以我拿了一根棒子處罰牠。可想而知，以後每當看到我，牠就飛走。這對如何交友是個很好的教訓：交朋友不能靠強迫驅使，宜用同情體恤。

林仁波切和猴子同樣有很好的交情，牠獨獨對他友善。他往往從口袋掏出東西餵牠。所以，猴子看到他走來，就急急跳過來，開始在他長袍摺層中翻找。

我跟魚交朋友的運氣，比較好一些。魚住在一口魚族甚繁的湖裡。我往往站在湖邊呼叫牠們。如果牠們有反應，我以小片麵包及粑獎賞牠們。不過，牠們有不服從的傾向，有時還漠不相應。如果這種情形發生，我大為震怒，不僅不給牠們食物，反而報之以石頭彈雨。不過，碰到牠們靠近來，我會小心觀察小魚是否吃得到食物；必要時，用一根棒子把大魚趕開。

有一次，我正在湖邊戲耍，我看到一盞木燈飄近湖岸。我於是用撥魚棒試著撈起它。但是，緊接著我發現自己躺在草地上看星星。我掉進湖裡，差點淹死。幸好我的一位從西藏西部來的潔役人員，以前當過兵的，一直注意我的舉動，所以一見情形不對，立刻跑來搭救。

諾布林卡宮另一個吸引我的是，奇處河（現名拉薩河）的一條支流就在附近，出了外牆，只要幾分鐘步程。小時候，我經常微服外出，由一位侍從陪伴，走到奇處河邊。起初沒人注意；但是，到後來，塔湯仁波切下了禁令。不幸的是，達賴喇嘛所受規範十分嚴格。我被迫藏身內院，像一隻貓頭鷹。實際上，當時藏人社會甚是保守，連政府高級部長上街，都被視為不當，在諾布林卡宮，如同在布達拉宮，我大部分時間都和潔役人員一起。即使在很幼嫩的年紀，我已很討厭禮儀和形式，喜歡和僕從為伍，遠甚於政府官員相伴。

我尤其喜歡與我雙親的僕從為伴，每回只要回到故居，我總和他們耗在一起。他們大多是安多人，我很喜歡聽他們說起有關家鄉與鄰近地區的故事。

我也很喜歡和他們一起「偷襲」雙親的存糧。

在這樣的場合，顯然他們也樂於有我為伴：這是一項互利的舉動。掠奪的最好時機是秋末，我們用紅番椒汁泡美味乾肉，貨源不絕。我愛吃極了，有一回吃太撐，隨即大吃苦頭。我俯身痛苦地乾嘔，天津瞧見了，適時給我一些鼓舞，比如說「這就對了，全吐出來。這樣對你比較好」。我覺得自己很驢，對他的關注也沒領情。

儘管我是達賴喇嘛，除非在正式場合，父母家的僕人卻視我如一般小男孩。我沒被特殊看待，大家都敢把他們的悄悄話告訴我。因此，我很小的時候就明白，藏人生活並非日日平順。我的潔役人員也同樣放心告訴我他們的故事，以及在官員及高僧手裡遭到的不公不義。他們也讓我接觸到種種閒話雜談，通常是以歌曲或謠諺的形式表達，他們邊工作邊唱。所以儘管我的童年有時十分孤單，十二歲左右塔湯仁波切就禁止我再到父母家，但這種情形與悉達多王子或中國末代皇帝溥儀的情況完全不同。此外，我年紀漸長之際，也接觸一些有趣的人。

實際上，在我整個童年時代，大約有十名歐洲人住在拉薩。我並不太常看到他們，直到桑天帶哈勒（**Heinrich Harrer**）與我見面，我才有機會了解英吉（*inji*）是什麼。藏人皆如此稱呼西方人（也許是因為藏人在十九世紀與印度的英國官員接觸，遂以此總稱西方人）。

我長大後，這些定居在拉薩的西方人中，包括英國貿易使節團委員長勾得爵士（**Sir Basil Goald**）及其繼任者理查森（**Hugh Richardson**）。後者日後寫了好些有關西藏的書；而自從我出亡後，亦與他有過幾回頗有裨益的請益討論。除了福斯以外，還有一位英國醫官，我記不得他的名字。不過，我永遠忘不了有一回他奉召到諾布林卡，為一隻眼底長胞囊的孔雀療傷。我看到他小心翼翼地，同時很訝異地聽到他以鼓舞的口吻，兼用拉薩方言和西藏敬語，對孔雀說話（而這是兩種完全不同的語言）。而當這位外國人稱這隻鳥為「孔雀陛下」時，更讓我覺得此事非比尋常。

奧地利人哈勒擁有一頭我從未見過的金髮，確實是位可人兒。我暱稱他為「*Gopse*」，意即「黃頭」。他在第二次世界大戰期間已在印度的英國監獄中，拘留了五年。但是，他設法和一位名叫奧夫秀乃特（**Peter Aufschnaiter**）的囚伴聯手越獄。他們一起逃向拉薩。由於西藏明令禁止所有外國人入內，除非少數獲得特殊允許者，所以，他們能到西藏，是項了不起的成就。在終於如願居留拉薩前，約有五年的時間，他們過著遊牧式的流浪生活。他們抵達時，人們對他們的勇敢與堅持（以致官方同意他們居留），印象深刻。我當然是第一批知道他們抵達的人，非常熱切地想看他們的長相；特別是哈勒，他已在極短時間內，建立起自己的聲名；一位有趣的、擅交際的可人兒。

他能說一口極溜的西藏土話，還有絕妙的幽默感，兼之對人敬重又有禮貌。等我和他混熟後，他拋棄虛文，變得十分坦率，除了有官員出席的場合以外。這是一種我極珍視的性情。

我們在一九四八年初見，在他離藏前的一年半裡，我們定期見面，通常是一星期一次。我能從他那裡得知外界的狀況，特別是有關歐洲及世界大戰的種種。他也幫助我提昇英文程度，我才開始和一位政府官員學習英文。我早就認識字母，還曾把它譯成藏文語音，渴望學得更多。哈勒也在許多實際的方面協助我。

比如，他幫我修好發電機，那是隨著電動電影放映機附贈給我的。後來發現那部機器非常老舊，而且有毛病。我常懷疑是否英國官員沒把原要送的發電機給我，而把他們自己用過的給我？

這段時期，我另一項關切對象就是達賴十三世進口的三部車。雖然西藏沒有適用的道路，直到他死前，他仍偶爾用車，作為行經拉薩市內及四周的交通工具。他死後，車子即沒有用過，而且沒人保養。如今，它們停在諾布林卡的一幢房子前。其中一輛是美國道奇車（**Dodge**）；其它兩輛都是奧斯汀小車（**Baby Austins**）。三輛均是一九二〇年代晚期的車型。還有一部威利牌的（**Willy's**）吉普車，這是由西藏貿易使節團一九四八年旅美推銷時所得的，但也很少用。

就像起先沒人會用電影放映機一樣，我也大費周章，才找到懂車子的人。不過，我決定該讓他們回到工作崗位上。最後找到另一位脾氣暴躁的司機泰塞林（**Tashi Tsering**），他是與印度接壤的南疆噶林邦（**Kalimpong**）地方的人。我們全力修復車子，甚至挪用另一部奧斯汀汽車的零件，我們終於修好一部車子。而道奇及吉普車情況較好，僅僅小規模地修補後，也能派上用場。

可以想見，一旦我們修好車子，我也只能在他們左近繞繞。但這對我已足夠了，有一天，得知司機不在，我決定開著其中一部車出外，道奇和吉普車都需鑰匙啟動，而鑰匙由司機保管。不過，小奧斯汀卻是用小型磁石發電機啟動，只需扳動曲柄把手即可。

我小心翼翼地扳轉把手，把車倒出車庫，繼續在花園繞了一圈。不幸的是，諾布林卡宮的花園都是樹，沒多久我就撞到一棵樹。令我驚駭的是，我眼睜睜地看著一個車前燈的玻璃撞破了。除非我能在第二天之前修好，我的歡樂之行將會被我的司機識破，那可有麻煩了。

我著手把車子開回去，不敢再有絲毫差池，同時立刻試著修復破碎的玻璃。更讓我驚慌的是，我發現那不是普通的玻璃，而是彩色玻璃。所以，儘管我打算找到一塊足以搭配的玻璃，好好修補一番；我隨即又面對如何使新的玻璃與原有的玻璃拼湊的問題，這個問題終於以塗抹甜的巧克力糖漿綴連而解決。最後，我很中意自己的作品。即便如此，後來我見到司機時，仍滿懷罪惡感。我確信他一定知道，或至少也發現發生了怎麼一回事，但他從未提起，我永遠不會忘記他，他仍健在，如今住在印度，儘管我很少見到他，還是把他視為好友。

西藏的曆法相當複雜。它是以月亮的周期為基準，幾百年來，我們的曆法是以六十年為一周期（饒迴），這六十年是用五種元素、十二生肖來排列組合，五種元素是地、風、火、水、鐵，十二生肖是鼠、牛、虎、兔、龍、蛇、馬、羊、猴、雞、狗、豬，依序配合計年，每一「計年」出現兩次，第一次是陽性，第二次是陰性，十年算完。然後五種元素又從生肖的第十一及十二起計數，再來則是從生肖的十三、十四起計算，依序類推。所以，比如西元二千年，根據藏曆則是鐵龍年。

先前數世紀，西藏遭中國侵略之前，一年裡有不少慶典節日。通常皆有宗教上的意義，不過僧俗同樣慶祝。後者皆將時間花在吃、喝、唱、舞及玩遊戲上，也有間歇性的祈願。最重要的年度活動之一是新年的活動，或稱羅薩節（**Losar**），時當西曆的二或三月。對我而言，這是我一年一度與國師涅沖（**Nechung**）公開會面的時候。稍後章節，我會詳述；基本上這給我和政府透過靈媒（***Kuten***），針對來年事宜，諮詢西藏守護神扎滇金剛的機會。

我對某個慶典活動懷有非常複雜的情緒。此即緊跟著羅薩節之後的默朗木節（**Monlam**），即大祈願節，原因是我很小的時候，曾以達賴喇嘛的身分參加這個節日裡最重要的儀式。這個節日對我的另一項陰影是，我照例要忍受嚴重的熱症，就像我現在只要到印度的菩提伽耶（**Bodh Gaya**），隨時都要發上一陣燒一樣。因此我在大昭寺時，多半都待在房裡；儘管那個房間比我在布達拉宮的房間更多塵垢。

這個令我悚慄非常的供養儀式（***Puja***）下午舉行，時值默朗木祈禱大會的頭一個星期的尾聲（全程二星期）。在一個由攝政主講釋迦牟尼佛生平的冗長講道後，供養儀式即持續逾四小時。然後，我必須憑記憶背誦一段又長又艱澀的經文。我緊張得腦裡一片空白。

我的高級親教師即攝政、初級親教師、儀式總管、服飾總管以及掌膳總管都同樣為我擔憂。他們主要的憂慮是，典禮全程中，我都高踞法座，如果我忘詞，沒人能及時為我提示。

不過，記台詞只是問題的一半。因為典禮為時甚久，我有另一項恐懼：我怕膀胱負荷不了。最後，一切順暢；即使當時我還很小。但是，我記得曾因害怕而中風。我的意識麻木到無法察覺周遭一切的程度，連鴿子飛進來，偷吃供碟裡的食物，也不知道。只有在致辭的中途，我才注意到牠們。

典禮結束，我高興得幾近恍惚。不僅是這整個討厭的活動十二個月後才會再舉行；而是現在接下來才是達賴喇嘛最美好的時光之一。典禮完後，我獲准外出上街，觀賞巨大華麗的食子（*Thorma*，手捏的供品），這是當天照例用來供佛的。還有由軍樂隊表演的木偶戲和音樂，全民則陷入狂熱的歡樂氛圍中。

大昭寺是全藏最崇高的寺廟。是西元前七世紀，松贊干布王統治期間建築的，以供奉他的妻子慈珍請回的佛像（她是尼泊爾國王巴布勒的女兒，松贊干布共有四位妻子，三位是藏人，另一位是唐朝第二位皇帝唐太宗的女兒文成公主）。經過數世紀的修葺，大昭寺已再擴建，而且經過費心地妝點。矗立在入口的石碑是大昭寺的著名特色，上面銘記了西藏歷史諸多勢力消長的見證。碑銘以漢文與藏文並列，記載著西元八二一－八二二年唐朝與吐蕃簽定的永久和約的全文⑦。

我在大昭寺的房間位於二樓，即是這座寺廟的平頂。我不僅能從這裡看到這幢建築本身的主體，還能看到底下的市場。往南開的窗戶，使我能綜覽主殿的景觀，我能看到和尚鎮日誦經不絕。他們總是表現良好，勤勉從事。

不過，從東邊的窗戶看出去卻是迥然不同的景象。我能俯瞰庭院，那是像我這樣的沙彌集合的地方。我往往很驚訝地看到他們逃學，甚至偶爾相互大打出手的場景。我還小時，總是匍匐下樓，以便取得一個觀察他們的較佳視角。我簡直不敢相信我的聞見。一開始，他們並未循規蹈矩唱誦經文。如果他們懶得大張其口，至少會吟唱。不過，相當多數似乎從未如此做，反而全把時間耗在嬉遊上。一場混戰經常隨時開打。然後他們拿出木缽，互相重擊頭部。這個場景引發了我的一個奇特反應。一方面，我告訴自己這些傢伙有夠笨。另一方面，我卻忍不住羨慕他們，他們似乎與凡俗無涉，不過，當他們的爭戰轉趨暴烈時，我開始覺得害怕，就跑掉了。

從西邊望出去，我能看到市場。這是個很易得我歡心的角度；不過，我必須秘密地窺視，而非光明正大地觀看，以免有人認出我來。如果有人看到我了，每個人都會跑過來，向我行五體投地的大禮拜禮。所以，我僅能透過窗簾窺探，感覺像個罪犯。記得大約七、八歲，我來到大昭寺的頭一回或第二回，我曾經做過一些嚴重玷辱自己的行為。一看到底下囂嚷的人群，對我來說，實在是太多了一些。我粗魯地用頭戮破窗簾，但是，如果只是這樣，倒還好；糟的是，就在老遠底下，有人行大禮拜禮時，我居然吐了唾液星沫，落在好幾個人的頭上。

從此以後，我可以欣慰地說，年輕的達賴喇嘛終於學到一些自我訓練的課題。

我喜歡窺視市場攤商百態，記得有一次看到一支木製的模型小槍。我遣人去買回來，然後從信徒供奉的獻金裡，取出一部分支應。我偶爾動支這部分的獻金濟急，因為我並未明文獲准處理金錢。事實上，甚至一直到今天，我還是沒有直接經手過錢。所有我的收入以及開支是由我的私人辦公室處理。

待在大昭寺的另一件趣事是，有機會和那裡的潔役交朋友。如同以往，我所有餘暇都與他們為伴，我也相信我離去時，他們也會和我一樣難過。記得有一年，在先前的慶典期間，我已與他們建立穩固的交情，而他們卻不再留在那裡。我納悶為什麼，因為我非常渴盼再見他們一面。我向唯一留下來的人詢問，想要知道到底是怎麼一回事。他告訴我，其餘十個人全因竊行遭解雇。我上回離開後，他們爬下天窗，闖入我的房間，竊走各種物件、金製酥油燈等等。我交的這種朋友，多過分！

默朗木大會的最後一天，是戶外活動的天下。首先，由一尊大的當來下生佛彌勒菩薩雕像前導繞境。這條路線就是昔日知名的外廓（*Lingkhor*）。聽說這條古道因為漢人拓城而不復存在。但是，緊緣著大昭寺開展的內廓（*Barkhor*）仍然存在。以前，虔誠的朝聖者更是沿著外廓，一路行五體投地的大禮拜。

就在佛像繞境完畢不久，眾人把注意力轉向體育活動，引起一陣全面的騷動。包括賽馬及賽跑，趣味橫生。前者更屬罕見，因為沒有騎士控御。牠們皆在哲蚌寺外獲釋，然後由馬夫及旁觀者引導到市中心。就在馬匹抵達之前，那些競逐賽跑的準運動員也才出發一小段路程，目的地亦為市中心。因此當人與馬同時抵達時，可能會造成一種有趣的混亂場面。不過，有一年發生一件不幸的意外，就在部分選手急抓住路過奔馬的尾巴之際，卻被拽著跑。賽跑隨即結束，侍從長指控那些他認為可能涉嫌的人。他們大多數是我的侍衛隊成員。當我得知他們可能遭受處罰，心中非常難過。最後，我一度為了他們，而介入調停。

默朗木大會的某些方面密切地影響拉薩的所有人。根據古來傳統，大會期間（正月初三至廿五日），市政交由哲蚌寺穉巴（相當於漢地的方丈，但地位不同）掌理。他隨即從寺中喇嘛任命一個維持法律和秩序的幕僚團和警紀團。嚴格執法，任何不軌的行為皆處以十分嚴重的處罰。其中哲蚌寺穉巴始終堅持的就是清潔問題。結果，一年中就是這段時間每幢建築都洗刷鮮明，街道也徹底清掃乾淨。

孩提時，新年期間有件重大事情，那就是傳統烘焙的卡塞或羅薩餅乾。每年默朗木慶典期間，我的掌膳總管會做許多爐造型奇特、烤得焦香的美味點心。有一年，我決定親手試做一些點心。一切進行順利，我對自己的手藝也十分感動，所以我告訴掌膳總管，明天還要多做一些。

不幸的是，我第二回合用的油是未經適當處理過的生油。所以，當我把和好的麵糰丟進鍋裡，油爆起如火山。我右臂濺滿熱油，立刻起了水泡。我對這件意外印象較深刻的是，有個年長的廚子，他愛吸鼻煙，滿鎮定的，當時他帶著看來像是攪成泡沫的油霜飛跑過來，敷在我臂上。平常他是個十分和氣的人，但在這種場合，他變得格外慌亂。我記得他邊吸少許鼻煙，邊流鼻水，滿佈痘瘢的臉上卻掛著一副嚴肅的表情，想到那副樣子，實在滑稽。

所有節慶中，我最喜歡的是長達一周的藏劇節，每年的七月初一開鑼。由來自全藏各地隸屬不同團體的舞者、歌者及演員登場。他們在一塊距離黃牆若遠實近的特定區域表演。緊鄰牆內的一幢大樓頂端豎上臨時的圍場，我就坐在那裡觀賞節目。其他的觀賞者都是政府官員以及他們的妻眷——她們視此場合為與他人比美珠寶與衣飾的最好機會。不過，這種情形不僅限於女士。這也是諾布林卡宮的潔役雀躍的時刻。在慶典節日的前些日子，他們即大費周章地租借衣服和珠寶，尤其是珊瑚，以便炫示。慶典期間舉行的園藝比賽，就是他們嶄露頭角的時刻。那時，他們攜著器皿（燒過的瓶子），裡頭長滿等待品評的花兒。

我永遠忘不了我的一位潔役，他總是戴著一頂奇特的帽子露面，他頗以那頂帽子為傲。那頂帽子綴有紅絲長流蘇，他別出心裁地讓流蘇繞過他的脖子，垂在肩膀上。

群眾也來觀劇，雖然他們不是政府官員或貴族，無法得到特別座的待遇。正如乍睹表演，民眾也對達官貴人們華麗的慶典禮服感到驚異目眩。他們往往趁機手持祈願輪，巡行黃牆的周界（祈願輪包括一個內有祈禱文的圓筒，當信徒口誦咒語時，即滾動之）。

除了拉薩人以外，許多來訪的民眾都很高大，有來自東方，虛張聲勢的康巴人，他們的長髮辮奢侈地綴以紅流蘇；從南方來的尼泊爾及錫金商人；當然還有矮小的、骨瘦如柴的游牧農人。人們縱情享樂，事實上，藏人天性即精於此道。我們絕大多數是單純的人，喜歡的也不過是一場好的表演和聚會。儘管不合法，仍有許多僧院人士參加，因此都要化粧與會。

多麼快樂的時光！在表演進行中，人們並坐交談，他們對歌與舞如此熟稔，所以他們瞭然每一個情節。幾乎每一個人都攜來野餐、茶和青稞釀的啤酒，來去自如。年輕的婦女袒胸哺乳，孩童咯咯笑著來回奔跑，只有在披戴著絢麗斑爛粧扮的新表演者上場時，他們才會瞪大眼睛，直勾勾地看數秒鐘。而此刻，獨坐老叟木然的臉上表情也會綻放光彩，老嫗也會暫時停止閒話。然後一切又如常。而陽光不斷穿透稀薄、清新的山中空氣灑落。

可以確定的是，只有在諷刺劇上演的時候，大家才會聚集焦點。演員粧扮成比丘和比丘尼、高官以及國之祭師的模樣，以嘲諷之詩文諷喻公共人物。

其他一年中的重要活動，包括三月八日的大黑天節（*Mahakala*）。夏天堂堂揭始，當天所有的政府官員都換夏服。這天也是我從布達拉宮移駕到諾布林卡宮的日子。五月十五日是普願節（*Iamling Chisang*），這個節日代表長達一星期的假期開始了。大多數的西藏人，不論僧、尼或政府官員都到拉薩外的平原露營，舉行一系列的野宴，以及其他的社交娛樂活動。實際上，我相當肯定有些人即便不打算出席，也會以化粧形式出現。然後是十月廿日的燃燈節。這是紀念西藏佛教的偉大改革者及噶魯巴（*Gelugpa*）教派創教人宗喀巴圓寂的忌辰。包括燃燈遊行以及點燃全城數不清的酥油燈。這天也是冬天伊始的日子，官員換上冬服，而我也不情願地回到布達拉宮。我渴望長大，以遵循我前世參加遊行的例規，然後回到他深愛的諾布林卡宮。

還有許多純粹世俗化的活動，在一年裡的不同時節舉行。比如正月舉行的馬展。秋天，也同樣是一年裡的特殊時段，此時，遊牧人牽來犛牛賣給屠夫。此際令我神傷。我忍不住想到這些可憐的傢伙，就都要死了。只要我看見諾布林卡宮後的動物被送給市場待宰，我總是派人以我的名義設法買下，如此，我就能救牠們的命。經年以來，我想我大概已經救了至少以萬計的生靈，或許更多。當我思及此，我想這個調皮透頂的孩子畢竟做了一些好事。

譯註：

①仁波切舊譯為熱振呼圖克圖。

②各種貼身侍從，舊譯分別為基巧堪布：總堪布，管理達賴私人印信。森琫堪布：隨侍起居。蘇琫堪布：掌管飲食盥洗。卻琫堪布：掌管誦經、禮拜、供養。

③維美是普通書信和其他通俗文件中所用的草體，又稱「無頭體」。烏千是正楷或「有頭體」，用於教授、書本印刷等。

④即五明和五大部。五明包括內、因、工巧、醫、聲明；五大部包括現觀莊嚴論、律經、俱合論、入中論、釋量論。

⑤又稱小五明。即修辭學、詞藻學、韻律學、戲劇學、星相學。

⑥音譯為「稱夏」，意即文學侍從或侍讀，有時候代替達賴喇嘛回答一些義理上的問題。

⑦唐中宗建中二年，金城公主為敦睦兩國和好，上表請立碑銘，永社糾紛詔允之，今日拉薩大召寺前，尚有唐蕃甥舅聯盟碑文，屹立寺前。原文如下：

「唐有天下，恢奄禹跡，舟車所至，莫不率俾，以累聖重光，曆年惟永，彰王者之丕業，被四海之聲教，與吐蕃贊普，代為婚姻，固結鄰好，安危同體，舅甥二國，將二百年，其間或因小忿，棄惠為讎，封疆騷然，靡有寧歲，皇帝踐阼，愍茲黎元，俾釋俘隸，以歸蕃洛，蕃國展禮，同茲叶和，行人往復，累布成命，是必詐謀不起，兵車不用矣，彼猶以兩國之要求之永久，古有結盟，今請用之，國家務息邊人，外其故地，棄利蹈義，堅盟從約，今國家所守界涇州西，至彈箏峽西口，隴州西，至清水縣，鳳州西，至同谷縣暨劍南西山，大渡河東，為漢界，蕃國守鎮在蘭，渭，原，會，西至臨洮，東至成州，抵劍南，西界摩些諸蠻，大渡河西南，為蕃界，其兵馬鎮守之處，州縣見有居人，彼此兩邊，見屬漢諸蠻，以今所分，見住處依前為定，其黃河以北，從故新泉軍，直北至大磧，直南至賀蘭山駱駝嶺為界，中間悉為閑田，盟文有所不載者，蕃有兵馬處蕃守，漢有兵馬處漢守，並依見守，不得侵越，其先未有兵馬處，不得新置，並築城堡耕種，今二國將相，受辭而會，齋戒將事，告天地山川之神，惟神照臨，無得愆墜，其盟文藏於宗廟副在有司，二國之成其永保之。」

第三章　入侵‧‧風暴開始

一九五〇年夏天，就在藏劇節慶之前，有一天，我正好在諾布林卡宮，甫從浴室走出，發覺腳底下的地開始在動。已是深夜，我正和一位隨從閒談，並一邊進行睡前的盥洗。盥洗室位於住處幾碼外的附屬小屋裡，所以地震時，我正在室外。首先，我想到我們一定還會再碰到另一次地震，因為西藏位於地震頻繁的地帶。

既已十分確定，我一回到室內，就注意到好幾幅掛在牆上的畫已東倒西歪。隨之遠處發生一起可怕的災殃，我再度衝出去，後面跟著好幾位潔役。我們仰望天空，一陣接一陣的轟隆聲相繼而起，似乎是炮彈。我們猜想這就是震動和轟隆聲的肇因：可能是西藏軍方正進行某種演習。總共約有三十到四十次爆裂聲。

翌日，我們才知道根本不是軍事演習，而的的確確是某種自然現象。據說，有些人甚至看到一道怪異的紅光，從爆破聲源方向的天空射出。它逐漸形成，幾乎全藏的人都看得到：東到幾乎四百英里遠的昌都，西南方三百英里外的薩迦。我聽說實際上發生在加爾各答。隨著這件事情的真相逐漸沈寂，人們自然開始認為這不只是地震，而是個預兆。

從很早以前開始，我就一直對科學深感興趣。所以很自然地，我希望為這件異象找尋科學依據。幾天後，我遇見哈勒，詢及如何解釋此件異象；不僅是視之為地震，更重要的是視為殊異的天象。他說，他確定這兩者相關。一定是整個山脈的上升作用造成地殼的爆裂。

對我來說，這個說法似乎可信，但不盡然如此。為什麼地殼的爆裂以一陣伴隨著轟隆聲的夜空光亮顯示？何況，隔著如此無窮盡遙遠的距離，如何能為人目睹？我不認為哈勒的說法能說明一切。直到今天，我還是如此認為。或許科學另有解釋，但我覺得，這些異象超乎科學，屬於某些真正神秘的領域。在這個個案中，我發現接受「目睹之情景為超科學現象」的說法，較為容易。無論如何，從高空或僅是地底發出的隆隆聲警告，暗示了西藏的處境將迅速惡化。

異象就在藏劇節慶之前發生。兩天以後，這個預兆（假如它是的話）開始被賦予實象解釋。一直到晚間，表演正在進行當中，我發現一名傳訊人朝我跑來。一直到帳下，他突然轉向攝政塔湯仁波切，他坐在帳裡的另一邊。我驀地警覺事情不妙。在正常的情況下，公事都必須等到下個星期才會處理。我好奇到幾乎忘形。這是什麼意思，一定會發生什麼可怕的事情。然而我是這麼小，又沒有政治權力，我必須等待，直到塔湯仁波切酌情告訴我究竟怎麼一回事。不過，我早已發現另一個即時得知的妙方：我站在一個有抽屜的櫃子上，透過分隔我們房間牆上的高窗窺視。當傳訊人到的時候，我往上蹬起，屏息偵察攝政的舉止。他讀信時，我可以清楚地看清他的臉。他臉色肅穆。好幾分鐘後，他才稍展神色，我聽到他下令召集內閣。

我又發現這封信事實上是在昌都的康省省長打來的電報，敘述一起藏人堡壘遭到中共軍人突襲的事故，主事的軍官陣亡。這的確是件重大新聞。早在前一年秋天，那裡即遭中共越境入侵，他們高舉將西藏從帝國主義侵略者手中解放的意圖——不管那可能意味什麼。儘管事實上，所有拉薩的中國官員已經在一九四七年被驅逐了。

而現在看來，中共似乎足以肇致威脅。果真如此，我十分了然藏人正陷入重大險境，因為我軍總共不到八千官兵，遠非新近奪得政權的中共人民解放軍的對手。

除了心頭充滿悲傷，我不太記得那年藏劇節還發生什麼事。甚至最奇妙的舞蹈演出，鼓聲節奏放慢，也不能吸引我的注意力；他們皆著精緻的妝扮（有些穿著像骷髏，表示死亡），莊嚴而合拍地依照古代的舞步舞動。

二個月後，十月，我們極端的恐懼達到頂點。消息傳到拉薩，一支八萬人的中共人民解放軍隊伍已經穿越昌都東邊的翠處河。中國廣播宣稱，中共建國一周年，開始「和平解放」西藏。

所以，斧頭已砍下。再不久，拉薩勢必淪落。我們不可能抵禦這樣的屠殺。除了缺乏人力，西藏軍隊的困境是擁有的現代武器太少，而且幾乎沒受過訓練。整個攝政時期，完全忽略這些。儘管一些特定軍團從駐地匆忙開拔，新的一支又招募齊了。由於歷史背景影響，藏人基本上愛好和平，從軍被視為最低下的生活形式：軍人被視同為屠夫，派去與中共短兵相接的軍隊素質並不高。

去推測事情可能的結果，否則情況會改觀等等，皆無補於事。不過，仍要說明的是，中共在進攻西藏時，大量損兵折將。在某些地區，他們遭逢強悍的抵抗，除了戰爭的直接為害，他們的難題大部分是補給不易，以及惡劣的天候。許多人死於饑餓，其他的大抵也難逃高山症的考驗。這種病總是折騰外來客，有時確能致人於死。至於這次戰爭，不管西藏軍隊數量多大、裝備再精良，結果其努力終將赴東流。因為，即使中國的人口都比我們多上一百倍。

這個威脅西藏自由的舉動，並非沒有引起世界的注意。在英國政府支持下，印度政府向中華人民共和國抗議，並聲明中共入侵，對和平無益。一九五〇年十一月七日，西藏噶廈及政府向聯合國求援，盼其代表西藏出面調停。但是，不幸地，西藏依照其和平孤立的政策，從未尋求成為聯合國的一員，而且未曾致力於此——除了在年底前發出兩份電報。

隨著冬天逝去，局勢越來越壞，要達賴喇嘛即位之說甚囂塵上。人們擁護我全面掌權的行動開始出現——距離正常程序，我還得等兩年後。據說海報貼滿拉薩市，批評政府，呼籲我立即即位；還有一些歌也有同樣的訴求效果。

有兩派立場：其一是視我為危機中的領袖；另一些人則認為要負擔這樣的責任，我還太年輕。我同意後者的看法，不幸的是，我沒有共同商量的機會。政府決定將之付諸神諭。這是非常緊張的場合，最後靈媒頂著他那巨大的、儀式用的頭飾，蹣跚搖擺地踱到我座前，獻上一條白絲貢巾（哈達），放在我的膝上，並說「他的時代到了」。

扎滇金剛（Dorje Drakden）已經明示了。塔湯仁波切立刻準備從攝政位置退下來，他仍舊是我的資深親教師。剩下來的就是占卜國師挑選即位日期的事了。他們選中一九五〇年十一月十七日，因為這天是年底前最吉利的日子。這樣的發展令我非常沮喪。一個月以前，我還只是無憂的年輕男子，熱切地期盼一年一度的藏劇節。如今我要面對這樣緊迫的景象：在國家準備開戰時，領導我的國家。但是，在回溯中，我知道這不是突如其來。迄今好幾年來，神諭對政府顯現出公然的輕忽，對待我卻十分禮遇。

十一月伊始，大約在即位典禮前兩周，我的大哥來到拉薩。我幾乎認不得他。如今他是塔澤仁波切——古本寺的住持。我被認證為達賴喇嘛的轉世時，曾在古本寺裡過了一年半初始的寂寥生活。當我定睛看他，我知道他受了極大的苦。他陷入一種很可怕的狀態，非常緊張焦慮。他在告訴我過程時，甚至口吃。我們兩個的出生地，也是古本寺所在地——安多，比鄰中國，很快地落入中共的掌握中。他立刻受縛監禁。喇嘛的活動都受到限制，而住持本人卻淪為罪俘，被關在寺裡。同時，中國人全力對他洗腦，用新的共產主義者的思考方式，試圖改造他。他們有個計畫，如果塔澤仁波切願意勸服我接受中共統治，他們會讓他自由前往拉薩。如果我拒絕，他就殺了我，他們隨後會酬報他。

那真是個怪異的提議。第一，任何殺生的念頭對佛教徒皆是離經叛道的。所以這個要他為了個人私利，而暗殺達賴喇嘛的建議，顯示中國人對西藏人性格了解之膚淺。

經過一年，其間我大哥目睹自己的家園遭中國人顛覆，他逐漸了解他必須逃到拉薩來警告我以及西藏政府，如果中共進攻，我必須貯存糧食。他唯一能做的，就是假裝馴服，所以他終於同意照他們的計劃行事。

他喘著氣告訴我經過。一直到現在，我對中國人幾乎一無所知。而對共產黨我更是幾近完全無知，儘管我知道他們曾經嚴厲地迫害蒙古人。除此，我所知僅是手邊剛巧看到的過期的美國《生活》雜誌。但是我大哥現在明白告知，他們不僅是無宗教主義者，事實上也反宗教之道而行。塔澤仁波切告訴我，我們唯一的希望是得到外國的支持，以武力對抗中共。我聽了，非常害怕。

佛陀禁止殺戮，但是祂指出在某些情況下，可以不得已而為之。而按照我大哥的想法，當前的狀況正是如此。因此，他要破了僧戒，脫下僧服，以西藏特使身分出國。他希望與美國聯繫。他覺得他們當然會支持讓西藏自由的想法。我乍聞之下，嚇了一驚，但是在我反對之前，他警告我離開拉薩。雖然有許多人也提這件事，並沒有多少人持這樣的觀點。但我大哥懇求我接受他的建議，不管大多數人怎麼說。他說，我的處境危殆，絕不能冒落入中共手中的風險。

我們會面過後，大哥在離開拉薩前，和許多政府官員討論過。我和他再見過一、二次，但無能勸服他改變心意。他在過去一年來的可怕境遇使他確信已經沒有別的路可走了。我沒細想這些事情，而全神貫注在自己的事情上。還有幾天，即要舉行我的即位大典。

為了紀念這個典禮，我決定全面大赦。當天，所有獄囚都會被釋放，意即蕭村的監獄將會一空。我很高興有機會如此做，雖然也有懊悔的時候。回想當年與獄囚之間似有若無的友誼，我不再擁有這種樂趣了。當我在庭院中透過望遠鏡遙望蕭村，我看見監獄裡空空如也，除了幾隻狗覓食殘渣。那一剎，彷彿有一些東西從我生命中消失了。

十七日的早晨，我比平時早起一、二個鐘頭，天色仍黑。著衣時，我的服飾總管交給我一件繞在腰上的綠巾。這是按照占卜國師的指示，他認為綠色是吉祥色。我決定不吃早餐，因為典禮冗長，我可不想被任何生理訊號干擾。不過，占卜國師堅持在典禮開始前，我必須吃一個蘋果。我記得那真是難以下嚥。諸事妥當後，我到佛堂，破曉時，即位典禮將在此地舉行。

這是個政府官員全員到齊的場合，還有各外國駐拉薩官員隨同壯聲勢，大家都穿上最正式、最絢麗的華美服飾。不過，當時天色很暗，我無法看個仔仔細細。典禮中，我接受象徵承擔世俗權力的金輪。我記得不太多，只除了一陣強勝一陣的釋放膀胱尿液的急迫需要。我責備占卜國師。他們要我吃蘋果的主意無疑是問題的根源。我對他們從沒有太大的信心，而這次又強化我的壞印象。

我總覺得一個人在他生命中最重要的日子，如生與死，不必聽占卜國師的意見，不必勞動其他人。不過，這只是在下鄙見。這並不意味我認為藏人習慣的占卜實務應該中斷。從西藏文化的觀點而言，占卜是很重要的。

不論如何，在這個場合裡，我的情況愈來愈糟。最後，我傳訊下去給侍衛總管，請他加快節目進行速度。但是節目繁冗，我開始害怕它永遠不會結束。

最後，節目終於結束。我發現自己成為統帥六百萬人民的當然領袖，面臨全面戰爭的威脅，而我只有十七歲。這是個難以自處的處境，但是我認為如果能盡各種可能避免這場災難，是我的責任。我的第一件任務就是提名兩位新總理。

提名兩位是緣於西藏的政府制度，從總理以下的各個職位都是雙軌並行，每一個職位各由一名在家人與出家人擔任。這套制度由偉大的達賴喇嘛五世所創，他是首位在宗教領袖的職務外，兼攝世俗權力的「法王」。不幸的是，雖然這個制度在過去一直運作良好，但在廿世紀卻是毫無希望地不合時宜。除此之外，經過大約廿年的攝政時期，這個政府已是十分腐化，如我先前所述。

不消說，改革也從未進行過。即使是達賴喇嘛也無能為力；因為無論他提出什麼，首先，他必須照會兩位總理，然後是內閣，其次是行政部門的每一位成員，最後付諸國民大會。如果有任何人反對他的提案，這件事便很難再進一步發展。

改革由國民大會提出的時候，也會發生同樣的狀況；除非程序顛倒。比如一件法案最後提陳達賴喇嘛，也許他希望做點修正，在這種情況下，這些意見是寫在羊皮條紙上，釘在原先的文件裡，送回國民大會表決。但是他們深信各種外國影響會危及西藏佛教的恐懼心理，則是煽動性的改革難以推展的原因。

由於心裡有底，我選了羅桑扎希作為僧官總理；另外選了幹練的俗官行政人員魯康瓦，作為相對的俗官總理。

諸事停當後，我決定和他們及內閣商議出訪美國、英國及尼泊爾的代表人選，希望說服這些國家代表我們和中共調停；另一方面，則派人赴中國協商撤兵。這些特使團直到年終才出發。之後不久，由於中共軍隊衛戍在東方，我們決定我應和最高級的政府官員移到南藏。這樣，如果情況惡化，我可以輕易穿越邊境，出亡到印度。同時，兩位總理依舊留在拉薩，我則帶著國璽走。

第四章　避難南藏

因為有太多事情需要張羅，因此好幾星期後，我們才得以成行。何況，所有的準備工作皆須暗中進行。總理擔心如果消息走漏——達賴喇嘛準備離開，恐怕會引起普遍的驚懼不安。不過，我確信許多人看到好幾個大行李車隊先行出發，一定意會到是怎麼回事。行李車隊裡裝載了五十或六十個保險櫃的財寶，大多是取自布達拉宮地窖的金元寶和銀條，這些安排甚至連我都不知道。這是我前任服飾總管天津的主意，他新近擢升為去結堪布（Chikyab Kenpo）。我看到這些舉措，非常憤怒；並非我在意這些財寶，而是我年輕的自尊受傷了，因為他沒事先告訴我，我覺得他仍然視我為孩子。

我懷著焦慮和期待的複雜情緒，等待著離去的日子。一方面，由於可能要「遺棄」我的子民，我覺得很難過；我覺得對他們有一種很沈重的責任感。另一方面，我熱切地希望去旅行，更加令人興奮的是，侍衛總管決定我應該改裝，換上在家人的裝扮。他擔心當人民發現真相時，可能真的會試圖阻擋我離開。所以，他勸我保持微服。我很樂，現在我不僅可以看看我的國土，而且可以像一般人行動，而不只是以達賴喇嘛的身分行事。

我們在深夜離開拉薩。天氣很冷，但是星月皎潔，我記得星子閃耀生輝，這是我後來在全世界任何地方都未曾見過的景象。四周如此岑寂，我們悄悄地從布達拉宮山腳的鄉間小道，經過諾布林卡宮、哲蚌寺出走。每當一匹小馬失蹄時，我的心跳就停了一下，不過，我並不真的害怕。

我們最終的目的地是二百哩外的錯模（Dromo），正好在與錫金接壤的邊境附近。這趟旅程至少得耗掉十天，這還不包括意外事件延擱行程。但是，沒多久我們就碰到麻煩了。離開拉薩沒幾天，我們來到一個僻遠小村姜村（Jang），甘丹寺、哲蚌寺及色拉寺的和尚正群集那裡作冬季的法論集結。他們一看到我們陣容龐大，即知非一般的行動。我們總數至少二百人，其中五十人是高級官員，還有等數的馱獸。和尚們因之猜想我必定也在其中。

幸運的是，我正好在最前面，改裝顯然有遮人耳目的效果，沒人攔阻我，但是我騎過時，發現和尚群情激昂，許多人涕淚縱橫，幾分鐘後，他們攔下緊跟著我的林仁波切。我瞥了一眼，知道他們懇求他和我回頭。那是緊張的一刻。情緒達到最高點，和尚們相信我是他們至珍無比的保護者，他們無法承受我離開他們的事實。林仁波切解釋，我並沒打算長久離開，這些和尚才不情願地讓我們離開。然後，他們五體投地，祈求我盡可能早回來。

經過這次不幸事件，我們沒再遇到其他麻煩，我仍舊微服，隻身前行，我能隨機應變，運用每一個場合，停下來與人們交談。我發覺此刻是我發掘我的子民與婦女生活真相的絕佳機會；並且在無人知道我真正身分的情況下，和他們談了許多話。從這當中，我得知我的子民生活裡所遭受的不公；因此，只要我能使狀況改變，我會盡可能去解決以幫助他們。

出發近一個星期後，我們抵達江孜（Gyantse，西藏第四大城）。一到該地，我們的行跡即不可能保持隱密，數百名子民竟群來歡迎我。一團保護印度貿易使節團的印度騎兵，衣著襤褸，但卻熱情地伸出援手，但我們已無暇顧及禮數，於一九五一年一月，在近乎兩個星期的旅程後，兼程趕到錯模。

大家都累壞了，但我私下卻有一種極度的興奮感。這個地方本身沒啥特殊，由好幾個緊密相連的村落聚合而成，但它的地表景觀卻頗為壯美，這塊地位於海平面上九千呎左右的高度，正好在把安處山谷畫分為兩個區域的交點上。

一條河沿著山谷谷底流過，非常靠近村落，人們日夜皆能聽到流水聲，離這條河不很遠，丘陵陡然升起。有些地段，河流伴著垂直的懸崖直衝入水晶似的藍空。不遠處，矗立著使西藏顯現莊嚴與威脅感的巨大山峰。到處都是叢叢松林和石楠，以及遍地的綠色牧草。氣候呢，就我觀察，相當的潮溼。因為距離印度平原很近，錯模常有西南季風帶來的季節雨，而日照頻繁，擠過厚厚的雲邊，以一種炫目的、神祕的光，照耀山谷。我渴望在這個區域探險，當山頭披滿春天的野花時，爬上某些比較容易通過的山頭；但是在那裡的時光卻都是冬季裡的那幾個月。

到達錯模時，我先是住在一位地方官的家裡——他曾贈我玩具和蘋果——然後，搬到位於丘陵上的一座小寺——敦卡，從那裡可以俯瞰整個錯模山谷。沒多久，我們就住定，我也回到祈禱、靜坐、閉關、讀書的日常生活裡。縱然我希望擁有更多的自由時間，我也少了一些在拉薩時的日常消遣，我覺得我內心某些地方已經變了。這或許是回應丟掉許多僵化的繁文縟節及形式所得來的自在感，而這些在拉薩時卻佔了我生活的大部分。而同時我也失去了潔役朋友的陪伴。這空虛由我覺知的額外責任感所填滿，這一趟旅程下來，使我確信：實有必要盡己之力用功讀書和學習。我將之歸因於如下的信念：我能使我的子民成為最好的人。

就在我們來到錯模不久，發生一則重大事件，那就是斯里蘭卡喇嘛也來了，他帶來一件我在令人傷感的某個典禮裡得到的紀念物。除了兩位總理留在拉薩，我的主要顧問噶廈、侍衛總管、林仁波切（如今是我的高級親教師）和崔簡（Trijang）仁波切（高級稱廈，他最近被提名為我的初級親教師），都跟我來到錯模。我的大哥塔澤仁波切留在那裡。他印

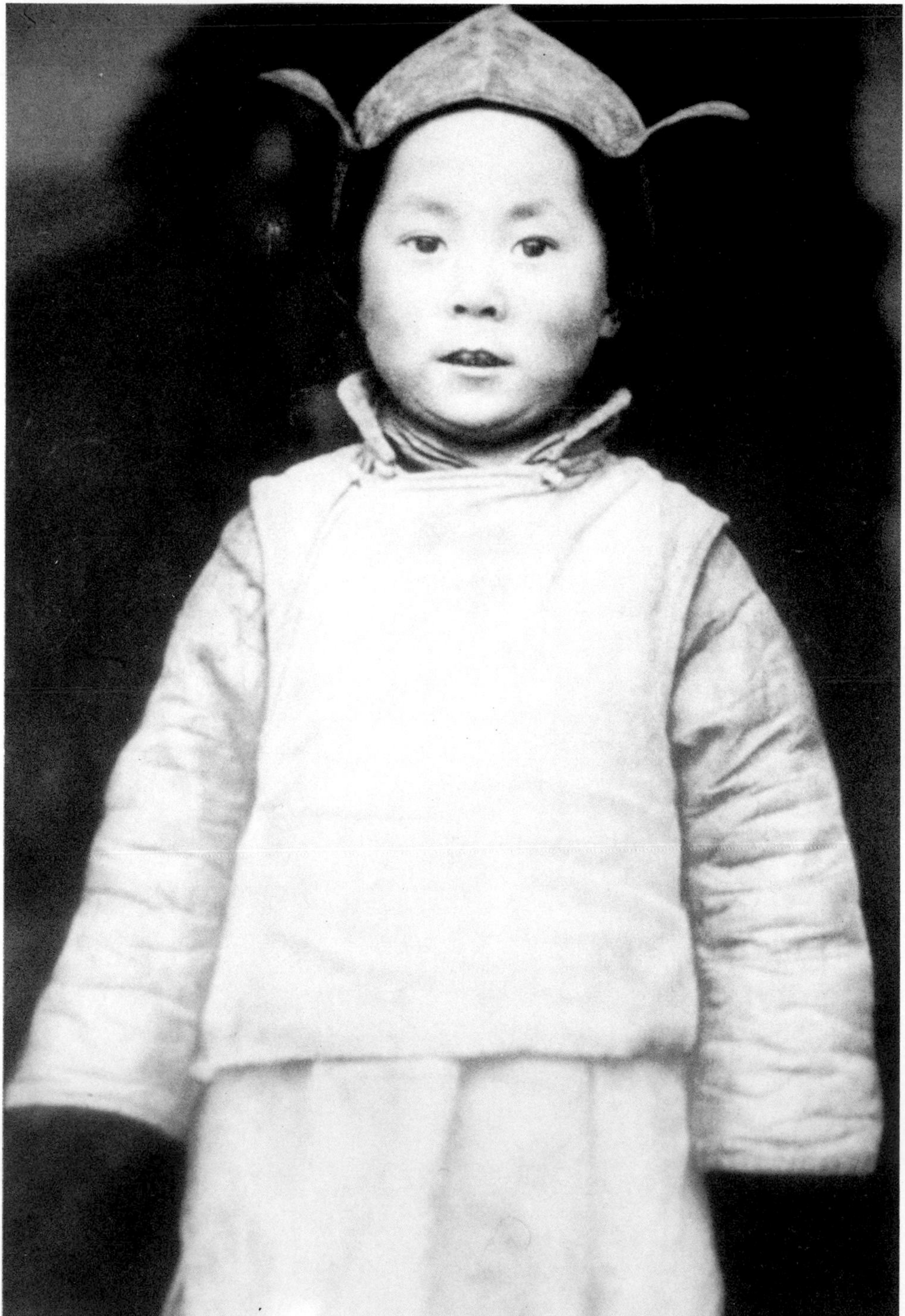

童年的我

千手觀音

布達拉宮，
其下爲蕭村

我的前世，
達賴喇嘛十三世
圖登嘉措

瑞廷仁波切，我的第一位攝政

戴面具的舞者，
每年夏季在慶典
上表演

僧侶與平民參加
一場宗教儀式

家母，
攝於六十餘歲時

少年的我

錯模，
攝於我領受
我前世遺物
的典禮上

（左）1954年與班禪喇嘛抵達北京火車站，
左側為朱德，右側為周恩來。中後立
者是樸錯汪結

（左下）與我的親教師、高級隨員及我家
人攝於北京。右邊是我母親、么
弟天津秋結、我姊姊澤仁多瑪

（右）在岡托與錫金皇太子通篤．南結談
攝影

（下）難得的全家合照，1956/7，只缺我
父親。自左而右：我母親、澤仁多
瑪、塔澤仁波切、嘉洛通篤、羅桑
桑天、我自己、傑春佩瑪及天津秋結

1959年３月12日：
西藏婦女起事，在布
達拉宮下的蕭村示威

出亡

度行之前，在拉薩待了好幾星期。

我們第一件壞消息是，我離開拉薩前派出國的代表團只有一個不辱使命：到中國去的那一個。其他的都無功折返，情況惡化。西藏始終和尼泊爾與印度維持最友好的關係，畢竟他們是我們最親密的鄰邦。至於英國，感謝楊豪斯本上校的遠征探險，有個英國貿易使節團駐藏幾近半世紀。即使印度在一九四七年獨立，這個使節團起先繼續由同樣的英國人理查森經營。所以，現在英國政府居然同意中共對西藏主權的部分主張，真令人難以置信。他們似乎忘了在過去，比如當楊豪斯本上校與西藏政府締約時，他們認為必須視西藏為一完全的主權國家對待。一九一四年，他們召開會議（Simla Convention，西姆拉會議），西藏和中國分別受邀。除此之外，英國人與西藏人夙來交好。我的國人，無分男女，認為英國人恭而有禮、具有正義感與幽默感，因而非常推崇他們。

至於美國，一九四八年華盛頓曾歡迎過我們的代表團，我們甚至還和副總統見面。所以，很顯然地，他們改變了立場。當我意識到這個事實意即：西藏必須獨自面對整個強大的共產中國，我覺得非常的悲哀。

所有的代表團都回國後，還剩一個在幾星期後才會回來。此刻第二件發展是昌都首長嘎波嘎旺吉美（Ngabo Ngawang Jigane）①，捎來一件冗長的報告。昌都大多數地區如今已淪陷，這份報告是由一位昌都地區的商領送到拉薩去的。他伺機交給兩位總理，再轉交給我。報告裡以痛苦的和幽暗的細節，說明中共的本質——他們威脅，並且聲稱除非能達到某種程度的和解，否則人民解放軍會立刻開到拉薩。果真如此，將無可避免地造成生命的巨大損失，而我希望不計任何代價，消弭戰爭。

嘎波提議，除了和談，別無他路。如果西藏政府同意，如果我們必須派遣一些助手，他願意親自試著與北京的中國政府展開對話。我和拉薩的兩位總理接觸，聽取他們的意見。他們覺得這樣的協商應該在拉薩舉行，但既然目前情勢危急，他們也同意以北京作為談判地點。因為嘎波毫無豫色地鼓勇擔當赴京談判大責，我認定這位我所知十分有決斷力的行政官員應該到中國首都。因此，我從錯模和拉薩各派了兩位官員隨同赴京。我希望他向中國領導階層解釋清楚，西藏不需要「解放」，只要繼續與我們偉大的鄰邦維持和平的關係。

同時，春天來了，由於大自然的生發，丘陵立刻長滿了野花，草原披上一層新而蒼的綠色，空氣中充滿新鮮而令人驚訝的氣味——茉莉、金銀花、薰衣草的味道。從我寺裡的禪房下望河水，農夫在那裡放牧羊、犛牛和犏。我也能看到幾乎每天都來的野餐人群，我嫉妒地看著他們升火，下到水邊烹煮。我被所見所惑，膽敢鼓勇向林仁波切請求給我一些自由時間。他想必也有同感，因此出我意料之外，同意放我一天假。我耗了好幾天在附近遊蕩，我已無法記得有多快樂。我在一次遊覽中，拜訪了一座苯教的寺廟。我唯一的悲哀是，我知道麻煩的日子還在前頭等著。沒多久，我得到嘎波在北京的消息。我半期待著這個「壞消息」，但是，當它發生時，我卻無從準備承擔這個震驚。

我在寺中有一部古老的布希收音機接收器，靠六伏特電池運作。每天晚間，我聽北京電台的藏語廣播。偶爾，我和一位或其他官員一起聽，但大多數獨自收聽。多數的廣播充斥有關「偉大祖國」的宣傳，但我必須說，我對大多數聽到的節目印象很是深刻。有工業進步、所有中國人民一律平等的一貫談話。看來像是實質與精神進步的完美結合。不過，有一天晚上，我獨坐聽到一個非同尋常的節目。一個嚴厲、爆裂的聲音宣讀當天由中華人民共和國和他們所謂西藏「地方政府」代表所簽署的十七點「和平解放西藏」的「協議」。

我簡直不能相信我的耳朵。我想衝出去，叫醒每一個人，但是，我呆坐在椅子上，動彈不得。播音員形容「經過最後一百年或更久」的強權帝國主義者的力量，如何滲透到西藏，「造成各種欺騙和憤怒」。他又加上，「在這種情況下，西藏人民陷於奴役和痛苦的深淵」。我聽到這種謊言和奇特的陳腔濫調揉雜，難以置信，簡直要病了。

但更糟的還在後頭。「協議」第一條是「西藏人應團結起來，驅逐帝國主義者的侵略力量。西藏人民應該回歸祖國大家庭——中華人民共和國。」這是什麼意思？最後駐紮藏地的外國軍隊是一九一二年的滿清軍隊。據我所知（截至目前所知），那時西藏只有少數歐洲人。而西藏「回歸祖國」的說法，實在是無恥的發明。西藏從未隸屬於中國。事實上，先前我已說過，古代有西藏是中國的一大部分的主張。此外，在倫理上和種族上，兩邊的人都不相同。我們語言不同，文字殊異。國際法理專家協會後來在他們的報告裡提到：

一九一二年，中國人退出西藏，其時西藏的地位，持平地形容，則為一實際獨立的主體……因之可以如此主張，一九一一—一二事件使得西藏再度成為一個完整的主權國家，在事實上及法律上獨立於中國統治之外。

但最令人驚訝的是，嘎波並沒有被授權以我的名義簽署任何文件，他僅能協商。我帶著國璽來到錯模，保證他無法如此。所以，他一定是被迫的。但是，好幾個月之後，我才得知全部詳情。在當時，所有我們能得到的資訊只有靠收音機廣播（重複好幾次），夾雜著許多自我慶賀的說教，有關共產主義的福祉、毛主席的榮耀、中華人民共和國的奇蹟以及中、藏合一後，所能企望的所有好事，全是胡扯。

十七點「協議」的細節同樣令人齒冷。第二條宣稱，「西藏地方政府將主動協助人民解放軍進入西藏，鞏固國防」。在我判斷，這意味著我們的軍隊被預期會立刻投降，第八條繼續同樣的主題：「藏軍將併入中國軍隊。」儼若這事可行。然後，十四條所示，從今後，西藏將被剝奪所有處理內政事務的主權。在強霸的條文裡點綴著諸如：確保宗教自由、維持達賴喇嘛的地位及目前的政治體制。但是除了這些陳腔濫調，有一件事可以確定：從此以後，雪之原鄉意即中華人民共和國。

由於我們的地位開始式微這個不快的事實，好些人，包括著名的塔澤仁波切從加爾各答寫來一封長信，力勸我立刻前往印度。他們主張西藏的唯一希望是尋找盟邦，幫助我們對抗中國。當我提醒他們，我們派到印度、尼泊爾、英國以及美國的特使，早已鎩羽而歸；他們仍堅持，如果這些國家了解如今處境的嚴重情形，他們會伸出援手，他們指出，美國素來反對共產主義者的侵略作風，為此已在韓國打了一仗。我能理解他們主張的邏輯，但是多少了解美國已在前線傾力作戰，這個事實減少她企圖開闢第二個戰場的可能性。

幾天後，一封從北京代表團發來的冗長電報送到。電文沒提太多，只除了重複我們早已從收音機裡聽到的內容。顯然嘎波沒有說真話。近來，部分代表團的團員在他們的備忘錄裡，提到他們如何在脅迫下，使用偽造的西藏國璽簽署「協議」等等完整的經過情形。但是，當時從嘎波的電報裡，我只能猜究竟怎麼一回事。不過，他提到新的「西藏省主席」張經武將軍正途經印度，兼程往錯模而來，不久即會趕到。

似乎無計可施，只好等待。在這同時，我接見三所大寺院——甘丹、哲蚌和色拉寺的墀巴，他們新近才抵此。一聽到十七點「協議」，他們力陳我應盡快趕回拉薩。他們指出，西藏人民極度焦慮，因此我必須趕回；他們也提出兩位留守拉薩的總理託帶的訊息，作為支持的依據。

幾天後，我再度得到塔澤仁波切的訊息，他顯然成功地與加爾各答的美國領事館接上頭，他們保證應允他訪問美國。他再度驅策我到印度去，他說美國非常急於和西藏接觸。

他建議，如果我要準備流亡，一些協助的安排可由我們的兩個政府商議。我哥哥在他信尾結論說，時間緊迫，我必須盡快趕到印度；何況中國的代表早已在加爾各答，在赴錯模的途中。此處的意涵是，如果我再不立刻採取行動，恐怕為時已晚。

大約在此時，我也接到一封同樣語氣的信，這是哈勒寄來的，他就在我之前離開拉薩，現在噶林邦（**Kalimpong**）。他堅定地認為我應該流亡到印度——許多官員也支持這個看法。不過，相對的，林仁波切也糾正我，不應如此。

所以，我現在面臨兩難困境。如果遵循我大哥信裡的指示，看來似乎終究還有一些可得到外國臂助的希望。但是這樣對我的人民又意謂著什麼？我真的應該在與中國人打個照面之前離去嗎？如果我這樣做，我們新成立的同盟會認為我們同甘共苦嗎？當我思量這些想法時，我持續地推到兩項特殊的考慮。第一、顯而易見，與美國或任何國家締約最可能的結果是戰爭。而戰爭意味著流血。第二、我思索儘管美國是個極強大的國家，卻在幾千哩外。反之，中國卻是我們的鄰邦，雖然實質上沒有美國強大，卻容易擁有許多優勢。因此，也許必須耗好幾年，以武力戰鬥來解決紛爭。

何況，美國是個民主國家，我不相信她的人民願意忍受無止盡的災亂。想像有這樣一次絕處逢生的機會，那是很容易的；但是，我們藏人終究還是得再度獨力承擔一切。結果還是一樣，中國照舊我行我素，其間，將會損及無數生命，藏人、中國人和美國人，全作無謂犧牲。因此，我決定最好的行動方式是靜觀其變，等待這位中國將軍來到。畢竟他是個人吧！

一九五一年七月十六日，這位中國代表及時趕到錯模。一位報訊者跑到寺裡來，宣告他即將到來的消息。對這件消息，我覺得既興奮又十分憂慮。這些人，他們長得啥模樣？我差不多要相信他們全都頭上長了角。我跑到陽台，熱切地往山谷逡巡直到城裡，用望遠鏡掃瞄樓房。記得是個好天氣的日子，儘管是在雨季的中期，在夏陽烤炙下，水蒸氣從地面往上呈渦漩狀散發。突然，我發現有狀況了。一群我的官員領頭朝寺裡走來。透過他們，我能分辨三個穿著單調灰西裝的人。在藏人旁邊，他們看來非常不顯眼，藏人著傳統高官穿的紅金絲袍。

我們的會面帶著冷淡的禮貌。張將軍一開始就問我是否得知十七點「協議」。我極度自制，回答是的。然後，他交給我一份影本，還有二份其他的文件。在他遞文件的當兒，我注意到他戴了一隻勞力士金錶。這兩份補充的文件，一份關於西藏軍隊。另一份說明如果我選擇流亡，會發生什麼後果。上面暗示我會很快了解中國人帶著真摯的友情而來。我當然希望回到我的國家，如此，大家會熱烈歡迎我的歸來。因此，沒有離開的理由。

其次，他問我何時想回到拉薩。我答以「立刻」，雖然並非很有用，但是，我繼續盡可能表現得冷淡。這個問題用意太明顯了，他想要和我一起回到拉薩，當我們一起進城時，自有其象徵意義。最後，我的官員打算避免這樣做，而讓他晚我一兩天走。

我的第一個印象正如我懷疑的，不管事先我所感受到的懷疑與不安如何，在我們會面時，一切都很清楚。儘管這個人曾假定為我的敵人，事實上，他只是一個人，一個像我一樣的普通人。這個現實對我造成一個永久的衝擊。這是另一個教訓。

如今見了張將軍，即將回到拉薩，我有些微的快樂。我們著手準備歸程，還有我的所有官員隨同，這個月底出發。此時，毋需祕密計議，我以遠比走馬看花更仔細的方式旅遊。實際地踏遍每個主要村莊，我停駐接見大眾，對當地人作短暫傳法。使我有親身向大眾說明西藏近況的機會，諸如外國軍隊如何入侵，而中國人如何宣示友好。同時，我也傳授宗教經文課程，大都採擇內容與我所要言說相契的經文。我繼續使用這個妙方，以迄於今。不管我們身處在什麼樣的環境，宗教總是有許多可以告訴我們的，我發現這是一個很好的解說方式。不過，我現在的技巧可比當時強多了。那時我缺乏自信，儘管每回我公開開示，都會改善一些。我也發覺如同每位老師教學相長，沒有一件事能像教學一樣，幫助一個人學習。

在這次的旅行中，我很高興發現這麼多事可做。否則，我也許有暇傷懷。我家人都不在國內，除了家父在我十二歲時往生，而桑天現在陪著我，我唯一家人以外的遊伴就是塔湯仁波切。他到錯模來探望我，傳授一些重要的教旨，現在又掉頭回他的本寺去了，他的本寺正好位在拉薩城外。自從我在去年冬天最後一次看到他。他又老了很多，現在看來比他實際的七十歲還要老。我很高興再一次與他為伴，不僅因為他是非常仁慈的人，更因為他也是一位高級成就的靈修上師。毫無疑問，他是我最重要的上師。他引介我許多傳承和祕法，這些都是由當代最明睿的導師傳承給他的。

我們慢慢地從錯模來到江孜，印度騎兵照舊出來展示武器。這次沒有走馬看花，我可以停留好幾天。然後我們朝金剛亥母的本寺桑汀寺出發，祂是最重要的菩薩之一。桑汀寺也是全藏最壯美的寺廟之一。一路鄉道景致壯麗，湛藍色的湖邊鑲了一道青葱的草原，上面有成千的羊群放牧。景色之優美，平生僅見。多虧這鮮爽宜人、明媚的夏日。偶爾會瞥見鹿和瞪羚成群，這些景象當年是很普通的，全藏皆可見到。我喜歡看到牠們緊張地站著，看著我們走近，然後曲著長腿躍出。

有一度我喜歡騎馬，雖然在常態下，我相當害怕馬。我幾乎能與所有生物相處，除了毛毛蟲，我不知道為什麼我能毫不猶豫地撿起蜘蛛和蠍子，也不在意蛇，可是我不喜歡馬和毛毛蟲給我的冷淡感覺。儘管如此，我卻非常喜歡馳騁開闊平原，不斷吆喝我的馬前進，實際上那是一匹名叫「灰輪」的騾子，一度為瑞廷仁波切所擁有。它的腳程和耐力絕佳，和我頗有交情。不過飼馬長不大以為然，他認為達賴喇嘛的坐騎不應如此小，而且又不夠氣派。

桑汀寺離南江孜小城沒多遠，換言之，即毗鄰羊卓雍湖，其汪洋之絢麗為我生平僅見。由於沒有流水進出，羊卓雍湖呈現一片不可思議的藍綠色，十分炫人。可悲的是，最近聽說中共打算為了一個電力發電的計畫，引出湖水，因之造成的長期後果，我簡直不敢想像。

在當時那個年代，桑汀寺是個繁榮的社區。有趣的是，在傳統上，其住持由比丘尼出任。在西藏並沒有特殊的婦女歧視，所以此事也沒什麼好大驚小怪的。比如，拉薩附近有一所精舍，那裡有位重要的女性修導師，在我幼年時，名聞全藏。儘管她不是一位化身，迄今仍受尊崇。當然還有許多比丘尼，不過，這是唯一由比丘尼住持的寺。

或許更令人好奇的是，金剛亥母（Dorje Phagmo）是依一尊女性神祇金剛母豬而命名。傳聞金剛亥母示現著豬臉婦身。據說十八世紀時，一些蒙古騎兵來到南江孜，首領遣話要求女住持去見他。他被禮貌地回絕了。此舉激怒他，立即前往寺裡。仗著他的戰士勢眾，強行入內，發現講壇裡都是和尚，而法座上的人，卻有個大的野豬頭。

我到訪時，桑汀寺的負責人是位年紀與我相仿的女孩。她向我頂禮示意。我記得她是位非常害羞的年輕女孩，留著長辮子。隨後不久，她逃到印度。不過，因為我不知道的理由，又回到拉薩，而且被中共利用了好多年。可嘆的是，桑汀寺和它的附屬建築如同成千的寺廟，在一九五〇年代後期，都遭受破壞的噩運，而其古老傳統也消失了。

在我們出發回到拉薩的最後一程前，我在桑汀寺待了兩、三天。回到諾布林卡宮之前，我陪塔湯仁波切到他的本寺，位於城門外幾小時馬程之處。他非常體貼的把他的禪房讓給我，自己搬到主殿後的草地區，論辯經常在那裡舉行。在稍後的幾天，我們正式見了好幾次面。我們離開後，把他留下來，我覺得非常難過。對他，我有一種極深的欣賞和敬意。但是，在他攝政時期，他的名譽遭到玷汙，令我耿耿於懷。甚至現在我都懷疑，如果他不捲入政治，而只是純粹的喇嘛，情況是否會好一些。畢竟，他沒有治理政府的知識，也沒有行政工作的經驗。期待一個沒有受到任何訓練的人做好某些事情，是很不合理的。但這就是西藏。因為他是眾所景仰的大修行人，所以似乎自然而然的，他理當被任命為全藏第二高階的職位。

這是我最後一次見到在世的塔湯仁波切。在那次最後的見面裡，他要求我對他以往視我為孩童所施予的禁制，不要覺得掛懷。我覺得十分感動，因為這樣一個年高德劭的導師，竟然想告訴我這些。當然，我了解的。

經過九個月的出走，我在八月中回到拉薩。有個歡迎我歸來的盛大歡迎會，似乎全城的人都出來看我，都對我的歸來表示歡喜。我深深地受到感動，同時，十分欣慰能夠回到家鄉。我僅知大致良好，但是自從去年冬天以來，已有很多改變，與往日大不相同。雖然我的子民滿懷欣喜，看來他們也有同樣的感慨，在狂熱之中有一種歇斯底里的暗訊。我不在拉薩的那段時日，消息開始傳到首府，安多和康省都出現對付藏人的暴行。

人們當然對未來懷有恐懼，雖然有些人感覺到一切都會轉好，因為達賴喇嘛回來了。至於在一個較個人的層面上，我最傷悲的是發現我最寵愛的潔役諾布通篤已在年初過世。他顯然是我最熱情的玩伴。在我整個童年時代，他一直是個忠實的朋友以及歡樂的源泉。我還小的時候，他裝鬼臉嚇我；我長大些，他加入我戰況最激烈的比賽裡。在我的假想戰裡，我們時常大打出手。我記得有時對他不懷好意，甚至到用我鉛俑的劍傷人的地步，那是因為在我們嬉戲的小衝突中，他用雙臂抓起我，我無計可施之下，才出其不意為之。但是，他恆常布施，以為受用；而且從未須臾喪失他那絕妙的幽默感。現在，當然我已無能為他盡心力，雖然我還能對他的一雙子女做點事。作為一位佛教徒，我明知悲傷無益；然而同時我也意會到，諾布通篤的死亡，或多或少象徵著我童年時代的結束。往事如煙，無跡可覓。幾天內，我如期再度會晤中國代表團。我必須盡我可能為人民盡力，不管多麼微細，如思索和平追求宗教信仰是人生裡的頭一件大事。而我只有十六歲。

我在衛兵的司令部依照古禮，接見張經武將軍。這使他大發了一頓脾氣，他要知道為什麼我在這種地方見他，而不是在一個較不正式的場所。他堅持他不是外國人，不希望被如此對待。他顯然不曾想到他不會說藏語的事實。我一看到他唾星四濺、結結巴巴，雙眼暴凸，雙頰赤紅，拳打桌子，起先嚇了一跳。我隨後發現這位將軍經常這樣發雷霆之怒。同時，我提醒自己，在內裡，或許他是個好人——事實上，他的確是，而且十分的直率。張將軍發過脾氣以後，我很快地發現這種情形在中國人裡相當尋常。我想他們就是因為經常大發脾氣，才受到某些人——尤其歐洲人和美國人——那麼必恭必敬的對待；歐美人大致上比較能徹底控制自己的情緒。好在我的宗教素養幫助我對他的行為採取另一種觀點：在某些方面，我認為如此表達憤怒是很好的。雖然並非處處得體，但這樣總強過假裝沒事卻暗懷恨意。

起先，在許多事情上，我毋須與張將軍協商。在中共佔領的頭一、二年裡，我或許每一個月和他見一次面。兩位總理和噶廈成員最常見到他，他們很快地厭惡他的行止。他們告訴我，張將軍是一位傲慢的、專橫的人，對我們不同的生活取向，沒有絲毫同情心。每回我們相見，我親自見證他和他的同胞如何無一例外地傷了西藏人的感情。

我現在才明白我回到西藏的前五、六周，只是蜜月期。一九五一年十月二十六日，蜜月突然告終，大約三千名中共十八路軍開進拉薩。這批軍隊屬於去年攻克昌都藏軍的一支。領軍的是譚冠三和張國華兩位將軍，他們由一位著藏服、毛帽的藏人陪同謁見。他們甫進室內，這位陪客即行三個正式的五體投拜禮。我想這有些奇怪，因為他明明是中國代表團的一員。後來證實他是翻譯員，一位忠實的共產主義者。我稍後問他為什麼不穿和他同伴相同的毛裝？他十分和善地答道，我必須放棄革命是服飾革命的錯誤想法；革命是一種意念的革命。

大約在同時，我的大哥也回到拉薩。他沒有待太久，但其間他和中國的領導階層見了好幾次面。然後他宣稱想到南方旅行，我即位時，我的家族得到政府贈予的一筆財產，就在南方。到南方監督家產的說法只是策略，我不久即獲知，他已越過邊境，到達阿薩密省，也就是著名的東北邊界區。他打算盡其所能組織外國的支持力量。但他沒告訴我這個計畫，因為顧及我尚年幼，他擔心我或許會在沒有防備的情況透露祕密。

在很短的期間內，更多的解放軍支隊又來到拉薩。他們來的情形，我記得很清楚。因為西藏地形較高，聲音可以傳得非常遠。結果，我在布達拉宮的禪房裡聽到一陣緩慢而沈重的擊鼓聲，很久以後還沒看到一個軍人。我衝上屋頂，拿出望遠鏡，我看到他們蜿蜒成一長蛇縱隊，深藏在雪堆裡。他們來到城牆時，到處是畫著毛主席和他的副手朱德的紅旗和海報。然後是喇叭和土巴號的聲音。全場景象令人印象深刻。這就是人民解放軍，看來十足地魔氣。

稍後，在我克服看到紅旗旗海（紅色畢竟是大自然的警戒色）的巨大不安感後，我注意到士兵實際上處於非常困頓的狀況：制服襤褸，看來全都營養不良。加上藏地高原亙古積灰髒了他們的臉，使他們有一副好戰的外表。

整個一九五一—五二年的冬天，我繼續用功，當然也更努力。就在這段期間，我開始道次第（**Lam Rim**）的修持。那是有關一段經文，經由心智訓練，開展一個晉階的途徑，以啟昏昧。大約八歲，我就開始同時接受一般顯教的僧侶教育和密教，後者諸如由上師傳授的灌頂、傳經、口訣。隨著時日流逝，我打下自己的根柢，我逐漸注意到自己的些微進步，非常微細的、心靈的發展。

而在進行年度閉關時，聽到塔湯仁波切圓寂的消息。我很想參加他的荼毘大典（火化）而不可得，所以為他做了殊勝的祈禱。

那段期間，我忙著盡我所能鼓舞我的總理和噶廈。我提醒他們無常的佛理，並且指出，現時狀況不會持續永久，即便如此，也僅止於吾儕一生。但私底下，隨著事件發展，我愈發焦慮。惟一快樂的企盼是班禪喇嘛來訪，他預計不久後抵達拉薩。

此際，最後一批二萬名軍隊抵達，嚴重的糧荒發生了。拉薩人口在數星期內幾乎倍增，不要多久，我們貧瘠的資源就要耗盡。一開始，中國人多少遵守十七點「協議」的條文，條文明載：人民解放軍應該「在所有買賣中公平交易，不應奪取人民的一針一線」。他們付款買西藏政府給他們的穀物，也付補償金給房屋被徵收為駐軍紮營的所有者。

不過，這套付酬制度很快就崩潰了。貨幣不管用了，中國人開始強行要求食物和住宿。一場危機隨即蔓延。通貨膨脹颺起，這是過去從未有過的現象，我的人民不懂為什麼穀子的價值隔夜就倍漲。他們非常憤怒，先前對入侵者的消極恨意突然化為主動的嘲弄。每當遇見一群中國軍人，依照傳統驅魔的方式，他們於是擊掌唾吐。孩子也開始丟石塊和石頭，甚至和尚也把袍子鬆鬆的摺層纏成一綹，用來揮打任何接近的軍人。

同時，以取笑張經武將軍的金錶為主題的嘲諷歌謠也流傳一時。而許多軍官在千篇一律的制服底下，穿著昂貴的毛皮襯裡，真相發露後，藏人的輕視更是無以復加。如此一來，激怒了中國人，我猜想大半是因為雖然他們知道被嘲笑，但是他們聽不懂別人說些什麼。這傷害了他們的自尊，也等於失了面子，最糟糕的狀況發生在一位中國人身上。最後的結果是一件極其有趣的意外，與張將軍有關。有一天他來看我，要求我發出一項禁止批評中國人的文告，不管這些批評是以歌謠或海報形式為之的娛樂活動。

不過，儘管新的法律禁止反對中國，布告卻開始出現在街頭，公開指責中國人。一個普遍的抵制運動已形成了。最後，一項明列人民所受的苦痛，要求軍隊撤離的六點備忘錄擬就，直接交給張將軍。此舉激怒了他。他暗示這些文件是「帝國主義者」的傑作，並且指控兩位總理領導這項陰謀。緊張升高。試想他們大可以避開兩位總理，開始直接衝著我來。起先，沒有兩位總理陪同，我拒絕接見他們。但是，在某一個場合，羅桑扎希說了什麼特別刺激他的話，張將軍真的動怒了，彷彿要打死羅桑扎希。不假思索地，我跑到他們中間，喊著要他們立刻停手。我很害怕，從沒看過大人如此作為。從此以後，我同意個別接見他們。

中國派來越來越多的官員和行政官僚後，中國領導們和我的兩位總理間的處境持續惡化。他們一點也不允許西藏政府料理自家的內政，如同十七點「協議」上明載的，橫加干涉。張將軍在這批中國官吏和西藏政府的噶廈之間，無休止境地召開連串的會談，旨在討論如何長久安置這些官員、軍人以及他們所有的上千駱駝和其他馱獸。兩位總理認為，這樣的要求不僅不合理，實際上也不可行。但是，要讓中國領導了解這樣的想法，簡直是不可能。

當張將軍二度要求提撥二千噸大麥，他們必須向他解釋已經沒有這麼多存糧，拉薩城裡的西藏人早已活在饑荒的恐懼中，而政府倉庫中僅存的穀物，至多也只能供應軍隊兩個月。他們告訴張將軍，沒有足夠的理由需要在拉薩維持如此龐大的武力。如果旨在國防，軍隊應該派駐邊界。只需留下官員，或許加上一團左右的軍隊，以為防護之用。張將軍不置可否，禮貌地回應他們。所以，他們告訴了我，但是將軍沒有採取任何行動。

在他們建議把軍隊移防他處後，這兩位總理愈發不得張將軍的歡心。起先，他隱藏對羅桑扎希的怒意，羅桑扎希是兩位總理中較年長的一位，也認得一些中國人。羅桑扎希的交遊廣闊又惹惱了他，他急躁地羅織莫須有的罪名控告這位喇嘛；同時卻稱賞魯康瓦——他心目中可望合作的同夥。

不過，事後證明，魯康瓦是個性格較深沈的人，儘管他很年輕，而且他也從未試圖隱藏他對張將軍的真感情；甚至在一個較私人的層次，他流露出對這傢伙極度的鄙夷。聽說，在某個場合，張將軍不經意地詢問他喝多少茶？他答，「視茶的品質而定」。我聞訊而笑，但也了解這兩人之間的處境必然很糟。

戲劇性的高潮不久後即爆發，就在張將軍召集兩位總理、噶廈以及所有的中國官員開會時發生。一開始，他宣布開會目的是討論藏軍納編入人民解放軍的問題。這太過分了，魯康瓦直言這事辦不到。不管這是十七點「協議」裡的一條。中國人自己早就多次不遵守「協議」的條文了，所謂「協議」已成無意義的文件。他說，藏軍要向人民解放軍靠攏輸誠，真是不可思議！

張將軍平靜地聽著。他說，「如果那樣，我只須把藏軍旗幟換成中國的國旗即可」。魯康瓦回答，「如果你們降下藏旗，然後燒掉。你們將會困窘難堪」。他繼續說，中國人干擾了西藏的整合，卻還期望與藏人保持友好關係，這真是荒謬。他說，「你們早已敲了一個人的腦殼了，而創傷至今猶未痊癒；你們期待他做你們的朋友，未免太快了吧！」聽到這裡，張將軍衝出會議室。三天後，相同的情景又上演一次。

我當然沒有出現在這些會議裡，但我對發生的每件事情都瞭如指掌。如果情況無法改善，看來我似乎應立刻更直接地介入。

三天後，會議按計畫召開。這次由范明將軍主持。他開場白即是，他相信魯康瓦希望對他上次說過的話致歉。魯康瓦立刻糾正他，他無意道歉。他信守自己說過的話，認為讓中國人完全知道西藏人的觀點是他無可旁貸的責任。看到這麼多中國軍人，人民已覺得非常厭煩。何況，他們也關心昌都迄今尚未回歸中央政府的管轄；而充斥全藏各地的人民解放軍也無即將撤回中國的跡象。至於有關西藏軍隊的提議，如果實行的話，免不了會有麻煩。

范明氣壞了。他指控魯康瓦和外國帝國主義者聯手，他將要求達賴喇嘛免他的職。魯康瓦回答，如果達賴喇嘛如此要求，他不僅將欣慰地放棄他的職位，也將放棄他的生命。於是，會議在混亂中結束。

隨後不久，我收到北京送來的一份書面報告，聲稱魯康瓦顯然是帝國主義反動分子，他不想促進中國與西藏之間的關係，並要求撤他的職。我也接到噶廈傳來的口頭建議，如果我要求兩位總理辭職，或許情況會變得較有利。我非常難過。他們兩位所為是如此忠誠與堅持信念，如此愛他們所服務的人民。

隔了一天左右，他們來見我，呈上辭職書。兩人雙目含淚，我也淚眼相對。但是，我了解如果我不接受這種安排，他們的生命將難保。所以，我懷著一顆沈重的心，接受他們的辭職；只意識到我所關心的——如果可能，要設法改善與中國的關係，如今我必須直接與他們打交道了。第一次，我算是了解「亞霸」的真義了。

大約在這個時候，班禪喇嘛來到拉薩。不幸的是，他已在中國人監視之下，如今已往扎什倫布寺，開始執行他的法定職務②。他從安多省抵達拉薩，有一支龐大的中國軍隊（他的「隨身侍衛」）相隨，此外還有他的族人和親教師們。

就在他到拉薩不久，我循官方的會見程序，接見這位年輕的班禪喇嘛，接著就在布達拉宮舉行私人午宴。有一位精神強旺的中國安全官緊跟著他。我們單獨相處時，這位仁兄甚至企圖闖入。我的侍從一度出面制止他，結果在我手中差點演變成緊急意外事件：他有武器。

最後，我到底安排了一些時間，與班禪喇嘛單獨相處。他給我的印象是，一個非常誠實、守信的年輕人。由於比我小三歲，至今尚未即位，使他仍保有一股天真的氣質，視我為一位非常快樂、愉悅的人。我覺得和他十分親近。我們兩人都不知道，他往後過的是多麼悽慘的日子。

不久，我受邀回到塔湯寺，在一個紀念先上師塔湯仁波切的冗長儀式裡（長達十五小時），我非常用心地、一絲不苟地行禮獻供。我在堂前行大禮拜，全身仆倒，我覺得十分悲傷。之後，我到山區及四周區域散心，紓解不快的環境所加諸的壓力。塔湯寺之行一項較開心的事，塔湯仁波切荼毘時，烈焰焚盡後，留下一些舍利子。從其中可以明顯地看出這位西藏人性格的梗概，也相當於他的修行成果。實際上，這種神祕的現象在高僧裡是很普遍的。從舍利子的形色能得知其人心性，有時是一種精神印象。其他的狀況，諸如我的前世，則其精神能從坐化後的全身舍利實際觀察得知。

一九五二年春，兩位總理被迫辭職後，我們和中國當局有一段不平靜的休戰期，我將之作為建立改革委員會的時機，這是我一年前避難到錯模時就有的想法。主要目標之一是建立一套獨立的司法制度。

如前述瑞廷仁波切的例子，當人們覺得政府違規時，我只是個未成年人，雖然有心，卻毫無助人一臂的能力。比如，一位在行政部門工作的人，被發現私藏用來做唐卡（繡的掛畫）的金粉。我從望遠鏡裡看到他手被縛著，臉朝後地被一匹騾子馱著，逐出城外。這是這種罪行所受的傳統懲罰。

有時我覺得自己也許介入太多。我在布達拉宮目擊另一件類似的意外事件。很早以前，我就知道可以從好些地方的窗戶或天窗窺視，觀察室內發生什麼事情；而如果在室內，卻是什麼也看不到。有一次，我如法炮製，看到攝政祕書的偵訊庭，他們正考慮一位和地主唱反調的佃農的苦處。這個可憐人的長像，我記得很清楚。他十分老，矮小而駝背，蓄著一頭灰髮和稀疏的髭鬚。不幸得很，他的主人和攝政（當時仍是瑞廷仁波切）有通家之誼，所以他被解雇了。我雖心向著他，卻無能為力，我愈發確信司法改革的必要。

我也想在教育方面著力。當時，尚無全民教育制度，只有幾所學校在拉薩，鄉村地區也有一些。但大多數的寺院仍是學習的中心，而他們提供的教育只開放給僧侶團體。因此，我指示噶廈提出前瞻的建議，發展一個良好的教育計畫。

另外一項我覺得有迫切改革需要的領域是交通。當時，全藏沒有一條馬路，而唯一有輪的交通工具就是達賴喇嘛十三世的三輛車。顯而易見的，許多人會因道路運輸系統，而蒙受鉅益。不過，如同教育，這是一項長期的考慮，我明白這裡要進步，還得等好幾年以後。

不過，也有些可立即產生正面效果的事，或可先做。其一是廢除承襲債。這是我在往錯模途中，從我的潔役及與民眾交談蒐集來的，這項慣例是西藏農鄉社會的禍患。意即佃農欠地主的債，也許是積年歉收的累積，可以一代傳一代。結果，許多家族無能自力維持尚可的生活，遑論希望有一天能夠解脫，幾乎一樣要命的是，小地主在有急需時，可循此制度向政府借款，當然債務也是代代相傳的。所以，我決定首先廢除債務承襲的原則；其次，一筆勾銷所有無法償還的政府貸款。

明知這些改革不會太受貴族及既得利益者的歡迎，我說服侍衛總管公開發布印行命令，而不只像平常，僅在公共場所張貼海報而已。我一反常態，用與印經文相同的木底字盤，把消息印在紙上。如此一來，即有較佳機會以利廣為傳佈消息。任何有心干擾的人，等到他們有所懷疑時，為時已晚矣。

十七點「協議」條文明載，「西藏地方政府應出於自願地實行改革」，因此就不該是屈從於「中國的強制」。不過，儘管這些早期土地改革的努力立即澤及數千藏人，不久即可明顯看出中國當局農業組織的綱領，與我們完全不同，安多早已開始集體生產，最後終於推行全藏，但這套制度應對到處歉收以及幾十萬西藏人活活餓死負責。儘管當局並不特別強調跟進文化大革命，人民公社的後遺症，至今仍可見到。許多到西藏的訪客批評鄉村地區的人民看起來如何瘦小以及發育不良，那是因為營養不足的緣故。但是，這些所有中國在西藏所為，都是遠期的空頭支票。同時，我力勸政府盡力排除古老、無生產力的作為。

我決心盡力把西藏推進廿世紀。

一九五三年夏天期間，我接受林仁波切的時輪金剛灌頂③。這是密教傳承裡最重要的一種灌頂，對世界和平有殊勝的重要性。不像其他祕密傳授的密教儀軌，它是在大眾之前公開傳承的，非常複雜，需要一周到十天的準備時間，還要三天實際操練。其特色之一就是用各種顏色的碎寶顆粒做成一個大壇城，壇城是一個代表立體世界的平面圖像。當我第一次看到許多壇城中的其中一種時，幾乎無法自持，乍然這麼一看，唉呀！它的外表是美得如此脫俗！

灌頂完之後，接著是一個月長的閉關。我記得這是一段感動林仁波切和我的宗教經驗。我覺得非常榮幸能成為大成就祖師相續無間傳承的一名弟子。當念到迴向文的最後偈頌時，我被感動得不能自已，大家都以為我被加持了，雖然我當時根本就沒想到這一層。我把這件事看成是我堪能在世界各地展開時輪金剛灌頂的佳兆，我做的比我任何一位先世還要多，雖然我並不是最有德行來做灌頂的人。

隔年，在默朗木慶典期間，我在大昭寺的四臂觀音像前，接受正式成為佛門比丘的受戒典禮，由林仁波切主持。那是令很多人動容的場合。然後，那個夏天，我應在家女眾之請，做了生平首次的時輪金剛灌頂。

這段時間，我們與中國當局處於敏感微妙時期。我很喜悅，專心致力於宗教職責，開始對大、小眾做例行性開示。結果，我開始與我的子民建立一種私人的關係；對於要公開開示，儘管一開始我是有些焦慮，我的自信心很快提昇了。我明瞭，在拉薩城外，我的子民橫遭中國肆虐，同時，我也看得出為什麼兩位總理如此詬詈中國政府。比如，每回張經武將軍來探訪我，就把侍衛留在外面，即使他明知生命的神聖性是佛家主張的首要法則之一。

我仍然留意佛法的訓示，在某些情況下，一位假設的敵人比朋友還珍貴，因為敵人能教你學會一些事情，而朋友通常不會。除此，我堅定地相信，不論事情如何演變，終必趨善；最後，所有人類對真理、正義以及人性理解的天賦欲望，終將超越冷漠與沮喪。所以，如果中國人壓迫我們，只能使我們更強。

譯註：

①嘎波嘎旺吉美，一九一一年生，拉薩市人。中共解放前曾任西藏政府嘎倫和昌都地區總管。一九五一年任西藏赴京談判首席代表。一九五二年起，歷任中共黨政要務，最高職位至共產黨全國人大黨委會副委員長、西藏自治區人民政府主席，後因健康理由去職。中共官方漢譯其名為阿沛阿旺晉美。

②達賴十三世與班禪九世恩怨難解，總之，班禪九世被迫離開扎什倫布寺，在青海、蒙古、中國流浪，一直

無法回到西藏。最後在中國政府的支援下，走到青海附近，就因肝病而圓寂。而班禪十世也因此不駐錫在扎什倫布寺，中共不過是送他回來而已。

③時輪本續是新譯密續。時輪學院是研究天文曆算。「時輪」在甘珠爾有《從勝初佛出現吉祥時輪本續王》、》吉祥時輪本續後本續心》、《吉祥時輪本續藏》。註疏有《無垢光明大疏》。達賴在印度傳過六次時輪灌頂，一九八一年在威斯康辛州麥迪遜首次在西方傳時輪灌頂。相關的黃教英文著作有《時輪本續註》、《時輪金剛生起次第灌頂儀軌》，班禪九世曾在大陸傳過時輪灌頂；班禪十世曾在北京傳過時輪灌頂。白教的卡盧仁波切曾在台灣傳過二次時輪灌頂，一在台北、一在台南。

第五章　大陸見聞

在羅桑扎希和魯康瓦去職後翌年，中共建議我們派一些官員去參觀祖國的優越生活。我們立刻派員組團前往中華人民共和國。好幾個月之後，他們返回拉薩，提出一分充滿讚揚、羨慕和謊話的報告，我當下洞悉這份報告是在中共監督下炮製出來的。現在我已經習慣了，在新主子面前是不可能說實話的。我也學會在不同的場合以不同的扮相，來和中共打交道。

不久之後，一九五四年年初，中共邀請我前往中國。這似乎是個好主意，我不僅可以親自見到毛主席，也可以看看外面的世界。但是很少人喜歡這個主意。因為他們怕我一去難復返，被中共軟禁在北京；有些人甚至以為我會有生命危險，所以極力勸我千萬不要去。

我並不害怕自己會發生意外，因此決心不管他人的意見；我從來沒有這麼堅定過。

最後我和一群隨員：包括我的家族、兩位親教師、兩位稱廈（其中一位是替補剛升上初級親教師的崔簡仁波切）、噶廈以及許多其他官員一起出發。一行人約五百人。我們在盛夏的早上出發，奇處河畔有樂隊、官員為我們餞別。上萬的民眾舉幡焚香祝我旅途平安、快樂返鄉。

那時候，奇處河上還沒有橋樑，我們坐獸皮小舟渡河，小舟由隔岸的南嘉寺僧侶所引導。當我坐上為我特別準備的小船——這條小船是由二條獸皮舟併在一起組合成的，轉身向我的人民揮別，我看到他們都好激動。許多人在哭，看起來好像快要投水似的，他們認為這是最後一次看到我。我覺得既難過又興奮，就像我四年前離開拉薩去錯模一樣。但看到我的子民心情如此狂亂，我的心碎了。同時，對一個十九歲的年輕人來說，前頭的新奇世界卻是非常令人興奮的。

從拉薩到北京的直線距離是二千英里。在一九五四年，兩國之間仍然沒有公路連通。中共開始強迫藏人當勞工修築「昆海公路」。第一段工程已經完成了，所以我們可以坐達賴十三世的道奇汽車走捷徑。這輛道奇汽車也被載運渡過奇處河。

我的第一站是甘丹寺，距離拉薩三十五英里遠，我在甘丹寺停留了好幾天。這是另一種感人的經驗。甘丹寺在西藏大寺廟中排名第三。當我離寺繼續前行時，我注意到有件奇怪的事情。有一尊西藏水牛頭護法神的塑像明顯地動過了。當我第一次看到祂時，祂是朝下看，臉色溫順。現在祂面朝東方，露出凶猛的表情。同樣地，我聽說在我逃亡的時候，甘丹寺一間佛殿的牆壁流出血來。

我坐車繼續前行。沒多久我就不得不下車，改騎騾子。因為空波地區（Kongpo）的路基被大雨沖失了，許多橋也斷了。一走快就會非常危險。滾滾山洪不斷夾帶融雪，沿途常有山崩，山岩、大石頭常常掉到我們周圍。現在是夏末了，所以常有暴雨，路上有一段地方泥深及膝。我實在很不忍心看到團中年長的人吃力地想跟上隊伍。

情況是這麼惡劣。我們的西藏嚮導想要說服隨行護送的中共官員不走公路，改走對方認為不方便的山間古道。但是中國人堅持說，如果我們走那種路，那麼路上就沒有提供休憩的設備了。所以我們只好繼續。一路上死了三個人，都是共軍，只死了三個人，這實在是僥倖。他們沿著路邊站成一列，保護我們免受雪崩之災，自己卻不慎摔下山谷而死。也有一些騾子墜崖摔傷了。

一天傍晚，張經武將軍來到我的帳篷，向我報告明天的路況會更壞，我們得下騾步行；他會親自挽著手，全程護送我走完這一段路。當他說這些話時，我覺得張將軍不但會管我的兩位總理，他還可以威嚇大自然。

第二天，張將軍一整天伴隨著我。他比我老很多，而且不適合擔任這種工作，跟他在一起實在很累。我也擔心如果張將軍的大限到了，那些不斷從上面掉下來的石頭分不清誰是誰。

在整個行程中，每一次我們都是在插著紅旗的人民解放軍的哨站休息。中共的士兵會前來提供我們茶水。有一次我渴極了，不等找到我自己專用的杯子，就接過茶水喝下去。口渴稍減之後我才發現杯子真髒，杯緣有食物碎渣和口水痕跡，真惡心！我想到小時候是怎樣被特別呵護，但是現在！以後每當想到這件事，我都忍不住笑出來。

二個星期後我們到達一個叫德模的小鎮，當晚我們就在河旁紮營。晚風輕拂著長滿黃色金鳳花、淡紫粉紅櫻草的河岸，此情此景令我心醉。十天後我們到達波玉地區。從這裡開始，公路可以通車，我們就改坐吉普車和卡車。這實在是一大解脫，因為我已經開始對騎騾旅行感到十分苦惱了，而苦惱的不只我一個人，我永遠忘不了一位官員騎騾的樣子，他背痛，所以斜坐在鞍上；就是這樣，他設法讓背的一邊休息，然後再換另一邊。

在距離拉薩這麼遠的地方，中國人對這裡的控制要更嚴密有力了。他們已經蓋了許多兵營和官員宿舍。每一個城鎮、村落都有播音器，播放中國軍樂、勸告人民為了祖國的榮耀勞動，努力地勞動。

很快，我們到達西康首邑昌都，那兒有一個盛大的接待等著我們。因為中共直接管理這裡，整個接待過程有一種非常古怪的意味。軍樂隊吹奏頌揚毛主席以及革命的歌，西藏人站在路邊搖著紅旗。我從昌都坐吉普車到成都——這是中共領土的第一個城鎮。在路上，我們翻越一座叫「打箭爐」的小山（Dhar Tse-dho），這座山是中藏的歷史邊界。當我們開向山下的另一邊平原時，我提醒我自己：這片平原是多麼不同，中國人會不會也像這片平原一般和我們西藏人迥然有異？

我並沒有看到多少成都的實況，因為我一到就發燒了，我在床上躺了好幾天。等身體恢復得差不多時，中共把我和最資深的幾位隨員送到新岡和班禪喇嘛會合，班禪喇嘛早在幾個月前就從日喀則出發了。我們一起飛往西安。

我們所搭乘的飛機非常老舊。我甚至可以分辨出它曾經有過風光的歲月。飛機裡面，沒有彈簧的鐵座位令人非常不舒服。但是我很興奮，因為可以從空中鳥瞰明顯的缺點，我一點也不害怕。然而從那時候開始，我就對飛行持更小心的態度。今天我不僅不太喜歡而且相當怕坐飛機。我比較喜歡念祈禱文，不喜歡和別人交談。

到了西安，我們改坐火車前往北京。這是另一種奇妙的經驗，我和班禪喇嘛所坐的專車上，設備從睡鋪、浴室到餐車應有盡有。但是隨著愈來愈接近北京，我也慢慢沒心情了。我們終於到達北京火車站，我覺得非常緊張，尤其看到許多年輕人在歡迎我們時，我更緊張了，但是不久我知道他們的笑容、歡呼都是假的，他們是奉命行事，我的心又向下沈了。

我們走出車站時，周恩來總理、朱德副主席在那兒歡迎我們。他們看來都相當友善。跟他們一起來的還有一位中年的西藏人，在拉薩時，我曾看到他和譚冠三將軍在一起。握手寒暄之後，這個名叫樸錯汪結的人陪我去看暫寓的住所；這間房子原本屬於日本外交團，是平房建築，附有一個花園，他在這兒向我說明以後幾天的行程。

我們自然地成了好朋友。他在許多年前加入成為共產黨員。他還在拉薩一所由中國代表團辦理的學校任教時，就是中共的代理人。一九四九年代表團人遭驅逐、業務結束時，他和他的藏裔回教徒妻子，也同時離境。他本是西康人，小時候曾上過家鄉巴塘的基督教會學校，在學校裡他學了一些英語。我們熟識以前，他早就已經精通中文了；在毛主席和我談話時，他是位令人稱賞的翻譯。樸錯汪結變成一位非常能幹的人，寧靜而有智慧；他也是一位好的思想家。同時也非常誠懇、誠實，我很高興能有他作伴。

顯然他對被任命為我的翻譯，覺得非常快樂，因為這個工作使他有機會接近他崇拜的毛主席。而他對我的感情也同樣強烈。有一次我們談到西藏，他說他對未來充滿樂觀，因為他認為我的心胸很開放。他告訴我，許多年前，他曾經是在諾布林卡宮前面圍觀的民眾之一，他看到一個小男孩坐在法座上。「現在你已經不再是個小孩子了。你和我就在北京。」這種想法使他激動地當眾哭了出來。幾分鐘後，他繼續說，現在是以真正的共產黨員身分說話。他告訴我，達賴喇嘛不應該依賴星相學來統治國家。他也說用宗教來作人生命的基礎，並不可靠。因為他確實是誠懇的對我說，所以我小心地聆聽。當他談到他所謂的「迷信的儀式」時，我向他解釋說，佛陀強調在接受某事為對或錯之前，要先徹底的查證。我也告訴他，我相信宗教是基本的，尤其對那些從事政治的人。在我們談話結束時，我覺得我們對彼此都有高度的尊重。我們彼此間觀點的差異只是個人的態度問題，所以沒有發生衝突的基礎。最後分析起來，我們兩人是以西藏人的觀點在深思我們國家的未來。

我們來到北京後一兩天，中共邀請我們全體西藏代表團參加一個宴會。那天下午，我們忙著作傍晚活動的服裝預演。我們的主人似乎非常講究排場（稍後我發現中華人民共和國的官員都是這樣），負責聯絡的官員為了這件事已經把自己弄得焦慮狂亂。他們害怕我們會搞砸這件事，使他們出乖露醜，所以他們嚴格、詳細地規定我們做什麼，甚至還告訴我們該走幾步、走多少步再朝左或右轉。這就像是在閱兵。我們的出場次序也有特殊規定。我走第一個，接著是班禪喇嘛，然後是我的兩位親教師、噶倫們（他們是噶廈的四位成員）依資深別出場，然後才是代表團的其他成員依照官階順序出場。我們每個人都帶著一份禮物，這些禮物都和我們的身分地位相配。雖然西藏的貴族也是以愛好繁文縟節而聞名，但是這整個過程似乎非常複雜。我們主人的驚惶具有傳染性，很快的我們就全身跟著發抖，除了林仁波切。他不喜歡所有的形式禮節，一副置身事外的樣子。

隔天，就我記憶所及，我第一次見到毛主席。這次見面是在一場公開的會議上，就像前次參加宴會一樣，我們依地位高低順序入場。我們進入大廳時，我注意的第一件事就是一排反光燈已經為一大群官方攝影記者準備好。在燈光下面站著的是毛本人。毛主席看起來非常寧靜、放鬆，他的氣並不像是一個特別聰明的人，然而，我們握手時，我覺得好像身在一股強烈的磁力中。他非常友善、自然的過來，不拘泥於形式禮節。我先前的憂慮似乎不復存在。

總的算來，我至少見過毛澤東十二次，大部分是在大型集會中，少數幾次是我和毛主席私下會晤，除了翻譯樸錯汪結外，旁邊沒別的人。不管在什麼場合，宴會或會議也好，他總是要我坐在他旁邊，有一次他甚至為我挾菜。後來我聽說毛澤東為肺結核所苦時，心裡不禁有些發毛。

毛澤東是個令人印象深刻的人，他的身體很特別，雖然膚色很黑，卻油光油亮，好像抹了某種油膏一般。他的手也有不尋常的光澤，手很漂亮，手指完美圓潤，拇指優雅細緻。我也注意到他呼吸不順暢，常喘息，使得他的談話有種特殊效果。他說話通常緩慢清晰、句法簡短。他的動作也很慢。如果他想把頭從左邊轉向右邊，需要花好幾秒，這使他看起來威嚴而有自信。

他的衣著和儀態成強烈對比：衣服看起來已完全磨損。襯衫袖口脫線、外套破舊；除了顏色有些土褐色外，毛澤東的衣著和所有的人一樣。他盛裝時，唯一看得出來保養良好的，只有鞋子，永遠擦得亮亮的。但是他不需要豪華的衣服。雖然衣著邋遢，毛澤東卻有一種非常誠懇、威嚴的神情。他只要站在那兒，就能使人肅然起敬。我也覺得他是完全真實，並且非常富有決斷力。

在北京的前幾個禮拜，我們西藏人交談的主要話題，自然是如何將我們的需要和中共的要求協調到最好的地步。我本人則在噶廈和中共領導人物之間斡旋。幾次預備會議都進行的相當不錯。我第一次與毛澤東的私下會談內容，給予我更多的推動力。在那次會談中，他告訴我，他已經有個結論了，即現在實行十七點協議的所有條款是太早了。特別是其中的一條，他覺得目前還是不管的好。這一條是關於在西藏設立一個軍事代表團，以人民解放軍牢牢控制整個西藏。他說：「我看還是設立西藏自治區預備委員會比較好。這個組織還要視西藏人民意願所主張的改革步調而定。」他非常堅持十七點協議的實行時間，要看我們認為需要多慢就多慢。我把這個新消息回報給噶廈時，他們都大大地鬆了一口氣。現在形勢看起來就好像我們直接和這片土地的最高人物交涉，我們可能達成一個行得通的折衷妥協。

在稍後的一次私下會晤，毛表示我能到北京，他很高興。他繼續說中國到西藏的整個目的是要幫助西藏人。「西藏是個偉大的國家。」他說：「你們有輝煌的歷史。很早以前你們甚至曾經征服中國許多土地，但是現在你們落後了，所以我們要幫助你們。在二十年之內你們就會領先我們，到時候就輪到你們來幫助我們。」我簡直不敢相信我的耳朵，但是他說得那麼確定，不像是門面話。

我開始非常熱中於和中華人民共和國配合的可能性；我愈讀馬克思主義，就愈喜歡。這是一種建立在對每一個人平等、公正基礎上的系統，它是世上一切病態的萬靈丹。就理論上來說，它唯一的缺點是以純然物化的觀點來看人類的生存。這種觀點我無法同意。我也關心中共在追求他們的理想時所用的手段。我覺得非常僵化。雖然如此，我還是表達了入黨的意願。我確信，迄至目前仍然確信，有可能綜合佛法和純粹的馬克思主義——真的可以證明那是一種有效的施政方式。

同時我開始學習中文，在我新的中國安全官的建議下，我也作一些運動；這位安全官是個快活的人，他是韓戰的老兵。每天早上都來監督我。然而他一點也不習慣早起，他也不了解為什麼我要在五點以前就爬起來作早課。他常常蓬頭亂髮，沒有梳洗就來了。這種鍛鍊似乎有些效果，我的胸部在還沒有練拳以前，還相當的排骨、窄小，現在已經寬廣多了。

總而言之，我在北京待了大約十周。大部分的時間是參加政治性的會見和會議。更別提那些數不清的宴會。總體而言，在這些盛大的筵席，菜都相當好，雖然想到百年老蛋（皮蛋）我就發抖，大家認為皮蛋很好吃，味道非常強烈，令人留戀，所以吃的時候，你沒辦法分清楚究竟你是在用嘴嘗呢，還是這只是味道而已：皮蛋完全控制住你的感官。我曾注意過有些歐洲乾酪也有同樣的效果。我們的主人認為這些宴會很重要，他們似乎以為只要人們一起坐在飯桌旁，就能夠發展出真正的友誼。當然，這是錯誤的想法！

差不多這個時候，共產黨第一次大會開幕了，我被推選為中華人民共和國人代會副委員長。這只是個帶來某些特權的榮銜，並沒有什麼政治上的實權（人代會先討論政策，再提交政治局，政治局才握有實權）。

參加人代會的政治性會見和會議所得的經驗，比起參加宴會有用得多了，雖然這些會議長得不得了。有時候台上的演講人一講就是五、六個小時，甚至長達七個小時，實在相當煩人。碰到這種情形，我就喝喝熱水打發時間，等著結束。然而，有毛澤東在場的會議就不同了。他能吸引聽眾。他是最好的演講人，他演講時，會詢問聽眾的意見。他永遠試著說出人們對每一件事的最深感覺，他也樂於接受人們所提出的任何意見。他甚至在一些場合裡公開批判他自己，有一次，當他得不到他所想要的成效時，他提出了一封從他家鄉寄來的信，這封信抱怨中共地方黨官的所作所為。總而言之，這些令人印象深刻，但是隨著時間過去，我開始了解大部分的會議極為虛假。人們害怕說出心裡的話，尤其是那些非共黨人士；這些非共黨人士永遠是拚命地取悅那些黨員，對他們禮貌有加。

漸漸地，我明白中國的政治生活充滿了矛盾，雖然我還不能確定原因是什麼。每次我見到毛澤東，他總是鼓勵我。我記得有一次他沒有事前通知就來到我住處。他想和我私底下談一些事情，我忘了談話的確切內容，但是談話過程中，他讓我大吃一驚：他竟然說了贊同佛陀的話。他讚揚佛陀反種姓制度、反腐化、反剝削。他也提到度母——這是一尊有名的女佛。突然之間，他似乎相當支持宗教。

在另一個場合中，我坐在一張長條桌的一邊，面對著這位偉大的舵手，在桌子的兩端各坐著一位將軍。他指著這兩位將軍對我說，他派這兩位將軍到西藏。然後他嚴厲地看著我說：「我派這些人去西藏為你工作。如果他們不聽你的話，就讓我知道，我會把他們叫回來。」雖然得到這些好印象，但是同時我自己也看到大多數的官員都是以偏執狂在作日常的工作。他們永遠是戰戰兢兢地工作，生怕丟掉性命。

除了會見毛澤東外，我也常見到周恩來和劉少奇。劉少奇的話不多、很少笑。總之，他非常固執。有一次我出席劉少奇與緬甸總理宇努之間的會談。在正式會談前，出席的每個人都簡報他們所關切的主題。我的主題是宗教：如果這位緬甸領袖想談談宗教，我就和他交談。這似乎不搭調，事實上，這和宇努心裡所想談的截然不同。宇努想詢問劉少奇，中共支持緬共在緬甸搞暴動的事情。但是當他提到這件事，並且補充說游擊隊正在給他的政府製造麻煩，劉少奇只是看著別的地方，拒絕說話。宇努的問題也就沒有下文了。我嚇到了，但是我安慰自己說，至少劉少奇不說謊或騙人。不過如果是周恩來，在這種時候，無疑地會說一些巧妙的話來應付。

周恩來和劉少奇是兩種不同的人。劉少奇堅定，而且相當莊重；周恩來則是充滿了笑容、魅力和機智。事實上他太有禮貌了，讓人覺得無法信賴。他的眼神很銳利。我記得在一場特別的宴會上，他陪著某些外國貴賓邊走邊談地走向桌子，突然他的客人腳下被小梯子絆到了。周恩來有一隻手殘廢了，但是當那個人跌倒時，他另一隻正常的手臂早就在那兒等著扶住他。他甚至沒有停止說話。

他的舌頭也一樣犀利。宇努訪問北京之後，在一次上千名幹部參加的集會中，周恩來公然貶損宇努總理。我覺得很奇怪，在公開場合裡，他不是一向對人很有禮貌嗎？

在北京停留期間，有人請我傳法給一些中國佛教徒。傳法時，我的翻譯是一位中國和尚，有人告訴我這位和尚曾留學西藏，跟一位喇嘛學過。我對他印象深刻；他使我感動，他是個非常虔誠、誠懇的修行人（早先，曾有許多中國和尚留學西藏，尤其是學習辯論）。

我所見過的共產黨員中，有些是非常好的人，完全無私地服務他人，而且私底下也很幫我忙。我從他們身上學到很多。其中一位是少數民族辦公室的高級官員，他名叫劉格平，他奉派來教我馬克思主義以及中國革命。其實他是回教徒，我常常開他是否吃過豬肉的玩笑。他斷了一根手指頭，我記得他是個快樂的人。我們成了很好的朋友。他的太太比他年輕很多，都可以當他的女兒了；她和我的母親、姊姊也成了好朋友。我們離開中國時，他哭得像個孩子似的。

直到十月慶典之後，我才離開北京。那年是中華人民共和國建國五周年。彼時，許多外國貴賓雲集北京。其中兩位是庫虛契夫（**Khrushchev**）和布加林（**Bulganin**），有人介紹我認識他們。我沒留下什麼印象，他們一點也比不上尼赫魯班智達。我還在北京時，尼赫魯也訪問北京。在某次周恩來作東的宴會上，他是上賓；如同以往，所有客人都依序向前，引介給他認識。還沒有輪到我時，他似乎非常和藹，跟每個到他面前人都能說上幾句話。然而，輪到我時，我和他握手，他卻木然不動，眼睛直視正前方，一句話也不說。我覺得很窘，我說了一些「能見到你，我好高興」以及「雖然西藏是個邊遠國家，但是我曾聽說過許多您的事蹟」之類的話，想打破僵局。最後他終於說話了，不過卻是敷衍了事的態度。

我非常失望，因為我曾想和他談談，詢問印度對西藏的態度。總之這是一次非常奇怪的會見。

稍後在他的要求下，我和印度大使會面，但是這次會面也和上一次我見尼赫魯一樣的失敗。雖然我有一位英語說得很好的官員，但是中共堅持我必須帶中共的譯員同行。這也就是說，印度大使所說的英語必須很辛苦地先譯成中文，再轉譯成藏文。這實在是一次非常不舒服的會談。因為有中國人在場，所以一些我想討論的事情就無法說出來了。

下午的最好時光來臨了。侍者斟茶時，碰翻了一盤外國進口的水果，我看這些水果要值不少錢。看到這些杏子、桃子、李子滿地板滾著，我那位非常莊重的中國翻譯和他的助手（沒有官員是單獨行動的），手腳著地在地毯上邊爬邊撿。我所能作的就是阻止我自己大笑。

我和蘇俄大使之間的相處，就愉快多了。有一次宴會我就坐在他旁邊。在那些年裡，蘇俄和中共邦交彌篤，所以我們談話就不怕受擾。這位蘇俄大使非常友善，他想要了解我對社會主義的印象。我回答說我看到社會主義有很大的發展空間，他說我應該訪問蘇俄。這聽起來是個好主意，我立即生起赴蘇俄旅行的強烈念頭——最好是以代表團中的普通成員身分前往。就是那樣，這個假想的代表團去哪我也去哪，同時不負任何責任，我可以用所有的時間處理自己的事，並且只是看看逛逛。令人難過的是這個想法沒辦法實現。二十幾年後，我才實現了訪問蘇聯的渴望。不用說，現實情況當然是和我曾經天真想像過的，差了十萬八千里。

總體而言，中共當局非常不情願讓我會見外國人，我猜想我一定令他們困窘。中共入侵西藏時，世界上許多國家都責難中共。這是他們惱怒的根源，他們也忙著盡力改善形象，向世人顯示，在歷史上以及大國幫助弱小的道義上，中共佔領西藏是正當的。我不禁注意到，外國訪客在場時，我們的主人完全變了一張臉。在習慣上，他們對付國人的態度是傲慢自大；但是外國人一出現，他們卻變得非常謙和、溫順。

有許多到北京的訪客都表示想見我，包括匈牙利的一個舞蹈團，該團所有的成員都想要一張我的照片——我滿足了他們的願望，每人都給一張。同樣，來北京訪問的好幾千位蒙古人都想見我和班禪喇嘛。這件事激怒了中共當局。也許是因為蒙古、西藏兩個國家勾起中共不愉快的回憶：在歷史上曾經發生過完全相反的事。除了西藏曾經在西元八世紀時，自中國榨取貢品外，西元一二七九年忽必烈汗入侵中國成功後，以迄一三六八年之間，曾經真的統治過中國。

忽必烈汗入侵中國時，發生了一樁有趣的歷史事件。忽必烈皈依佛教，並且有一位西藏上師。這位喇嘛勸這位蒙古領袖不要為了控制中國人口，而將無數中國人丟入海中。這位西藏喇嘛救了許多中國人的性命。

一九五四年冬天，中共招待我和我的隨員旅遊考察中國大陸的工業奇蹟和物質進步。我的母親和小弟天津秋結也隨行。我非常喜歡這次的旅遊，但是許多西藏官員卻對中共所提供的活動不感興趣。有一天中共宣佈沒有參觀活動時，他們都發出解脫的嘆息聲。尤其是我的母親，她並不喜歡待在中國。在一次遊覽中，我的母親發燒了，後來竟成了相當嚴重的流行性感冒，使得她更加不快樂。幸運的是，我個人的醫生—孩提時代的那位胖大夫，正好跟我們在一起。他非常有學問，也是我母親的好朋友。他適時地開了一些藥，母親立刻就服用。不幸，她誤解了醫生的指示，竟然把兩天份的藥一次吃完。造成強烈的負作用，使得她在發燒最嚴重的時候，病勢危殆。好多天她都非常虛弱，我也關心她的病情。一個星期之後，她逐漸復元，事實上，她又繼續活了二十五年多。林仁波切也病得很嚴重，但是他可沒有我母親復元得那麼好；直到我們流亡之後，他才完全恢復過來。

比我小十二歲的天津秋結，他是我們大家快樂和恐怖的永恆來源，包括中國人在內，都非常喜歡他。他花了幾個月就會講一口流利的中國官話，這是一種方便也是一種不方便。他喜歡看大人出窘。如果我的母親或是任何人說了蔑視我們主人的言論，我的小弟會毫不遲疑地把話傳出去。所以在他面前，我們都得小心說話。當人們說話含混或推托的時候，我的小弟也能察覺。但是他卻對我們的初級親教師崔簡仁波切不說他什麼，感到非常高興。我想這主要是因為天津秋結喜歡從家具上面跳過去，他擔心必須向中國人說明這些東西是怎麼摔壞的。另一方面，林仁波切是他的好玩伴。我個人並不怎麼看重我的小弟。最近他提醒我，有一次我發現他把小池塘裡所有的鯉魚都撈出來，整齊地擺在池塘旁邊的草地上時，我狠狠地打了他耳光。

雖然許多西藏官員並不像我對中國的特質發展感到興趣，但是我對中共在重工業方面的努力，留下深刻印象。我渴望自己的國家也能如此進步。參觀東北時我尤其被東北的水力發電站所吸引。

不需太多的想像力，即能明白水力發電在西藏有無窮的可能性。但是這次旅行最令人回味的卻是那位官員的表情：當時他正帶著我們參觀，我問了他一些關於電力的切要問題。這一切都得感謝我曾在拉薩玩過那具老的笛塞爾發電機，我相當能掌握基本原理。我猜想一位穿著僧袍的外國年輕人問一些有關「千瓦特時」（度）、「渦輪大小」的問題似乎非常不搭調。

這次旅程中最精彩的一段是我登上一艘舊戰艦，這件事也是發生在東北。我被搞胡塗了。不管它多古老，但是我無法徹底了解任何一樣儀器和標度盤。才一登上這條龐大、灰色的鐵殼船，迎面撲來的特殊油味和海水，就使我受不了。

就不好的一面來說，我了解中共當局不想讓我接觸中國的民眾。每一次我想不按照中共的行程，或者即使只是要出去看看一些地方，隨從我的中共官員都會阻止我，他們一直都是以「安全、安全」為理由：我的安全是他們永遠的藉口。然而並不是只有我一個人被中共隔離於一般民眾之外；所有從北京來的官員也是如此。中共禁止他們單獨作任何事。

然而我的一位稱廈色空仁波切（**Serkon Rinpoche**）就一直都能出去或走動。他從來不聽中共官員對他說的任何話，他只作他認為恰當的事。也許因為他跛腳，又相當不引人注意，所以沒人想去阻止他。他是唯一看到華麗的新人民共和國生活真相的人。我從他那裡學到很多。他勾勒出一幅非常幽暗的景象：人民非常貧窮、恐懼。

然而在我訪問一個工業區時，我和一位旅館侍者作了一次非常有趣的談話。他告訴我，他曾經看過我離開拉薩的圖片，他也很高興知道西藏人民喜歡我前往中國。當我告訴他事實並非如此時，他吃了一驚。「但是報紙上這麼說。」他說。我回答說，報紙必然歪曲了實情，因為事實上我大部分的子民都非常擔憂。對這件事，我的朋友覺得驚訝。我則是第一次了解到中共的新聞把事情扭曲到什麼程度：說謊似乎是中共政權的本質。

在遊覽中國的旅程中，我曾越過邊界進入蒙古，色空仁波切陪我到他的出生地，這是一種非常感人的經驗，使我了解到蒙古和西藏的關係是多麼密切。

一九五五年一月底，我們回到北京，時值西藏新年——羅薩節。為了表示羅薩節的重要性，我決定舉行一場宴會，邀請毛主席和四巨頭裡的其他三位——周恩來、朱德、劉少奇。他們都接受邀請。在傍晚的宴會上，毛澤東非常友善。有一次他靠過來，問說你將一小撮糌粑擲上空中是什麼意思，我解釋說這是一種象徵性的供養。於是他也用手抓了一些，照樣地作。然後他臉上露出惡作劇的神情，拿起另外的一些，把它們丟在地板上。

這種稍帶諷刺的小動作破壞了這個應該是值得紀念的傍晚，原本這次聚會似乎是出現了兩國之間真正博愛的預兆——當然中共是這麼描述這件事。為了達到目的，中共當局召集了一大批攝影記者，把這一幕景象紀錄下來，傳諸後世。一兩天後，有些照片就附了熱情報導刊載在報紙上，報導中強調聚會的談話內容。這些圖片一定也刊載在西藏的報刊上。因為返回拉薩之後，我在中共經營的一家當地報紙上看到其中的一張圖片。圖片中毛主席和我坐在一起，我的頭朝向他，我的手在作一些不明確的動作。這家西藏地方報紙的編輯自己決定了圖片的意義，插圖的說明是：達賴喇嘛陛下正在為偉大的舵手說明如何作「卡色」（Khabse）（羅薩節的餅乾）！

一九五五年春天，我離開中國回拉薩的前一天，當時我正參加人代會的一次會議。會議主席是劉少奇，當他演講到一半的時候，我的安全官突然衝進會場，跑到我這裡。「毛主席要立刻見你，他正在等你。」他說。我不知道該說什麼才好，我不能就這麼站起來，然後離開會場；而劉少奇正屏息以待。「在這種情況下，」我回答他說：「你必須去說明我要離席的原因。」安全官直率地照作了。

我們直接前往毛主席的辦公室，他真的在那兒等著我來。這次是我們最後一次會談。他說他想在我回西藏之前，給我一些有關治理政府的忠告，接著他又說明如何籌劃會議，如何聽取群眾的意見，以及如何針對關鍵性問題下決定。這些都是非常好的資料，我坐著趕忙作起筆記，就像以往我和他會談時一樣。他繼續對我說，在任何形式的物質進步中，溝通是一種重要的因素，他並且強調讓許許多多年輕西藏人接受這種訓練的重要性。他又說當他交付任何事情給我時，希望能透過一位西藏人。最後他靠近我說，「你的態度很好。宗教是一種毒藥，第一它減少人口，因為和尚、尼姑必須獨身；其次它忽略了物質進步。」這時候我覺得滿臉火辣辣的，我忽然非常害怕，心想「啊！原來你是個毀滅佛法的人」。

談話至此，已經很晚了。當毛澤東說這些重要的話時，我低著頭、半藏著臉，好像是在寫東西似的，我希望他沒有察覺到我的恐懼：因為這可能會破壞他對我的信賴。好在那天因為某種原因，樸錯汪結並沒有居間翻譯，不然他可能當場就會發覺我的想法——尤其我和他常常在事後作討論。

即使這樣，我很難再把我的感情隱藏起來，好在過了幾分鐘之後，毛澤東就結束了這次會談。當他站起來跟我握手時，我覺得大大地解脫了。令人訝異的是，雖然時候已晚，他的眼睛仍然炯炯有神，人也異常機警①。我們一起步出門，遁入暗夜的寧靜裡。車子正在等著，他為我開車門，還為我關上。當車子往前開動時，我轉身向他揮別。我對毛澤東的最後印象是：他站在寒冷中揮手，沒有戴帽子，也沒有穿外套。

害怕和訝異已經被混亂所取代。他怎麼會這麼誤解我？他怎麼會以為我不是衷心信佛？什麼原因使他這麼想？我知道我的一舉一動都被記錄下來：睡幾小時、吃幾碗飯、在每一次會議中說了些什麼。無疑地，對我言行舉止所作的報告，每周都會經過分析。上呈給毛澤東。他一定注意到我每天至少要修法四個小時；此外，在中國的這段時間裡，我的兩位親教師仍然指導我。他一定也知道我正在努力準備最後的升等考試。不消幾年，我就要面臨這次考試，最多是六、七年吧。我實在是不知所措。

唯一可能的解釋是毛澤東誤解了我對科學、物質進步的高度興趣。我的確是想使西藏和中國一樣現代化，我的心基本上也是科學的。因此唯一的可能是，他對佛法的無知，他忽略了佛陀曾開示說，任何修習佛法的人應該要親自檢擇它是否正確。因為這樣，所以我一向對現代科學的真理、發現持開放的態度。也許這樣也使毛認為：對我而言，宗教的修持只是一種依靠或習俗罷了。不管他怎麼想，現在我知道他完全誤解我了。

隔天我離開北京，返回拉薩。回去的速度比前一年來的時候要快得多了，因為現在昆海公路已經修好了。一路上，我利用機會在不同的地方一次停留二或三天，我想盡可能地多接見一些我的同胞，並且告訴他們我在中國的經歷，以及我對未來所抱持的希望。雖然我已經修正了我對毛澤東的觀感，但是我仍然認為他是一位偉大的領袖，一個誠懇的人。他並不詭詐。所以我相信只要在西藏的中共官員能照著他的指示去作，假使他能牢牢控制這些官員，那麼我們就有理由抱持樂觀的態度。至於我所關心的，除了正面的方法是唯一該採取的明智選擇外，負面的方法是沒有效果的：這只會使情況更糟。許多同去北京的人並沒有和我一樣持樂觀看法。只有少數人對中國有好印象，而且他們害怕共黨的僵化手段會使西藏受到鎮壓。當時流傳一則有關中國政府高級官員的故事更使他們煩惱。據說一位叫甘坤（**Gang Kung**，譯音）的高級官員曾經批判劉少奇，結果因此遭最恐怖的手法謀殺掉。

這是在我自己開始產生一些新疑慮後不久發生的。當我訪問塔希奇爾（**Tashikiel**）——它位於遙遠的東藏，那兒聚集了許多人。數以萬計的人已經跋涉來此，想要看看我，並且對我禮拜。我對他們的虔誠十分感動。然而，我在稍後聽到中共當局放出假消息，使人們誤以為我是在真正日期的一個星期後才到達，我十分難過。中共故意在日期上撒謊是不想讓人民來看我。結果，成千的民眾在我離開後才出發。

使我更不快樂的事情是，中共老是對我個人的安全疑神疑鬼。當我訪問我的家鄉時，他們堅持我不可以接受任何供養的食物，我只能吃自己廚師煮的東西。這也就是說我不能接受我的子民所帶來的任何供養，即使是我在塔澤的親族所送來的東西也不例外。好似這些純樸、虔誠、謙恭的人想要毒害達賴喇嘛一樣。我的母親為了這件事心情很煩亂。她不知道該怎麼對親戚說。當我和西藏人交談時，我問到他們的生活狀況，他們回答道：「感謝毛主席、共產主義和中華人民共和國，我們非常快樂。」——但是淚水在他們的眼眶裡打轉。

在我返回拉薩的旅程中，我盡可能多接見人民，這兒不比中國，要見到人民可不困難。成千的人民帶著病人、老人，他們只是想看我一眼。許多中國人也參加了這些集會，這讓我有機會向他們說明他們必須了解西藏人的心靈。為了這麼作，我費心地去判別誰是共產黨員、誰不是黨員。經驗告訴我，總體來說，共產黨員更坦率。

西藏的中共當局對我的態度十分有趣。有一次，一位官員說：「中國人民愛毛主席的程度比不上西藏人愛達賴喇嘛。」在另一次場合，有位守衛用很野蠻的方式把周圍的人推開，走到我的吉普車旁，詰問達賴喇嘛在哪裡？當他聽到「我就是」，他脫掉帽子，請求我加持。當我離開成都，許多曾經全程陪著我訪問的中共官員都流淚為我送別。我對他們也有相同的溫情：雖然我們的信念不同，但是我們發展了一種牢固的個人關係。

在離開這麼多個月後，再看到西藏人民，使我重新注意西藏人民和中國人民之間的差異。首先你可以比較兩國人民的臉孔，西藏人民比中國人民更快樂。我以為這是許多文化因素所致。第一：在西藏，地主與佃農之間的關係要比中國的地主、佃農關係和善多了。窮人的生存條件也沒那麼嚴苛；第二，在西藏可沒有像腳鐐、閹割的野蠻刑罰，這些刑罰最近已經遍及整個中國。然而我想中共沒有看到這些，中共把我們的封建制度當成是中國封建制度的翻版。

在我回到拉薩前不久，我會見了周恩來，他坐飛機到西康視察地震受災區。奇怪得很，他在會談中，說了一些宗教的光明面。我仍然不知道他為什麼說這些話，也許他只是傳達毛主席的指示，想要彌補最後一次談話時所造成的損害。

譯註：

①早年的游擊生活，使毛澤東的起居作息與常人相反；晚上是毛的白天。

第六章　尼赫魯懊悔了

一九五五年六月，我返回拉薩，如同以往，受到數萬民眾的歡迎。我長期出走在外，藏人非常憂愁，如今我又回來了，這使他們的心為之一鬆；我的心也一樣。顯然，中共在這兒的所作所為要比在東藏收斂多了。返鄉的路上，我收到許多百姓、部落酋長代表團的請求，他們請我懇求中共改變對鄉村地區的政策。他們看到中國人直接威脅到西藏生活方式的作法，覺得非常害怕。

在城裡，我發現情況相對地正常些，不過現在許許多多的卡車、汽車帶來噪音和汙染；這是拉薩有史以來的第一次。糧荒也紓解了，交織著怨恨的消極抵抗，已消失了；代之而起的是爆發的憤怒。現在我回來了，社會上甚至再度出現樂觀的氛圍。從我這方面來說，我覺得我在中共西藏地方當局的地位，必須靠毛公開對我表示信任才能增強；我也審慎地對未來抱持著樂觀看法。

我察覺到外面的世界已經背棄我們了。更糟的是，印度——我們最近的鄰國、精神上的顧問，已經默認北京對西藏所作的聲明。一九五四年四月，尼赫魯簽署了一項新的中印條約——內容包括了班察希爾備忘錄，備忘錄中同意中印雙方無論在任何情況下，都不干涉對方的內政。根據這項條約，西藏是中國的一部分。

中共當局與西藏行政當局，歷經十年的緊張共存後，一九五五年的夏天無疑是最好的一段共處時光。但是西藏的夏季太短了，沒有多少個星期，中共在西康、安多的活動就傳進我耳裡。中共不但沒有讓藏人過自己的生活，反而開始片面地強制推行各種改革。中共針對馬匹、土地和牛群徵收新稅，破壞之餘還外加羞辱，連廟產也要清算、課稅，許多財產被沒收充公，中共地方幹部也依據他們自己的政治意識型態來重新分配土地。地主被公審，並且以「反人民」的罪名受到懲罰，令我恐怖的是，有些甚至被處死。中共當局開始把在這些肥沃區域遊牧耕作的數萬農夫集中起來。對我們的新主人來說：「遊牧生活」令人厭惡，因為它帶有野蠻的意味（事實上，中國人叫西藏人「蠻子」）。

寺廟的事務橫遭中共干涉，中共也開始灌輸地方民眾反宗教的觀念。和尚和尼師都蒙受極大苦惱，他們遭公開羞辱、強制參加消滅昆蟲、老鼠、鳥以及所有害獸、害蟲的計畫，中共當局明明知道殺生違背佛陀的教義。如果他們拒絕，中共就施以毒打。與此同時，中共在拉薩卻依然若無其事。中共不干涉首邑的宗教活動，顯然希望他們在別處為所欲為時，還能留給我一個安全的假象。

一九五五年年底時，西藏自治區預備委員會的成立大會開始籌備，毛澤東打算以軍事代表團來統治。但是秋去冬來，從東藏傳來更壞的消息。不習慣外來干擾的康巴人，對中共的方式並未溫順以對：在康巴人的財產中，他們最重視的就是自己的武器。所以地方幹部一開始沒收武器時，康巴人就激烈地反抗。整個冬季裡，形勢迅速惡化。逃避中共壓迫的難民開始逃到拉薩，並傳出野蠻、墮落的恐怖遭遇。中共以邪惡的方式鎮壓康巴人抗暴：他們不僅公開毒打、處死抗暴分子，並且往往強迫受害者的親生兒女來執行。公開的自我批判也被引進，中共尤其喜歡這個方法。中共用繩索把犯人縛綁得雙肩脫臼，當這個人完全無助，並且痛苦地哀號時，群眾——包括女人和小孩，都被共幹驅迫痛打那個人。顯然中共認為這種方法能改變人民的心，並且有助於政治再教育的過程。

一九五六年年初，在羅薩節期間，我和涅沖神諭有一次非常有趣的會面。涅沖神諭說，摩尼寶光（這是藏人所熟知的達賴喇嘛名號之一）將照耀西方。我以為這句話是指示我將會在那一年赴印度旅遊。我現在才明白這個預言有更深的含意。

更令人關切的事是許多從西康、安多逃出來的難民最近已經到達拉薩了。整個城市在沸騰。這是首次帶有政治意味的新年慶典。全城貼滿了指摘中國人的告示，到處在散發傳單。民眾舉行公開聚會、推選領袖。以前西藏從未發生過這種事。自然地，中國人非常生氣。他們迅速逮捕了三個人。他們說，這三個人應對煽動反民主的罪行負責。但這並不能減少藏人公開反抗中共的統治。

在默朗木法會期間，安多和西康的商業領袖開始募款，為下半年舉行的色翠千嫫儀式作準備。這項儀式是供養西藏的守護神、懇求祂們賜予達賴喇嘛長壽、成功。募款活動進行得非常成功，他們獻給我一個非常大、滿佈珍寶的黃金寶座。然而，我後來發現，這項活動有別的目的。它也標示「處溪岡竹」聯盟的形成。「處溪岡竹」的意思是四河、六山——這是西康和安多兩省的傳統簡稱。這個組織後來協調指揮廣大的游擊抗暴運動。

在默朗木法會後，西藏自治區準備委員開幕儀式的籌備工作仍繼續進行；我個人是該委員會的主席。幾個月內，中共驅迫藏人建築了三棟龐大的公眾建築物：供前來西藏訪問的中共官員居住的賓館、一間澡堂以及市政廳。市政廳是一棟現代化、有波浪狀鐵屋頂的兩層樓建築，能容納一千二百人，前面是一個高起的平台；另外上面有一個廊台可以坐三百人。這棟建築物正好就蓋在布達拉宮前面。

一九五六年四月，當時中共副總理兼外交部長陳毅元帥偕妻及一個代表毛主席的龐大代表團從北京來到拉薩。我記得訪問中國時，曾見過陳毅元帥。私底下，他是個非常好的人，但是他扮演演說者角色的風評卻令人畏懼。他曾經作過一場整整七小時的演說。這群中共官員都打著領帶，其中，陳毅神采傲然，雖然他似乎不知道該怎麼打領帶。他的襯衫剛好包住他的肚子。但是這些都沒有困擾他：他是快活的人，喜歡奢華、滿有自信。他的到來象徵了一場令人印象深刻的表演開幕了。中國人豪華的招待陳毅元帥，為了對他表示敬意，中共地方幹部舉行多場宴會和演講。西藏自治區預備委員會的開幕儀式正式在市政廳舉行時，市政廳裡到處都是旗子和毛主席、中共主要人物的照片。中共軍樂隊演奏，黨歌飄盪。真是熱鬧非常。陳毅元帥作了一場（比較短）演講，他聲稱「必要的改革」將引進西藏，以「去除」西藏的落後情況，他解釋此舉是為了要把西藏提升為「進步」的中國國民的地位，因此這些改革是必須的。接著是中國人和西藏人上台阿諛奉承，他們一致讚揚社會主義和共產黨，並且歡迎中共來西藏。我甚至也親自說了一些，還率直地補充說，我確信中國人會信守承諾、依照人民所希望的步調來引進改革，並且准許信仰自由。

西藏自治區預備委員會的組織包括了經濟、教育、農業、電訊、醫藥、宗教和安全等部門。大部分都由藏人主持。昌都的行政也畫歸拉薩。如此組成了所謂的西藏自治區。然而，西康的其他部分以及安多全境卻由北京直接控制。委員會本身是由五十一位地方代表組成。只有五位是中國人。同時，噶廈和國會都被保留，雖然事實很明顯，中共想要使其邊際化，最後清除一切傳統政府的痕跡。雖然在表面上西藏自治區預備委員會標示著邁向自治的重大進展，但實際上卻不是這麼回事。當陳毅宣布任命時，這五十一位代表（沒有一位是選舉產生）證實全部是中共的應聲蟲：只要不說反對中共的話，他們就可以保有權力和財產。換言之，這是一場醜劇。

儘管如此，還有一些令人驚奇的事。其中之一是羅桑桑天被指派為新近成立的安全部門的一員。他是個非常仁慈、溫和的人，沒有人比他更適合擔任這個職位。我永遠忘不了他和中共同僚開完會後，他臉上的表情，一切進行得還不錯，直到有個人朝著羅桑桑天（他會說一點中國話）問道：「『殺他』的西藏話怎麼說？」在這之前，我的哥哥曾認為這件新差事相當令人高興，並且是份正直的工作，但是這個問題使他驚惶失色。他心中甚至沒有殺一隻昆蟲的想法，他忘了這些字。當天傍晚他來諾布林卡時，臉上充滿了慌亂。「我該怎麼辦？」他問道。這個故事是中國人與西藏人態度差異的另一個說明。對中國人來說，殺人是生命的事實；而對西藏人而言，這實在無法想像。

西藏自治區預備委員會成立後不久，我聽說西康的中共地方當局試圖說服所有的地方領袖。中共把他們都召來，要他們投票表決引進民主改革，尤其是意指設立幾千個集體農場，這些農場包括噶處、卡色地區的一萬個家計單位。在這三百五十位地方領袖中，在我和內閣同意接受時，大約有二百名同意進行改革。四十位說他們準備立刻接受改革，其他的人則說他們永遠不要這些所謂的改革。會議之後，中共就放他們回去了。

一個月之後，那些持反對意見的人又被中共召集了，這一次是在昌都東北邊一個叫爵姆達宗的堡壘開會，他們一進入堡壘，堡壘就被五千名軍隊團團包圍，中共告訴這群俘虜，除非他們同意接受改革，並且答應協助進行改革，否則就別想走。關了兩個星期後，這群康巴人放棄了。他們似乎別無選擇。然而，那天晚上，看守堡壘的士兵減少了。看到了這個機會，每個康巴人都趁機逃走，上山去也。一下子，中共製造了一個反對的中心，在往後的許多年裡，給中共帶來了很多麻煩。

大約在我接到一份報紙的同時，發生了爵姆達宗事件。這份報紙是由西康卡色的中共當局所發行。我不敢相信我看到的是一列被斬斷的人頭。照片標題說這些頭是反革命罪犯的。這是我第一次看到中共暴行的具體證明。因此，我知道我所聽到的每一件關於我們新主人所幹的可怕事情，是真實不虛。中國人也發覺這份報紙對人民產生的反效果，於是就試著收回——甚至還花錢收購。

由於這件新資訊，使我連帶了解西藏自治區預備委員會不過是「洗眼水」。我開始懷疑未來是否還有什麼希望。我先世所作的預言現在已經證明是完全正確的。我覺得厭煩。表面上，我照舊過日子，祈禱、靜坐，並且在親教師的指導下，努力研讀。我也和以往一樣參加所有的慶典、儀式，時常接受開示。有時候，我運用職權離開拉薩出外旅遊、訪問各個寺廟。有一次我到瑞廷寺——前任攝政的法座，它在拉薩北方，要走好幾天。啟程之前，我收到一封信，這封信是一位已經流亡在外的西藏要人所寫的。但是拉薩的現況是如此陰沈，我甚至開始起疑，所以我沒把信拆封，隨身收藏，到了晚上再小心地把它放在枕頭下，直到我前往瑞廷寺。

能離開拉薩，遠離一邊努力和中共當局共事，同時一邊冀能限制他們造成傷害的憤怒，真是一種解脫。如同以往，我儘量簡單，並且微服出遊。這樣我才能見到當地人民，聽聽他們怎麼說。在一個特別的場合裡，在距離瑞廷寺不遠的地方，我和一位牧人閒聊。「你是誰？」他問道。他長得又高又壯。頭髮既長且粗，就像犛牛一般。「我是達賴喇嘛的僕人。」我回答道。我們談到他在鄉間的生活，他對未來的希望、害怕。他過度忙於在這片貧瘠的土地上討生活，以致無法顧及城裡以及城外的現況。

可是因為他非常純樸，我很高興發現他的宗教信仰深厚；即使在這偏遠的地區，佛法也如此興盛。他過著普通的農民生活，適應自然和環境；但是對他眼前地平線以外的世界卻不太有興趣。我詢問他和地方政府官員打交道的經驗如何。他告訴我，多半都公正，但是有一些官員好管閒事。對這次談話，我非常高興；因為這給我許多有用的見識。尤其我還學到：雖然這個人完全沒有受過教育，但是他知足；雖然他沒有最起碼的物質舒適，但是他安全、無慮，因為他所過的生活就像以往無數代祖先所過的一般，無疑地，他的孩子、孫子也會同樣生活下去。同時，我了解到這種世界觀已經不合適了，不管共產黨搞得怎樣，西藏人無法再活在刻意選擇的寧靜隔絕中。最後我們告別時，成了最好的朋友。

但這故事還沒完。第二天，有人請我對下一個村落的人說法、加持，這個村落就在我們的旅途上。他們為我準備了一張暫時代用的法座，有數百人前往與會。剛開始進行得還不錯，但是當我觀望四周時，我看到那位朋友就站在人群中，他的臉上帶著一種令人憐憫的迷惑。他無法相信自己的眼睛。我對他微笑，但是他只是傻傻地看著我。我覺得相當抱歉，因為我昨天欺騙了他。

等到我確實來到瑞廷寺時，我在該寺最重要的佛像前禮拜，我記得當時也沒有什麼特別的理由，我的心情卻非常激動。我強烈地覺得我和這個地方有甚深的因緣，從那時開始，我就常常想到要在瑞廷寺蓋一間茅篷，安度餘年。

一九五六年夏季，發生一件事，幾乎使我淪入此生中最鬱鬱寡歡的一段時光。康巴和安多瓦的自由鬥士聯盟開始贏得了可觀的戰績，在五六月時，破壞中國軍事公路的許多路段、炸毀許多橋樑。結果使得人民解放軍徵調四萬大軍增援。這就是我所害怕的事情。不管抗暴多麼成功，中共最後會以龐大的兵力、優越的火力擊敗反抗軍。但是我沒能預知中共會空炸西康裡塘寺。我得知此事後，痛哭了一場，我無法相信人類會如此殘忍。

轟炸之後，接著是殘酷的拷問、處決婦女和兒童——這些人的父親和丈夫加入抗暴運動。令人難以置信的是，中共也謾罵僧尼。在拘禁之後，中共強迫這些單純的宗教人士公開地彼此行淫，甚至強迫他們殺人。我不知道該作些什麼，但是我作了一些我必須要做的事。我立刻要求會晤張國華將軍。我告訴他，我想寫信給毛主席。「如果你們這樣倒行逆施，西藏人怎能夠信賴中國人？」我詢問道。我率直地告訴他，他們這樣作是錯的。但是這樣一來反而引起一場爭執。他說我的批評是汙蔑祖國——我只是想保護、幫助我的子民啊！如果我的同胞有人不想要改革——改革將會澤及群眾，因為改革可杜絕剝削——那麼他們就會受懲罰。他的理由真是非常瘋狂。我告訴他，這並不能證明殘害無辜的人是合理的，尤其還從空中丟炸彈轟炸他們。這次會晤當然沒有什麼效果。張將軍堅持他的立場。我只有寄望毛主席能看到他的部下陽奉陰違的行動。

我逕自寄了一封信。但是沒有回音。所以我又透過官方管道寄了另一封信。同時，我也勸樸錯汪結親自呈送第三封信給毛主席。但是也沒有收到回信。一個星期又一個星期過去了，我仍然沒有聽到北京的回音。我開始首次真的懷疑中共領導人物的意圖。這件事使我震驚。在訪問中國之後，雖然我曾經有許多負面的印象，但是在基本上，我對共產黨還是持肯定的態度。然而，現在我開始把毛主席的話看成是彩虹——美麗，但沒有實質。

樸錯汪結在西藏自治區預備委員會成立時，抵達拉薩。再次見到他，我非常高興。他仍然像以前一樣信奉共產主義。在四月的慶典之後，他陪同某些中共要員去視察邊遠地區。他回來之後，他告訴我一個好笑的故事。中共的一位高級官員問一位住在邊遠農村的農民說：

「你對新制度的看法如何？」這個人回答說他相當快樂，除了一件事——新稅。「什麼新稅？」官員追問道。「拍手稅。每一次有中國人來訪問，我們都必須出去、拍手。」

我一向以為只要毛主席繼續信任樸錯汪結，那麼西藏就有希望。在他回去北京後，我向張國華將軍提出一項要求：請派樸錯汪結為黨書記。起初是原則上同意，但是有好久都沒有下文。

一九五七年年底，一位中共官員通知我：樸錯汪結不會回西藏了，因為他是個危險分子。聽到這個消息，我很驚訝，因為毛主席很器重他。這位官員解釋說，有許多理由，第一也是最重要的是樸錯汪結還在西康，未去拉薩之前，組織了一個不讓中國人加入的西藏共產黨。因為這項罪名，所以他被降級、不准回西藏。聽到這個消息，我感到難過——第二年，我得知我的老朋友被革職、拘留時，我更是覺得難過。最後，他被關進監牢。被定為「非人」，一直坐牢，直到七〇年代的晚期。每個人都知道他是個真實、奉獻的共產黨員，但是仍不免遭此劫難。這件事使我知道中共領導人物不是真的馬克思主義者—奉獻自己，造福大眾，使世界更好。他們事實上只是一群極端的國家主義者。他們只是扮演成共產主義者的大漢沙文主義者：一群心胸狹窄的狂熱分子。

樸錯汪結現在仍然健在，但是垂垂老矣。在他死之前，我非常想再見他一面。我仍然非常尊敬他，因為他是一位元老的、有經驗的西藏共產黨員。現在的中共當局明白這一點，我仍然有希望能再看到他。

一九五六年春天，拉薩來了一位非常受歡迎的貴賓——錫金的摩訶羅闍庫瑪（Maharaj Kumar，皇太子）。錫金就在藏印邊界上，距離錯模不遠。他是個可愛的人：高大、寧靜、溫和、鎮定，耳朵很大。他帶來了一則好消息——一封由印度摩訶菩提學會發出的信，他本人是該學會的會長。這個組織——代表這個次大陸上所有的佛教徒，邀請我去參加佛陀二千五百年誕辰紀念。

我非常高興，因為對我們西藏人來說，印度是聖地。我一直渴望能去印度朝聖：印度是我最想訪問的地方。此外這次遠行印度，我也許有機會和班智達尼赫魯以及聖雄甘地的其他繼承人會談。我實在很希望能和印度政府聯絡上；如果我能看到民主是怎麼運作就好了！當然中共有可能不讓我走，但是我總得試一試。所以我拿了這封信去找范明將軍。

不幸的，范明是一個非常惹人厭的中共地方官員。他很有禮貌的接待我。但是當我說明赴印度訪問的理由時，他就打起太極拳。他認為這不是個好主意。印度有許多反革命分子，它是個危險的地方。此外，現在預備委員會事情很多，他懷疑我是否有空。「不管怎樣，」他說：「這只是個宗教性學會的邀請，並不是印度政府邀請您。所以不要擔心，你不必非要接受不可。」毀了！事實擺在眼前，中共當局甚至想妨礙我履行宗教上的義務。

幾個月過去了，這段期間沒有再提起佛陀誕辰的事。接著在十月中旬的某一天，范明和我聯絡，詢問我要提名誰當代表團團長：印度方面想知道。我回答說：我想派我的初級親教師崔簡仁波切；我還補充說，只要他一批准，這個代表團就可以準備起程。又過了兩個星期，我漸漸地把這件事淡忘了；突然，剛從北京回來的張經武將軍前來告訴我，中國政府決定還是讓我去好了。我簡直不敢相信我的耳朵，我太高興了。「但是小心點！」他警告我。「印度有許多反革命分子和間諜。如果你敢跟他們玩什麼花樣，我希望你知道，在匈牙利、波蘭發生的事，就會在西藏重演。」（他是指蘇聯血腥鎮壓這兩個國家的抗暴運動。）當他說完這些話時，我知道我應該隱藏我的狂喜，並且應該裝出一副非常憂慮的樣子。我表示，我確實很驚訝，並且擔心他所提到的帝國主義者和反革命分子。這些話使張將軍放心了，他改用一種安慰的口吻對我說：「不要擔心太多。」他說：「如果你有任何困難，我們駐印度大使會幫助你。」我們的會談到此結束。張將軍站起來，行完禮之後，就離開了。他一出門，我就忍不住爆笑，好像嘴巴都笑開咧到耳根了，我急忙把這件消息告訴我的侍者。

在我們啟程前的一些日子裡，我聽到一個有關中共當局如何突然改變態度的趣事。據說印度駐拉薩的領事曾詢問我的官員，我是不是真的能去印度參加佛陀誕辰慶祝會？他們回答說「不行」。這位領事就把這件事告訴印度政府——結果尼赫魯就出面為我說項。但是中共當局仍然不願意讓我去。直到張將軍回到拉薩，發現那個印度領事已經把尼赫魯說項的事情告訴許多人，為了怕損傷中印關係，中共被迫改變心意。

將近一九五六年十一月底，我終於得以離開拉薩。我充滿喜悅，一心盼望能自由行動，不再受到某些中共官員或其他人的嚴密監視。我的隨員很少，感謝四通八達的軍事公路聯通中國和西藏，我們現在能一路都坐車到錫金。在日喀則，我們停下來接班禪喇嘛，然後繼續開往春比塘（**Chumbithang**）——這是那突隘口前最近邊界的殖民區。我們在那裡下車，改騎馬前往，我也向一路陪我們來的丁明宜（**Tin Ming-yi**，譯音）將軍道別。看到我要走了，他似乎真的感傷。我想他是確信那些外國的帝國主義者、間諜、復仇者以及共黨神殿中的其他惡魔會危及我的生命。他和張將軍採取同樣的陣線，警告我要小心，他還要我向碰到的反革命分子說明自「解放」以來，西藏的長足進步。如果他們不相信，他說，他們可以回來，自己親眼看看。我向他保證會全力以赴。說完之後，就轉身騎上小馬，開始我的漫漫雲中路。在那簇隘口的最高點，矗立一座很大的圓錐形石堆，上面插著彩色的祈禱幡。我們依照習俗，每人都給石堆加一塊石頭，並且高喊「拉給羅（**Lha Gyal Lo**！意即諸神勝利）」。之後，我們才走向山下的錫金王國。

在山的另一邊、就在隘口下面，我們在雲霧中遇見一列歡迎的行伍，包括一些官員和演奏著西藏和印度國歌的軍樂隊。其中一位是前印度駐拉薩領事阿帕・B・潘特先生（**Mr. Apa. B. Pant**），他現在是駐錫金的政治官員。同來的有蘇南・托結・卡日（**Sonam Topgyal**

Kazi），他是錫金人，整個訪問過程中，他一直擔任我的翻譯。當然我的朋友錫金皇太子通篤．南結也來了。

從邊境一路上到聰哥湖畔的小聚落，都由他們護送。當晚我們就住在那裡。現在天色已暗，氣候又冷，地面上積了厚厚的雪。抵達時，我真是非常驚喜——好幾年沒見過面的塔澤仁波切和嘉洛通篤都在那兒歡迎我。羅桑桑天和年幼的天津秋結也隨我一起出來旅行，所以這是我們一生中，五位兄弟首度團圓。

第二天，我旅行到錫金首都岡托。剛開始是騎小馬，接著改坐吉普車，最後一段路是坐貴賓車。這時我見到錫金的摩訶羅闍——塔希南結爵士，我們就是坐他的車子。接著，發生一件好笑但轟動的事情。我們進入岡托時，整個衛隊被聚集的人群困住了。無數民眾，包括許多興奮的學童，從四面八方擁來，投擲哈達和鮮花，使我們無法前進。突然不知那裡跑來一位不知名的年輕中國人，扯下在車子這一邊和錫金國旗相對的西藏旗子，換上中共的旗子。

我們在岡托停留一夜，第二天一大早就前往巴格多扎飛機場（Bagdogra）。我記得這不是段令人愉快的旅程。從拉薩出發到現在，我已經很累了。此外，前天晚上我還參加了國宴。尤其令人喪氣的是，早餐吃的是麵條；接著車子下行向印度平原，車裡面熱得我透不過氣來。飛機正在等著我們。這架飛機比我訪問中國時所搭乘的那架舒適多了。我們坐飛機到阿拉哈巴得(Allahabat)，我們在那裡休息、用饍，然後再到新德里的帕蘭機場(Palam)。當飛機飛在人煙稠密的印度城鄉上空數千英尺高處時，我在沈思印度與中國如此大不相同。我從沒有到過印度，但是我已經察覺到兩國的生活方式差距甚大。不知道什麼緣故，印度似乎更開放、自由自在。我們到達印度首都後，更增強了這個印象。一大隊的儀隊在等著我們，那兒還有首相尼赫魯先生、副總統羅達庫里夏那先生。這裡的表演、儀式比我在中國所看到的還要多；同時，他們所說的每個字，不管是首相致歡迎詞時說的，還是地位較低的官員所說的，都有一種誠懇的成分。人民都說出他們真正的感受，而不是說他們認為他們應該說的話。他們不矯飾。

我從飛機場被直接帶到總統官邸（Rashtrapat Bhavan）去見印度總統拉伽德拉·普拉薩德先生（Dr. Rajendra Prasad）。我發現他相當老，行動遲緩，人非常謙恭。他和身旁穿著亮麗軍服的高大副官、神氣的貼身侍衛比較起來，顯得非常巨大。

第二天，我到雅木納（Jammuna）河畔的拉雅黑（Rajghat）朝聖。聖雄甘地就是在這裡火葬。這是個寧靜而又美麗的地方，在那兒我覺得非常高興。像我這樣遭受異族統治的外賓，在這個曾採用過Abimsa的國家中，也覺得心情愉快。Abimsa就是聖雄甘地的「非暴力主義」。當我肅立祈禱時，我感覺悲欣交集，難過的是我沒能親自見到甘地，高興的是他的一生是非暴力主義的輝煌例證。對我而言，他是個完美的政治家，他把利他的信仰放在任何個人打算之上，我也確信他這種對非暴力目標的奉獻，是管理政治的唯一方法。

以後幾天是佛陀誕辰的慶祝活動。在這段期間，我說到我相信佛陀的訓示不僅可以將個人的生命導向和平，它也可以給國與國之間帶來和平。我也利用機會和許多甘地的信徒討論印度是如何以非暴力的方式來完成獨立。

此時，我在印度的一個主要發現是：雖然我常常被邀宴，但是這些宴會、接待卻比我在中國所參加的要來得粗簡多了，會場裡瀰漫著誠懇的氣氛，這意味著真正的友誼有機會發展。這和我在中華人民共和國的經驗形成強烈對比。在中國，可以靠著威勢欺凌，使人改變心意。我現在可以比較、並且親自看到：這是錯誤的想法。只有藉著彼此尊重的滋長、以真實的心相對待，友誼才會產生。只有靠這些方法才有可能打動人的心，武力是絕不可能的。

這些觀察使我想到一句西藏的老諺語：犯人一旦逃掉，就不會再回來，我開始考慮是否留在印度。我決定在和尼赫魯班智達會面時，仔細查詢尋求政治庇護的可能性。稍後我很快的作過試探。

事實上，我在好些場合裡見到尼赫魯首相。他是個高大、漂亮的男人，他頭上戴的甘地小帽把他的北歐面孔襯托得更加明顯。和毛澤東相比，他是顯得沒那麼「自信」，但是他不獨裁。他看起來是個誠實的人——這就是為什麼後來他會被周恩來給騙了。我們第一次會面時，我就利用機會向他詳細說明中共如何入侵我們和平的領域，我們是如何措手不及地面對敵人，當我知道外面的世界沒有人準備承認我們正當的獨立權利時，我是如何忍辱負重去配合中國。

起初他禮貌地聆聽、點頭。但是我猜想這篇感情豐富的演講對他來說是太長了。隔了一會，他顯得分心，就好像快要打瞌睡了。最後他注視我說，他了解我所說的。「但是你必須知道，」他有點不耐煩的繼續說：「印度不能支持你。」當他以清晰、漂亮的英語說話時，他的長下唇好像同意他說的話似的抖動著。

這是個壞消息，但不完全出乎意料。雖然尼赫魯現在已經表明立場了，我仍然繼續說，我正在考慮流亡印度。他再次反對：「你必須返回你的國家，以十七點協議為基礎，試著和中國共事。」我抗議說我已經試著竭力去作，但每一次我以為我已經和中共當局達成諒解時，他們總是粉碎我對他們的信賴。現在東藏的形勢大壞，我害怕一場強力的、凶暴的報復，會摧毀整個國家。我怎麼還可能相信十七點協議能行得通？最後，尼赫魯說他會親自跟周恩來談這件事。周恩來當時在德里，隔天他就要去歐洲了。尼赫魯也要安排我會見周恩來總理。

尼赫魯真的說到做到，第二天早上，我隨著去帕蘭機場；他安排我在當天傍晚會見周恩來。我們再度會晤時，我發現我的老朋友和記憶中一樣：充滿了魅力、笑容和欺騙。但是我不理會他唬人的禮貌。相反地，我相當率直的告訴他，我關切中共當局在東藏的暴行。

我也指出我注意到在中國政府系統與印度國會之間有明顯的差異：印度人民能自由表達他們真正的感覺；如果認為需要的話，他們也可以批評政府。就像以往一樣，周恩來在說順耳的話以前，總是小心地傾聽。「你只有在開第一次大會的時間到過中國，」他說：「第二次大會已經召開，每件事都已經改變得不可能再更好了。」我不相信他，但是跟他吵也沒有用。接著他說他聽到我考慮留在印度的謠言。這是錯誤的，他警告我。我的國家需要我。這也許是真的，但是我忘了我們這次談話並沒有解決任何問題。

我的兩位兄長——塔澤仁波切和嘉洛通篤也會見了周恩來，或許應該是「Chew and Lie」（耍嘴皮和撒謊）——他停留德里期間，印度的一家報紙這麼稱呼他。我的兩位兄長甚至比我還坦率，雖然周恩來懇求他們回去，但是他們告訴周恩來，他們一點也不想回拉薩。同時，我也終於開始到印度的各個聖地朝聖，在朝聖期間，我試著把政治從我的心中拋開。不幸，我發現我不可能把擔憂國家命運的想法抖落掉。班禪喇嘛陪我到每個地方，他不斷在提醒我們的可怕處境。他不再是那個我曾經認識的仁慈、誠懇的孩子；中共的長期壓力已經對他年少的心造成不可避免的影響。

在從桑奇（Sanchi）到厄強塔（Ajanta），然後到菩提伽耶和鹿野苑的路上，當我能夠把自己完全投入深深的喜悅與崇敬時，我發現有些時候自己已經回到心靈的家園。每一件事物都有些相似。

在比哈爾（Bihar），我訪問了那爛陀——它曾經是最大、最有名的佛教大學所在地，但是已經破敗數百年了。許多西藏學者曾在這兒研讀。而現在當我看到昔日曾是某些最深邃的佛教思想的發源地，而今卻是殘柱碎石的淒涼景象時，我再次地見到「無常」是多麼的真實！

最後我到達菩提伽耶。來到這個佛陀成道的地方，我非常感動，但是我的快樂並沒有持續多久。在菩提伽耶時，我收到我的中國衛士所傳達的訊息：周恩來回到德里，他想要見我。然後在鹿野苑，我收到一封由張經武將軍拍來的電報，他要我立刻返回拉薩。電報中說，意圖顛覆的反革命分子和裡通外國的帝國主義者正在計畫一樁暴動。我必須要立刻趕回去。

我坐火車回德里，在火車站見到了中共駐印度大使。他堅持要我和他一起坐他的車子回大使館，這項舉動使我的管家、貼身侍衛覺得驚恐；我就在大使館裡見到了周恩來。管家和貼身侍衛都怕我被人綁架，他們到達大使館時，他們無法確定我是否真的在那裡，所以就請一個人拿了件毛衣給我，看看他們的反應如何。同時，我和周恩來作了一次坦率的討論。他告訴我西藏的形勢已經變壞了，他指出中共當局準備要使用武力粉碎任何民眾的反抗。

此時，我又坦率地告訴周恩來我關切中共在西藏的所作所為，雖然中共曾明確保證，他們不會這樣做，但是仍然強把改革加諸於我們西藏人身上。他極具魅力地回答我，毛主席曾聲明至少在最近六年不會把任何的改革引進西藏。如果六年之後我們仍然沒有準備好，如有必要，他們會延緩五十年。中共來西藏只是想幫助我們。我仍然不相信周恩來的話。周繼續說，他知道我正計畫去噶林邦訪問。這倒是真的。有人請我對居住在那兒的西藏人傳法。他以強烈的語氣勸我不要這麼作，因為噶林邦充滿了間諜和反革命分子。他又說我應該提防那些我所信賴的印度官員，有些是好人，但有些是危險的人。然後他改變話題。他問我要不要準備回那爛陀，以中華人民共和國代表的身分參加迎請中國高僧唐玄奘舍利、文物的法會。我得知尼赫魯班智達會出席這次集會，我接受了。

再度見到尼赫魯首相時，他隨身帶了一份十七點協議。尼赫魯又力勸我返回西藏，以「協議」為基礎和中國共事。沒有選擇的餘地，他說，他必須明白表示印度不會幫助西藏。他也告訴我，我應該照周恩來所說的去做，並且返回拉薩，不要在噶林邦停留。但是當我堅持要去噶林邦傳法時，他突然改變心意。「畢竟印度是個自由的國家。」他說：「你不會違犯印度的法律。」接著他答應幫我打理這次訪問一切必要的安排。一九五七年二月，我帶著少數隨員坐火車去加爾各答。我記得在路上，我的母親渾然不知任何限制，也不覺得拘束，她帶了一個小爐子，煮了一些非常美味的tbugpa（一種傳統的西藏麵湯）。我們到達西孟加拉首邑之後，停留了好些天，才坐飛機到北邊的巴格多扎——喜馬拉雅山的小山丘就是在這裡從溼熱的廣大印度平原急遽地向上攀高。我們最後的一段路是坐吉普車。

我們到達噶林邦時，我下榻在一個不丹家族的房子，我的先世流亡印度期間一度住在這裡。他們讓我住在達賴十三世住過的房間。在相似處境下住在同一間房間，這實在是一種奇異的經驗。這個非常友善的家庭是不丹首相家族的一支，不丹首相稍後遭人暗殺。這個家庭有三個小男孩，最小的男孩對家裡的客人極有興趣。他一直跑進我的房間，好像要調查我似的。然後咯咯的笑，順著樓梯又滑下去。

我到噶林邦不久就見到我的首任首相魯康瓦，他假裝朝聖，最近才從拉薩來到噶林邦。我非常高興能見到他，雖然我很快就發覺他完全反對我回拉薩。我的兩位兄長同樣也來到噶林邦，他們同意魯康瓦的看法，開始勸我留下來。這三個人也請噶廈不要讓我回去。在菩提伽耶時，我的兄長們曾和一些同情西藏的印度政治家接觸，其中之一就是賈雅・普拉卡盧・那萿顏（**Jaya Prakash Narayan**），他答應以後在一些恰當的時機裡，發出印度支持西藏爭取自由的聲音。我的兩位兄長、魯康瓦和其他一兩位人士都確定當支持西藏的聲音出現時，尼赫魯會被迫支持西藏獨立。畢竟，搞得中共陳兵印度北方邊界，對印度沒有好處。但是我不相信。我問隨員之一的嘎波嘎旺吉美（被中共強迫簽訂十七點協議的西藏代表團團長）他的看法怎麼樣？他的忠告是，如果有可能發展出一套明確的計畫的話，那麼就值得考慮留下來。但是目前沒有任何事情是具體的，他覺得除了回去以外，我別無選擇。

我請示神諭。達賴喇嘛可以請教的神諭主要有三位。其中的兩位——涅沖和噶東就在我身邊。他們兩人都說我應該回去。在我請示神諭的時候，魯康瓦闖進來了，神諭對他擅自闖入生氣了，神諭告訴他留在外面，好似神諭已經知道魯康瓦已經下定決心似的。但是魯康瓦不管他，仍然照樣坐下來。之後，他走過來對我說：「當人遇到危難時，人就問神；當神遇到危難時，他們就說謊。」

我的兩位兄長堅持我不應該回西藏。他們就像魯康瓦一樣都是有力量、有說服力的人。但是他們都不了解我的疑慮。他們相信：眼前西藏人就生活在中共的威脅下，所以要用任何可能的方法來對抗中共。他們認為最好的對抗方法就是我留在印度。這樣一來就有可能尋求外國的支持，他們確信如此易於得到外國的援助。他們認定美國會幫助我們。

雖然當時沒有談到以武力對抗中共，但是我的兩位兄長卻瞞著我和美國中央情報局接觸。顯然美國人認為提供有限的援助給西藏自由鬥士是值得的；他們這麼做，並不是關心西藏的獨立，只不過是他們致力顛覆全球共黨政府時，所作的努力之一。為了這個目標，他們答應提供數量有限的簡單武器，空投給西藏自由鬥士。他們也計畫由美國中央情報局訓練一些西藏人打游擊，然後再把他們空降入西藏。當然我的兄長們認為不讓我知道這件事會比較好。他們知道我會作什麼反應。

當我解釋，雖然我可以明白他們所說的理由，但是我不會採納，嘉洛通篤開始顯現激動的樣子。他是我的兄弟中最激烈的愛國者，現在依然如此。他的個性很強，而且很固執。

但是他的心不錯，母親過世時，他是我們兄弟裡面最難過的一個。他嚎啕大哭。塔澤仁波切比嘉洛通篤溫和一些，但是在寧靜、和氣的外表下，卻藏著倔強、不屈服的心。在危機中，他表現不錯，但是現在他也露出惱火的樣子。最後，沒有人說服我，我決定依據尼赫魯的忠告和周恩來的保證，返回西藏，給中共最後一次機會。

離開噶林邦後，我被迫留在岡托一個月；之後我才能再次橫越那簇隘口。但是我一點也不懊悔，我利用這個機會對當地民眾傳法開示。

最後，一九五七年三月，我懷著一顆沈重的心，啟程回拉薩，羅桑桑天在最後一分鐘決定留在印度，使我更加憂愁，最近他動過盲腸手術，身體狀況很差。我到達邊境，向我的印度朋友揮別時，他們都哭了，我的心情更是往下沈。在彩色的西藏祈禱幡之中，至少有十二面血紅的中華人民共和國的旗子。當秦豪漢將軍（chin Rhawo-rhen，音譯）過來見我時，一點也沒辦法讓我好過一些。因為雖然他是個善良、誠懇的人，但是我總是不禁想到他所穿的軍服，而不是「解放」。

第七章　出亡

進入藏境，我坐車經錯模、江孜、日喀則返回拉薩。沿路經過的地方，我都對大眾開示，並邀請西藏與中共官員到場。照例我先作一段簡短的開示，也談世俗之事。我強調藏人有誠實公正的對待中共官方的責任；我堅持任何人看到錯誤都有責任糾正，不論犯錯的是誰；我也要求我的同胞恪守十七點「協議」。我告訴他們那年二月第一個星期我跟尼赫魯及周恩來的談話內容，毛澤東自己曾公開承認西藏尚未作好改革的準備。最後，我提醒他們，中國人宣稱他們來西藏是為了幫助西藏人，如果他們的官員不合作，無異違反共黨政策。我補充道，別人大可以一味歌功頌德，但依照毛主席的訓令，我們該自我檢討才對。在場的中國人對此顯然都感到很不安。

我以這種方式向我的同胞保證，我會盡力幫助他們，而且警告新來的外國主人，從現在開始，我們會毫不猶豫的指出一切缺失。但旅程中，我勉強裝出來的樂觀，卻一再受到東部戰況蔓延消息的打擊。終於有一天，政委譚冠三將軍來看我，要求我派一名代表令自由鬥士放下武器。因為這也是我的心願，所以我欣然同意，派出一名喇嘛跟他們談。但他們並未接受。一九五七年四月一日我到達拉薩時才發現，全西藏的情形不但已不受中共控制，連我也控制不住了。

那年仲夏，從西康直到安多都在作戰。自由鬥士在岡波扎希的號令之下，人數與日俱增，攻勢也越發淩厲，中共更是奮力還擊，他們不但用飛機轟炸各村鎮，還用炮轟，把整個區域夷為平地。西康與安多居民逃來拉薩，在附近平原搭帳篷居住。他們帶來的消息有些慘絕人寰，令我覺得難以置信。中共用來嚇阻他們的手段，殘酷得出乎我的想像。直到我一九五九年讀到國際法學家委員會（**International Commission of Jurists**）出版的報告，我才算相信了我聽說的這些事：釘十字架、淩遲處死、開膛破肚及分屍都是稀鬆平常。砍頭、火刑、毒打至死、活埋、把人綁在狂奔的馬後拖死、倒吊、或綁住手腳丟入冰水也層出不窮。為防被害者在綁赴刑場途中，大喊「達賴喇嘛萬歲」，還先用掛肉的鉤子扯斷他們的舌頭。

情知大難迫在眉睫，我宣布將在十八個月後，一九五九年的默朗木慶典中接受出家的最後考試。我知道時不我待，我必須盡快結業。同時我迫不及待的盼望已接受我的邀請的尼赫魯早日來西藏訪問（中共大使已欣然批准此事）。我唯願有他在場，中共官方的野蠻行徑會稍見收斂。

這段期間，拉薩的情況與六年前中共初來時相去不遠，不過他們愈來愈霸道。從這時起，將領們來見我時都全副武裝。雖然他們把槍藏在衣服裡，並不公然佩戴，可是一坐下就原形畢露了。他們還是口口聲聲向我保證原來的那一套，但說多了違心之論，往往使他們滿臉通紅。

此外，預備委員會也還是定期開會，討論一些毫無意義的政策修訂。中共為了粉飾他們企圖在西藏實施的暴政，實在是大費周章。我覺得很無力。但我確信，如果我辭職（我真的考慮這麼做），或正面反抗中共，後果將更加不堪設想。但我也不能讓拉薩和其他犧牲慘重的地區投降。中共已至少有八個師的兵力在東部；十五萬名訓練精良的人民解放軍，對付牧人和山區居民組成的烏合之眾。我對將來越想越覺得絕望，似乎不論我們做什麼，都無法改變西藏將成為中共附庸的事實。

我長期居住的諾布林卡宮的生活，也是一成不變。數千尊鍍金佛像在不計其數的長明燈下閃閃發光，提醒我們現世的無常虛幻。每天的例行公事也都照舊，不過我現在提前到五點以前起床，祈禱後獨自做早課，然後我一位親教師會來跟我討論經課內容。接著我的四名稱廈會來加入，其餘的時間我用於辯論——我的考試就是這種形式。某些特定的日子，我會在宮中多間佛堂中的一間，主持一場供養。

自從中共入侵以來，拉薩改變很大。中共軍官及他們的眷屬形成一個新的區。跡象顯示，有一天現代化中國都市的發展必將吞噬這古都。他們建了醫院、學校——可惜西藏人並未因而受惠——和新的軍營。由於情勢惡化，軍方在他們的營區四周挖築壕溝，堆壘砂袋。他們原來就至少成雙結隊才敢出外，現在更是非大隊人馬才會走出營區。但我跟外界的接觸很少，大部分不幸的消息都是由我的潔役或各級官員帶來的。

一九五八年，我遵照新任達賴喇嘛都必須在寶園中另築新居的傳統，遷入諾布林卡新宮。我的居所跟前輩們一樣，設計得恰容我一個人使用而已，只不過裝潢較現代化，還有幾件電器。我用一張時髦的鐵床取代了陳舊的木箱牀；浴室中設有自來水及熱水器，可惜還沒有啟用，我就必須離開諾布林卡了。上下兩層樓都裝了電燈，客廳中陳設著桌椅，而非傳統的西藏座墊，方便外籍訪客；如果我沒記錯，還有一架印度政府贈送的大收音機。這個家完美無缺。屋外有座小池塘，一個漂亮的假山庭園，其中花草都是我親自監督種植的。拉薩什麼都長得好，園中不久就百花繽紛。我在那兒生活很愉快，只可惜為時不久。

西康、安多與西藏中部的戰役不斷擴大，初夏已有數萬人加入這場爭自由的戰爭，戰事日復一日接近拉薩，雖然他們都很缺乏槍械彈藥。他們的武器有些搶自中共部隊，有些來自一次偷襲西藏政府扎什倫布彈藥庫的斬獲，還有一部分則是美國中央情報局所供應。

我流亡期間，雖聽說有關飛機空投武器與金錢的傳聞，但這類行動為西藏人帶來的損害遠超出中共之上。美國人不希望留下援助西藏的把柄，刻意不供應美製的裝備。他們空投的都是粗製濫造的火箭炮及老舊的英製步槍，後者在印度及巴基斯坦都極為普遍，萬一被敵方擄獲，也無法追踪來源。它們在空投時往往遭到嚴重損壞，以致無法使用。

我當然不曾目睹過任何一場戰役，但一九七〇年代，有位剛由西藏逃出的喇嘛告訴我，他曾經從安多偏遠地帶高山上的隱居山洞中，目擊一場小型衝突。六名騎士攻擊河灣上一處有數百名人民解放軍的營區，造成一片大亂。驚慌的共軍開槍四處亂射，殺死許多自己人。同時，這些已渡河逃逸的騎士又再次回頭，再度從四面八方作側面攻擊，然後才逃入山區。我聽到這種勇敢的事蹟，深受感動。

一九五八年下半，無可避免的危機終於來臨，自由鬥士聯盟「處溪岡竹」包圍了哲塘一個中共的要塞，距拉薩不過兩天的路程。譚冠三將軍來找我的次數更為頻繁。他外表像個農夫，滿口黃牙，頭髮理得很短。現在他幾乎每周都來，帶著一名神氣活現的通譯，對我勸誘辱罵，無所不用其極。過去他們只一個月來一次。這使我覺得諾布林卡的新會客室令人無法忍受，房裡的氣氛被他們的造訪破壞無遺，我簡直怕進那個房間。

最初，譚將軍要求我動員西藏部隊對付反抗軍。他說這是我的責任，當我指出，這麼一來，士兵可能會陣前倒戈，投向自由鬥士陣營時，他勃然大怒。此後，他就極力指責西藏人忘恩負義，不會有好下場。最後，他把過錯全推到塔澤仁波切、嘉洛通篤等人（當時均已流亡在外）身上，令我取消他們的西藏公民權。我同意照辦，因為第一這些人在國外都很安全，第二我不想激怒中共與拉薩發生正面衝突。我幾乎願意盡一切努力避免這種發展，我相信如果拉薩捲入戰爭，和平就沒有希望了。

同時，自由鬥士完全無意妥協。他們甚至希望我認可他們的行動；可惜的是，我年輕的愛國熱情雖然使我渴望能這麼做，但我做不到。我仍寄望於尼赫魯來訪，但中共於最後一刻取消了訪問。譚冠三將軍宣稱，他無法保障印度總理的安全，只得撤回邀請。我覺得猶如大難臨頭。

一九五八年夏末，我前往哲蚌寺與色拉寺，接受我最後出家測驗的第一部分考試。我必須跟這兩處學術中心最出色的學者辯論數日之久。在哲蚌寺的第一天，開始時有數千名僧人在大殿中同時誦經，氣氛和諧美好。他們讚美佛陀及諸聖菩薩（大多是印度的聖人與宗師），我聽得泫然欲泣。

離開哲蚌寺前，我照傳統攀登寺後最高峰，俯瞰數百里內風景。此峰極高，連西藏人都有害高山病的危險——但對於在高原上築巢的美麗鳥兒和一種我們稱之為烏佩的野花卻不嫌太高。這種遍地盛開的花，外形像飛燕草，長得很高而多刺，花呈淡藍色。

但如此的賞心樂事卻因為必須在山區部署西藏士兵保護我而失色不少。在哲蚌寺前面就有一座中共軍營，四周圍滿鐵刺網和掩體，不時傳出部隊與炮兵練習打靶的聲音。

考驗結束，我回到拉薩才聽說我已以優異的成績通過。一位學問最淵博，名叫佩瑪堅參的方丈告訴我，如果我能有一名普通僧侶那麼多的時間用於研習，成就一定無人能及，所以我很慶幸，我這個懶學生總算沒有丟自己的臉。

短暫的清靜過後，我發現拉薩的情況更加惡化。因中共迫害前來避難的人數以千計的增加，露宿拉薩市郊，全市人口激增為正常的兩倍；但人心惶惶中，戰事尚未蔓延到此。秋季我去甘丹寺繼續辯論，有的顧問勸我趁此機會去南方「佛法悍衛人士」占領的地區。初步計畫是我到時應駁斥十七點「協議」，重申我的政府才是西藏的合法統治者。我鄭重考慮他們的建議，但我不得不承認，這麼做不會有什麼好處。這種表態只會激怒中共，發動全面攻擊。

因此，寒冷漫長的冬季，我又回到拉薩潛修。次年年初的默朗木期間，我還有一場考試。專心很困難，因為我幾乎每天都聽到中共用殘酷手段對付反抗分子的新報導。偶爾消息對西藏有利——但這不能給我安慰。只有想到我對六百萬西藏人的責任，我才能堅持下去。每天一早，我在房中祈禱，古老的祭壇上諸佛默默庇佑，我努力培養對眾生的慈悲之心。我再三提醒自己，佛陀教誨要把敵人當作偉大的導師。雖然不易做到，我從未懷疑其中的真理。

新的一年終於來臨，我從諾布林卡宮搬到大昭寺，準備參加默朗木慶典，接著就是最後一場考試。啟程之前，張經武將軍照例來拜年，他說有個新舞蹈團來拉薩，問我有沒有興趣去觀賞。我說有的。他說雖然舞蹈團在任何地方都可以表演，但共軍營區的舞台設備較好，最好我能去那兒觀賞。由於諾布林卡確實沒有供表演用的設施，我表示樂意前往。

到了大昭寺，我發現不出所料，聚集在寺廟裡的人比往年都多。除了來自西藏最偏遠地區的俗人，人群中還混有兩萬五千到三萬名和尚。

內廓與外廓每天都擠滿了滿心虔敬循環踱步的信徒。有些人手持法輪，誦念可算是我們國咒的「嗡嘛呢唄啃美吽」真言，其他人則默默合掌頂禮，五體投地地膜拜。廟前的市場上也擠滿人潮：男女穿著及地長袍，外罩七彩圍裙；得意洋洋的康巴人，用紅繩紮住長辮，來福槍斜掛肩頭；山區來的皺紋滿面的遊牧者；孩子們興高采烈的到處追逐。我從窗中窺視這前所未見的熱鬧場面，今年格外有一股期盼的氣氛，連我這麼避世獨處的人也感覺得出來。似乎每個人都知道，即將有大事發生。

默朗木的主要儀式（須誦很久的經）一結束，就有兩名中共的下級軍官突如其來的出現，重申張經武將軍請我看舞蹈團的邀約。他們問我什麼時候要去，我答說要等慶典結束，因為我考試在即，暫時沒有空。

考試前一晚，我熱切的禱告，比以前更深切的感到肩上的責任沈重而永無止境。第二天早晨，我要在數千人面前參加一場辯論。上午的主題是因明與認識論，對手是跟我一樣的初級生。下午的論題是中觀與般若，還是跟初級生辯論；傍晚的挑戰不但包括五大部，而且發難者都是年紀遠比我大，經驗也更為豐富的研究生。

到晚上七點鐘，終於一切都結束了。我人已筋疲力盡，但評審團一致承認我有資格獲得學位和佛學研究博士的格西頭銜，卻令我感到輕鬆愉快。

三月五日，我從大昭寺回諾布林卡，照例有光鮮的隨從護駕。這是我們一千多年未曾間斷的文明最後一次公開展現。我的侍衛穿著色彩鮮豔的禮服，簇擁在我的轎子四周。後面騎馬跟隨的是滿身綾羅綢緞的噶廈和拉薩的貴族，馬兒都趾高氣揚，彷彿牠們也知道口中的馬嚼是真金打造。再後面是西藏最有名望的方丈與喇嘛，有的看來仙風道骨，有的卻是油光滿面，像豪商富賈，而不像境界超然的精神導師。

兩地之間長達四英里的道路兩旁，成千上萬的人夾道圍觀，唯一缺席的是中共，這是他們入藏以來的第一次。我的侍衛或軍隊並未因而稍覺鬆懈，軍方派了人在附近的山頭上站崗；表面上是提防自由鬥士，事實上，他們心目中的敵人完全是另一回事。我的侍衛也有類似的憂慮，他們有些人公開拿勃倫式輕機槍對準共軍司令部，表明了立場。

兩天後，我跟中共官方才又有間接的接觸。他們要確定我去看表演的時間。我選了三月十日。兩天後，亦即表演的前一天，若干中共人員去到我的侍衛總管的家，要帶他去見軍事顧問傅准將，聽取有關我次日到訪應注意的事項。

准將告訴他，中共官方要我們取消一切訪問的儀節，他特別堅持不要西藏士兵隨行，只准兩三名沒有武裝的侍衛陪伴，並且強調他們要求整件事絕對保密。這些要求似乎都很奇怪，我的顧問得知後，討論了很久，但他們還是同意，如果我拒絕前往，一定會引起外交上的重大裂痕及種種不良後果。所以我同意盡量輕裝簡從，只帶數名隨員。

我弟弟天津秋結也接到邀請。他當時正在哲蚌寺中研究，所以必須獨自前去。同時，命令傳出，第二天通往共軍總部的石橋一帶將實施交通管制。

當然，我的行動要保密是完全不可能的事，中共這方面的企圖令我的人民大為緊張，因為他們早已在擔心我的安全。消息如野火燎原般散布開去。

結果是場災難。第二天早晨，我禱告及用餐完畢，趁著晨曦在花園中散步，突然聽見遠處的吶喊聲。我急忙回到室內，令侍者查明噪聲來源。他們回來告訴我，人群湧出拉薩，向我們這邊而來，他們要來保護我。一整個上午，人愈聚愈多，他們有的守住寶園各個出入口，有人繞牆巡行。中午時已集結了三千人。上午就有三位噶廈差點無法通過前門的人群進來，他們對任何他們認為有私通中共嫌疑的人都懷著敵意。一位由侍衛陪同乘車前來的高級官員，就因被指為叛徒，遭石頭投擊，受了重傷。這真是誤會（一九八〇年代，他那位曾參加簽署十七點「協議」代表團的兒子，來到印度，詳細記述了簽約的真相）。後來還真的有人送命。

這消息令我震驚，必須以行動化解這情況，否則憤怒的群眾甚至有可能攻擊中共軍營。人群中很快選出幾位領袖，要求中共把西藏交還西藏人。我禱告上蒼給我鎮靜，同時我知道，不論我個人有什麼感覺，當天晚上我不可能去共軍總部已成定局。我的侍衛總管打電話致歉，並轉達了我盡快重建秩序，說服群眾散去的意願。

但諾布林卡宮門口的群眾堅持不肯離去。他們認為，達賴喇嘛的生命面臨中共的威脅，除非我保證那天晚上不去共軍總部，否則他們絕不離開。我只好令手下官員照他們的意思宣布。但這還不夠，他們又要求我永遠不可走入共軍營區，我再度答應他們後，大部分領袖就回到城內，舉行進一步示威，但諾布林克宮外有很多人留下。很不幸，他們不了解，留下會比離開構成更大的威脅。

同一天，我派三位地位最高的行政官員去見譚冠三將軍。他們抵達時，發現嘎波嘎旺吉美早已在座。中共人員最初很客氣。但將軍到達時，已掩不住心中的怒氣。他和另兩名高級軍官在西藏人面前，痛罵「帝國主義的叛徒」數小時之久，並指責西藏政府祕密組織反對中共官方的動亂行動，甚至還違抗中共的命令，拒不解除拉薩「叛徒」的武裝。共軍將使用激烈手段，粉粹反對勢力。

傍晚，我的代表來諾布林卡的會客室向我報告時，我理解到中共已發出最後通牒。大約六點鐘左右，約七名下級政府官員、留下的人民領袖及若干我的私人侍衛，在寶園外聚會，聯署一份駁斥十七點「協議」的宣言，並聲稱西藏不再承認中共的統治。我聽說此事，就通知他們，他們的責任是緩和緊張的情勢，而非使之更形惡化。但是他們對我的勸告充耳不聞。

晚間稍後，譚冠三將軍送來一封信，以溫和得可疑的口吻，勸我為自己的安全起見，遷至他的司令部。他的厚顏無恥令我無法置信。我當然不可能照他的意思行事，但為了爭取時間，我寫了一封友善的回信給他。

次日，也就是三月十一日，群眾領袖向政府宣布，他們要派衛兵在諾布林卡宮外圍的內閣辦公室門口站崗，以防任何行政官員離開。他們擔心一旦若不掌握大權，政府就可能被迫與中共妥協。接著噶廈與這些領袖開會，要求他們取消示威，因為再繼續便有與中共正面衝突的危險。

最初這些領袖們還願意聽從，但後來譚將軍又寫來兩封信，一封給我，一封給噶廈。給我的信與前一封類似，我還是客氣的答覆，承認群眾中有企圖破壞中藏關係的危險分子，我或許該去他的司令部避難（但事實並非如此）。

將軍在另一封信裡，命令官員們要求群眾拆除搭在拉薩城外，通往中國內地的公路上的路障。此舉卻造成反效果。群眾領袖認為，中共要求撤除路障，顯然有增兵以便攻擊達賴喇嘛的企圖，他們斷然拒絕。

我聽說此事後決定該親自跟這些人談談。我向他們解釋，如果人群不自動解散，就面臨被中共部隊以武力驅散的危險。顯然我的懇求多少發生了作用，他們宣布退至布達拉宮山腳下的蕭村，後來那兒曾舉行多次激烈的示威。但諾布卡宮外大部分人仍然留下來。

大約就在這時，我請示涅沖的神諭。我該留下或脫逃？我該怎麼做？神諭清楚的指出，我該留下繼續與中共對話。我一時之間分不清這是否真的是最好的出路，我想起魯康瓦的話，他說神明走投無路時也會撒謊。因此我花了一個早晨進行另一種降靈儀式「謨」，但結果完全相同。

接下的幾天在恐懼中含糊度過，我記得接連獲中共增兵、群眾情緒變得幾乎歇斯底里的報告。我再次請示神諭，但還是如前不變。到了十六日，我接到譚將軍第三封，也就是最後一封信，並附有嘎波的信。譚將軍的信跟前兩封信大致雷同，嘎波的信卻肯定了我和其他人的猜測，中共計畫攻擊群眾，並炮轟諾布林卡。他要我在地圖上畫出自己的位置，炮兵就不會轟炸我在的那幾棟建築。真相暴露的這一刻真是太可怕了。不但我的生命有危險，成千上萬的同胞也似乎即將喪命——除非我能說服他們解散回家。他們應該知道，他們已向中共展示了強烈的情緒，但這還不夠。他們對這些不受歡迎的外國人所使用的殘暴手段，已憎恨到極點，什麼都不能使他們回頭。他們會死守到最後一刻，為保護他們的「最高保護者」犧牲生命。

我勉強給嘎波和譚將軍寫回信，對拉薩人民中反動分子的可恥行為表示歉意。我向他們保證，我個人認為到共軍司令部避難是個好主意，但揆諸當時情勢，很難這麼做；我希望他們也能耐心等動亂平息。反正盡一切可能爭取時間！畢竟群眾不可能一直耗下去。我故意不告訴他們我的住處位置，希望藉此再拖延一陣子。

把信送出後，我真不知道下一步該再怎麼辦。第二天，我再度請示神諭。令我大吃一驚，神指示：「快走！快走！今晚！」處於恍惚狀態的靈媒蹣跚地走向前，抓起紙筆，相當清楚而明白的繪出我該循什麼樣的路線離開諾布林卡宮，直奔印藏邊界。他的指示跟一般預期不盡相同。神諭結束後，擔任靈媒的名叫羅桑吉美的年輕和尚就頹然倒地，代表金剛扎滇已離開他的身體。就在這時，彷彿要強調神諭的威力似的，兩枚炮彈在寶園北門外的沼澤中爆炸開來。

回顧三十一年的往事，我確信金剛扎滇早已知道我必須在十七日離開拉薩，但他怕洩露天機，一直不肯明講。沒有計畫就不會走漏消息。

但我並沒有立刻準備逃亡。我首先要確定神諭正確無誤，因此我又作了一次謨，結果與神諭完全符合，但突破封鎖的機會非常小。不但守在門外的群眾對所有進出的人都要先搜身查詢一番，嘎波的信也說得很清楚，中共已考慮到我可能企圖逃走，他們一定會防範。可是神意卻與我自己的推理相同：我相信只有我離開，人群才會散去；我不在宮內，他們也就沒有理由留下。因此我決定服從神的旨意。

情況危急，知道我決定的人愈少愈好，所以我一開始只通知了我的侍衛總管和去結堪布，由他們負責準備一行人當晚出宮的事宜，但同行究竟有那些人，誰也不知道。我們一邊討論逃亡的方法，一邊決定逃亡的成員。我只帶最親近的顧問，包括我的兩位親教師，以及當時與我同住的家人。

那天下午，我的親教師和四位噶廈躲在板車後面的帆布罩下混出宮去；傍晚，我母親、我弟弟天津秋結和姐姐澤仁多瑪經過化妝改扮，以前往奇處河南岸的尼庵為藉口出宮。接著我召見群眾領袖，把我的計畫告訴他們，強調我不但需要最充分合作（這一點我早有把握），也需要絕對保密。我確信中共會在群眾中派出密探。這些領袖走後，我寫了一封信向他們解釋我離開的理由，並請求他們若非出於自衛，千萬不要開火，請他們把我的意思轉達給每一個人。這封信會在次日送達他們手中。

天黑以後，我最後一次來到專門供奉大黑天的佛壇前，他是我的護法。我推開沈重而吱吱作響的門，走進室內，頓了一下，把一切景象印入腦海。許多和尚在護法的巨大雕像基部誦經禱告。室內沒有電燈，數十盞許願油燈排列在金銀盤中，放出光明。壁上繪滿壁畫，一小份糌粑祭品放在祭壇上的盤子裡。一名半張面孔藏在陰影裡的侍者，正從大甕裡舀出牛油，添加到許願燈上。雖然他們知道我進來，卻沒有人抬頭。我右邊有位和尚拿起銅鈸，另一名則以號角就唇，吹出一個悠長哀傷的音符。鈸響，兩鈸合攏震動不已，它的聲音令人心靜。

我走上前，獻一條白絲的哈達。這是西藏傳統告辭儀式的一部分，代表贖罪以及回來的意願。我默禱了一會兒，和尚們一定猜到我要走了，但他們必然會替我保密的。離開佛壇前，我坐下讀了幾分鐘佛經，對一個談到「建立信心與勇氣」之必要性的章節沈吟良久。

我退出時，令人熄滅建築物中其他各處的燈火方才下樓，看見我的一頭狗。我拍拍牠，幸好牠跟我並非特別親近，分離不太困難。我對於不得不留下我的侍衛和潔役之事，難過得多。隨後，我步入室外寒冷的三月空氣中，建築物正門外有片平台，兩側有樓梯下到地面。我在平台上走了一圈，佇立遙想平安抵達印度的情景。回到門口，我又沈思將來重回西藏會是什麼情形。

十點差幾分，我換妥了不熟悉的長褲和一件黑色的長大衣，右肩扛著一枝步槍，第二任達賴喇嘛遺下的唐卡，捲成一長捲，扛在左肩。我把眼鏡收進口袋，心中十分害怕。兩名士兵陪著我，他們默默的送我到內院門口，我的侍衛總管在那兒接應。我跟著他們，在一片黑暗中摸索出了花園，到達外院門口，去結堪布等在那兒，我只模糊看見他的人影，佩著一把劍。他低聲要我一直跟在他身旁。走出大門時，他大膽的向聚集在門外的人宣布，他正在作例行的巡視，我們獲准通過，沒有人再說話。

我蹣跚走過，覺得四周都是人，但他們沒有注意我們，幾分鐘後，我們就順利的出了人群，下一步是如何通過共軍的關卡。被俘的念頭令我很害怕。我有生以來第一次真正覺得怕——倒不是為我自己，而為數以百萬計把信心寄託在我身上的人民。如果我被捕，一切就都完了。我們也有被不知情的自由鬥士誤會為中共士兵的可能。

我們的第一重障礙是奇處河的支流，我小時常來這兒，直到塔湯仁波切禁止這麼做為止。渡河靠踏腳石，不戴眼鏡非常不好走，我好幾次差點跌倒。渡河後，我們直奔奇處河岸，抵達之前，遇見一大群人，侍衛總管跟他們的領袖簡短的談了幾句，我們才上到河岸。幾重難關正等著我們和擺渡的幾名船夫。

雖然每一揮槳，我都擔心會引來一陣機關槍掃射，但渡河過程很順利。當時拉薩駐有數萬人民解放軍，他們不可能不在四處巡邏。河對岸有一隊自由鬥士，牽著小馬在等著我們。我在這兒跟我母親、弟弟、姊姊和親教師會合。我們一塊兒等尾隨的幾名高級官員趕到。等待的當兒，我們低聲的批評了幾句中共把我們逼上這條路的惡毒行徑。我也戴回眼鏡——我不能再忍受什麼都看不見的生活——但一戴上我就後悔了，因為這麼一來，我就看見距我們數百碼外，中共軍營中的衛兵所持的火把。還好有雲遮住了月光。

其他人到齊，我們就趕往晝分拉薩山谷與昌波山谷的切拉山隘。清晨三點鐘左右，我們在一座簡陋的農舍休息，以後數周，我們經常在這樣的地方尋得庇護。我們不敢久留，略事休息就繼續趕路，八點左右到了隘口。我們趕到前不久天才亮，我們才看出此行是何等倉促。為我們備馬的寺院一方面沒有心理準備，一方面也因為天黑，結果最好的馬配上最差的鞍轡，騎的人也不相稱；反而最老最醜的騾子配著最光鮮的鞍具，背負地位最高的官員。看來十分可笑。

在海拔一萬六千呎的切拉隘口（che-La為多沙的隘口），替我牽馬的馬夫停下腳步，調轉馬頭，告訴我這是一路上最後一次看見拉薩的機會。山腳下的古城顯得平靜莊嚴，一如往昔。我禱告了幾分鐘才下馬，走下多沙的山坡，我們又休息了一會兒才再度向昌波河出發。中午前我們到達河岸，這兒只有一處可以擺渡，我們唯願人民解放軍沒有搶先趕到。他們果然沒有。

河對岸，我們在一座小村停留，居民很多人都流著淚來迎接我們。我們現在處於西藏最偏遠地區的邊緣，只有稀稀落落一兩處村落，自由鬥士已占領了這一帶。從這裡開始，我們周圍便有成千上百不現身的游擊隊戰士，他們已經知道我們要來，而且會一路保護我們。

中共追捕我們並非易事，但如果他們得知我們的行踪，或許能預卜我們的路線，派兵攔截我們。因此除了安排三百五十名西藏士兵沿途保護我們，還有五十名左右的游擊隊，而逃亡隊伍本身也擴大到將近一百人。

幾乎除了我以外，每個人都是全副武裝，甚至我私人的廚子也扛著一具火箭炮，腰間掛滿了炮彈。他是個曾受中央情報局訓練的年輕人，迫不及待的想一試他那外表嚇人的偉大武器。有次他還真的伏在地上，發射了數枚炮彈，聲稱他已發現敵人陣地。但重裝彈藥太花時間，我確信他碰到真正的敵人一定會措手不及。整個而言，這場表演並不出色。

我們隊伍中還有一名中央情報局特工，他會操作無線電，而且顯然一路都跟他的上級保持聯絡。他到底聯絡的是誰，我到現在都還不知道。我只知道他隨身攜帶一台摩斯發報機。

當天晚上，我們住在惹美寺，我在此草草寫了一封信給班禪喇嘛，告訴他我已逃走，勸他可能的話來印度跟我會合。自從仲冬收到他的新年祝賀以來，我一直沒有他的消息。他在另一封秘密信中提到，國內情形整個惡化，我們該籌謀未來的對策。這是他第一次不受中共箝制的表現。遺憾的是我給他的信都未能送到他手中，他也一直留在西藏。

下一個隘口名叫沙波拉，我們於兩三天後走到。山頂上極冷，而且正下著一場暴風雪。我開始為若干同伴擔心。我自己年輕力壯，但隨行的一部分老年人已難經旅途勞苦。由於還未脫離被中共攔截的重大危險，我們也不敢放慢腳步，尤其中共在江孜與空波的駐軍隨時可能包抄，把我們手到擒來。

我起初打算在距印度邊界不遠的隆次宗暫作停頓，在此駁斥十七點「協議」，宣布恢復我的政府為西藏的合法政府。但第五天，一隊騎士趕來報告一個可怕的消息，我們出亡四十八小時後，中共開始炮轟諾布林卡，用機槍掃射尚未離開，手無寸鐵的群眾。我最壞的預感都已實現。我知道，跟如此殘酷不仁的人談判是沒有用的，我們唯有走得越遠越好，而趕到印度還有好幾天的旅程，中間還有重重高山阻隔。

一個多星期後，我們終於來到隆次宗，停留了兩天，剛好夠我駁斥十七點「協議」，並宣布成立政府，是為西藏唯一合法的統治機構。約有一千人參加就職儀式，我希望能多停留幾天，但消息傳來，中共部隊已逼近，我們只有往印度邊界撤退，直線距離只有六十英里，但實際行程則大約兩倍遠。中間還需要翻越一座高山，得走上好幾天，我們的馬匹已相當疲倦，草料不足，牠們必須經常休息，以恢復體力。啟程之前，我派一小隊體能最佳的人先行，盡快趕到印度，就近讓那邊的官員知道我計畫請求政治庇護之事。

我們由隆次宗來到名叫爵惹的小村，然後趕往卡波山隘，這是通過邊界前最後一座隘口，即將爬到山頂時，我們蒙受一個嚴重的打擊——忽然出現一架飛機，直接由我們頭頂飛過。它過去得太快，以致沒有人看清機身上的標誌，但機上的人一定看見我們了。這不是好兆頭，如果它是中共的飛機，而且非常可能是，他們就知道我們現在的位置了。如此，他們就可以從空中攻擊我們，我們完全無法保護自己。無論這架飛機來自何處，它都強烈的提醒我，我在西藏任何地方都不安全。我對出亡的一切遲疑與猶豫都因這項認識一掃而空：印度是我們唯一的希望。

不久之前，我派往印度的先行隊伍回來報告，印度政府已表示願意收留我。聽到這消息，我鬆了一口氣，因為我不願未得允許就踏上印度的土地。

我在西藏的最後一夜，住在一個名叫芒茫的小村。一到這個雪國的最後前哨站，就開始下雨。一周來天氣都極為惡劣，我們一路在暴風雪中掙扎前進，大家都筋疲力盡，實在不需要雨水，但傾盆大雨一夜不停，更糟的是我的帳篷漏水，不論我怎麼挪移，都避不開如注湧入的雨水，我前幾天已經在發燒，這麼一來更惡化成為嚴重的痢疾。

第二天早晨，我病得無法行動，全隊只好留下。同伴把我搬到鄰近的小屋裡，但它所能提供的庇護並不比我的帳篷高明，而且地面上冒出的牛羊臊氣令我無法忍受。那天，我聽見我們攜帶的手提收音機報導，我正在前赴印度途中，但我因跌下馬背，受了重傷。這使我略為開心一點，因為至少我躲過了那樣的災難，但我知道我的朋友都會很擔心。

第二天，我決定繼續上路。跟一路護送我們從拉薩來此的士兵和自由鬥士道別，又是一件困難的工作，他們現在得回去面對中共。有一名我的官員決定留下，他說他知道他在印度發揮不了什麼作用，不如留下來作戰。我實在欽佩他的決心和勇氣。跟這些人含淚作別後，有人幫忙我躺在母犏（dzomo）背上，因為我還是病得無法騎馬。我就以這麼尷尬的姿勢，離開了祖國。

第八章　風雨飄搖的歲月

印度邊境的少數守軍肯定是看到一幅可憐的景象——八十位西藏難民經過長途跋涉，身體疲累不堪，內心也因為歷經嚴峻考驗而沮喪。但是，我還是高興，因為有一位我在二年前訪問印度時認識的官員在那裡和我們會面。他對我說，他奉命護送我去旁地拉（**Bomtila**）安頓，旁地拉是個大城鎮，距離此地一星期多的路程。

最後，在逃離拉薩三星期後，我們到達旁地拉，這時間漫長得像過了一劫。當我到達時，我的老連絡官和翻譯，梅農先生（**Mr. Menon**）和蘇南・托結・卡日（**Sonam Topgyal Kazi**）早就在那兒等候，其中一位呈交我一份印度首相打來的電報：

我的同僚們和我歡迎你，並致候你安全抵達印度。我們很高興能提供必要的設備

給你、你的家族和隨員，以便安住在印度。對你保持極高敬意的印度人民毫無疑問地會依照傳統，給予閣下應有的尊重。

願慈悲關照你。

尼赫魯

我在旁地拉停留了十天，受到當地地區委員家族的悉心照顧，離開時，我的痢疾已經完全好了。在一九五九年四月十八日以前，我乘坐吉普車前往一處叫腳山（**Foothills**）的公路營（**road camp**），那裡早就有一小隊儀隊排列在替代地毯的帆布地毯兩旁，地毯一直鋪到公路營監督的房子——我那天早上暫用的基地。我就在房子裡面吃了一頓有新鮮香蕉的早餐，但是我吃得太多了，消化系統出了問題，結果不得不由梅農先生代表我向大家簡報印度政府的安排。

當天中午，我就被帶到德普（**Tezpur**），從那兒開始了前往莫梭瑞（**Mossoorie**）的旅途，莫梭瑞是一個距離德里不遠的山站，在那兒早就為我準備好了一幢房子。印度政府也為了我們這段一千五百英里的旅程特別準備了一列火車。

我離開腳山的房子，準備坐上一輛大的紅色車子之際，我注意到有一大群拿著攝影機的人，有人告訴我，這些人是國際新聞界的採訪記者，他們是來採訪「世紀故事」。入城時，我會看見更多的採訪記者。

我們到達達普時，我被直接帶到「巡迴官廳」（Circuit House）。那裡早就有數百件消息、電報、信件等著我，這些是來自全世界的問候和關心。有一段時間，我的心中充滿感激，幾乎忘掉眼前的各種危機。最最迫切要作的事，我覺得，就是準備一份簡短的聲明，給許許多多等著說些話、好發稿給報社的記者們。在巡迴官廳裡，我口述了一份坦白、謹慎、措詞溫和的大綱，這些歷史事實，我在前面幾章已經說明過了。在辦完這件事之後，我吃了一頓簡單的午餐，然後準備搭火車，這班火車在下午一點就應該要開動。

在路上，成百成千的民眾緊緊地包圍著我的車隊，揮手、歡呼。這種情況從我啟程直到莫棱瑞，整段旅程都持續不斷。有些地方，甚至不得不驅離鐵軌上的那些善男信女。消息在鐵路沿線的村落不脛而走，似乎沒有人不知道我就坐在火車上。數以千計以上的人們跑出來，並且高喊：Dalai Lama Ki Fai！Dalai Lama Zinda-bad！（向達賴喇嘛致敬！祝達賴喇嘛萬壽無疆！）這種場面令人非常感動。在路過沿線的三個主要城市希利古瑞（Siliguri）、班納瑞斯（Benares）和路克諾（Lucknow）時，我不得不離開車廂，答謝那些自發前來、散花歡迎我的廣大印度人民。這趟旅程就像一場非常的夢。回想起這趟旅程，我非常感謝當時印度人民向我表達的殷殷善意。

經過許多天的旅程後，火車最後到達德拉屯（Dehra Dun）站。在那兒又有盛大的歡迎等著我。我從德拉屯坐車前往莫棱瑞，這段路程大約花了一個鐘頭。我被帶到柏拉屋（Birla

House），這是印度工業領袖家族的居所。印度政府早已為我準備好了，我可以居停在那兒，直到我作好了長期計畫。而事實上，我以此處作為行館，達一年之久。

我到達柏拉屋翌日，聽到新中國新聞社報導，暗示因為我在達普所作的聲明是第三者所寫，所以不是真的；它接著又聲稱我已經被綁架了，並且遭叛徒脅迫，說我的聲明是粗製濫製的文件、意理不通，充滿了謊言和漏洞。這份中國版的故事，形容西藏人民的抗暴是由反動的上層派系所組織的；然而，他們又說，由於西藏愛國僧俗的幫助，中共人民解放軍徹底地粉碎了反革命。基本上，這是因為西藏人民是愛國的、支持中央人民政府、熱愛人民解放軍，並且反對帝國主義者和叛徒。因此我又發表另一篇公報，堅定地指出該聲明是由我所授權發布的。

四月二十四日，尼赫魯班智達親自來到莫梭瑞。我們透過一位譯員會談了四個鐘頭。一開始我告訴他回到西藏之後，所發生的每一件事——我提醒他，這些作為大部分是出諸他的堅持。我繼續說，我已經照著他所建議的去作了，並且和中共公正、誠實地交涉，批評他們那裡需要、努力地去遵守十七點協議。然後，我接著說明我原本並不是尋求印度人的慇懃款待；相反地，我曾經要在隆次宗（Lhuntse Dzong）建立政府。只有從拉薩傳來的消息曾改變我的主意。到了這時候，尼赫魯變得更生氣，「即使你已經成立政府，印度政府也不會承認它。」他說。我開始認為，尼赫魯把我當成一個需要常常叱責的年輕人。

在我們會談的其他時間，尼赫魯捶打桌子：這怎麼會這樣？他輕蔑地一次、二次逼問。雖然他愈來愈像是一個恃強凌弱的人，但我仍然繼續說。最後我非常堅定地告訴他，我關切的主要有兩點：我決定贏得西藏的獨立，但是眼前當務之急是停止流血。這時候，他再也無法控制自己。「這是不可能！」他以充滿情緒的聲調對我說：「你說你要獨立，同時你又說不要流血。不可能！」他說話時，下唇憤怒地顫動著。

我開始了解尼赫魯首相發現他自己正處於一種非常微妙而又困窘的形勢。在印度國會裡，隨著我逃離拉薩的消息，帶來了另一場有關西藏問題的激烈辯論。許多年來直到現在，已經有許多政界人士批評他對這個情勢的處置不當。現在，我似乎看到，他顯示了一種良心不安的徵兆。他曾在一九五七年時，堅持要我返回西藏。

然而就在同時，顯然尼赫魯想要保住印度和中共的友好關係，並且決定堅守班察希爾備忘錄（**Panch Sheel Memorandum**）的條款，印度的政治家阿闍梨庫立帕拉尼（**Acharya Kripalani**）這麼形容這個備忘錄：在明知不可卻不得不為的情況下，印度蓋章同意中共摧毀一個文化古國。他的態度相當清楚：印度政府仍然無法考慮和中共政府就西藏人的權利這一問題展開討論。現在，我應該休息，並且不要對最近的將來作任何打算。在未來其他場合所舉行的討論中我們會有機會再談談。聽到了這些話，我開始了解我的未來以及西藏人民的未來比我原先想像的還要更不確定。雙方的會談雖在熱忱氣氛中結束，但是等到尼赫魯首相離去，我心中卻縈繞著深深的失望。

情勢很快地明朗化了，然而，我們要面對比西藏獨立更迫切的問題。我們一到莫棱瑞，就收到報告說大批難民逃抵印度以及不丹。我立刻就派出一些官員把他們安頓在印度政府緊急設置的難民營中。

從這些剛逃出來的難民口中，我知道中共在炮轟諾布林卡宮後，又把炮口對準布達拉宮和大昭寺，屠殺、殺傷了上千的民眾。這兩個地方的建築都被破壞得很嚴重。察克波里醫藥學院被整個破壞無遺。沒有人知道在這場屠殺中有多少人被殺，但是根據西藏自由鬥士在一九六〇年間所擄獲的中共人民解放軍文件顯示：一九五九年五月到一九六〇年九月，這段期間有八萬七千人是死於軍事鎮壓（這個數字並不包括那些死於自殺、嚴刑拷打、饑餓的人們）。

結果，成千上萬的西藏人想逃出西藏。許多人死亡，有些人是直接死於中共之手，有些人是死於傷重、營養不良、酷冷、疾病。那些想越過藏印邊境逃難的人，都是在悲慘、為人棄絕的情況下逃出。雖然當他們逃抵印度時，有食物及庇護所等著他們，但是殘忍的印度驕陽卻無情地攫走許多人的生命。當時有兩個營區讓這些難民暫住，一個是在莫棱瑞，靠近達普；另一個在布哈杜爾（Buxa Duar），該處是大戰時英國的戰俘營，位於不丹邊境的東北方。

這兩個地方的海拔高度都比莫棱瑞的六千英尺低，所以酷熱並未緩和些。在西藏，夏季雖然更熱，但是高海拔的西藏高原空氣非常乾燥；但在印度平原卻是又溼又熱。這種氣候不僅使西藏難民不舒服，也常常造成死亡。一些西藏難民所不知道的各種疾病，就在這新環境中滋生。因此，除了在逃難過程最常遭遇受傷致死的危險外，西藏難民也面臨酷熱侵襲致死以及疾病的危險，例如肺結核，這種病在印度的環境最易流行。許多人都死了。

像我們這些住在莫棱瑞的西藏人被認為是比大多數的西藏人民要幸運得多。因為在柏拉屋裝有電扇，所以我也許是最不受熱罪的人，但是吹電扇也有吹電扇的困擾，我發現如果任其整晚吹拂，會引起消化的毛病。我想起一位布達拉宮潔役所說的諺語：冬天氣候冷，晚上睡覺裏起來；夏天一到天氣熱，你就忘記了。

我的另一個小發現就是熱天氣會使人多吃水果，天氣冷時就不會有這種慾望。

在夏季月份裡，熱浪侵襲西藏難民時，我必須從莫棱瑞下去到平原地帶，因此，我個人感受到這種不舒服滋味的次數有限。

第一次是在六月時，我前往德里拜訪尼赫魯首相，會商有關西藏難民日增的問題。當時已有二萬名西藏難民，而且人數每天都在增加。

我懇求印度政府能將這些新來的難民安頓到氣候不像達普、布哈杜爾那麼溼熱的地方。這些難民穿著長袍子、厚重的靴子逃出西藏，完全不知道即將逼近的熱季。雖然第一批逃出西藏解放者魔手的幾千名西藏難民大多數是男人，許多是來自拉薩以及臨近的地區，稍後開始有整個家族逃出，這些人主要是來自邊境地區，當時中共尚未完全嚴密控制。

我對尼赫魯說，我深信如果這些西藏難民留置在那裡，大部分人都會死亡。起初，他顯現一些被激怒的徵象。尼赫魯說我要求得太多了。我必須記住印度還是個貧窮、發展中的國家。但是很快地他的人性本能又佔上風了。噶廈先前曾和印度官員商討僱用難民在印度東北公路營築路的計畫，現在尼赫魯說他希望這件計畫儘可能地付諸實行。這樣一來使得難民能賺得日常生活所需，同時他們也能到氣候較適宜的地方。

接著，他談到有關西藏兒童未來的教育問題，很快地他就表現得很熱心，最後，他對這個問題的高度興趣，顯示他好像把這件事當成是他個人的責任。他說，因為到目前為止，在可預見的將來，他把我們當成是印度的客人，我們的兒童們將會是我們最珍貴的資源。我們應該好好教育這些孩子。為了保存西藏文化，我們應該為孩子們設立特別的學校。在印度教育部中應該設立獨立的西藏教育學會。他補充說，印度政府會負擔設立這些學校的所有經費（直到今天，印度政府仍然繼續資助大部分的西藏教育工作計畫）。

最後他提醒我，這些孩子應該接受完整的西藏歷史和文化的知識，這件事非常重要；另外這些孩子也務必要跟上現代世界的腳步。我完全同意他的看法。為了這個緣故，他說，我們應該採用英語來教學，因為「英語是未來的國際通用語言」。

我們會談之後就共進午餐。午餐中，尼赫魯說他會召見教育部長師利馬利博士（Dr. Shrimali），使得我們有機會繼續會商。在那個中午，尼赫魯首相告訴我，印度政府會在今天就宣布成立西藏教育學會。我對這個迅速的回應感到非常振奮。

從許多年來到今天，印度人民和政府已經給予我們西藏難民非常多的幫助，包括經濟上的援助以及其他許多方面的幫助——儘管印度自己在經濟上有極大的困難。我懷疑是否有其他的難民會被其居停國如此地善待。這種情誼我永遠銘感心中。當西藏難民不得不要求更多的金錢援助時，成千上萬的印度兒童甚至無法接受基本的教育。

雖然實情如此，但是只有印度才有權利來援助我們。因為佛教是從印度傳到西藏，此外伴隨佛教傳入，還有許多其他重要的文化影響。因此我心中毫無疑問地認為印度比中國更有理由聲稱領有西藏主權。中國對西藏只有過些微的影響力。我常常把印度和西藏的關係比喻成老師和弟子的關係。當弟子有困難時，幫助弟子就是老師的責任。

另外許多外國的救濟組織對西藏難民的慷慨援助也不在印度政府之下。他們所提供的許多援助都是很實際的，尤其在保健以及教育方面。他們所協助設立的手工藝以及其他工作中心，也提供了許多有意義的工作機會。首先是在大吉嶺以及達爾荷西（Dalhousie）設立了織造毛毯的工作坊（大吉嶺是在印度、尼泊爾邊境上的高山製茶城鎮，達爾荷西距離達蘭莎拉不遠。這兩個地方的工作坊都是印度政府在一九五九年底設立的。以這兩個中心為模型，許多其他類似的中心也在海外機構的資助下設立——某些機構直到今天仍繼續支持。現在，經過了這麼多年，每一個從一開始就參與我們流亡生涯的救濟組織都對西藏難民在他們指導下的進步，感到非常滿意。

西藏難民對這些友人所提供的援助作了積極的回應，就是我們西藏人表達無比感激的最佳方式。這是非常重要的，因為捐贈給這些外國機構的錢常常都是來自那些金錢原本就不充裕的善心人士。在拜訪德里之後我就回到莫棱瑞。我覺得打破沈默的時機已經成熟了。六月二十日，我舉行記者招待會。在莫棱瑞仍然有許多新聞記者在等著我說些話。雖然「故事」發生至今已逾二個月了，一共有一百三十位記者與會，他們來自世界各地。

首先我正式地再一次否認十七點協議。我解釋說，因為中共撕毀了它自己的協議，所以沒有任何合法的基礎來承認十七點協議。接著我詳細說明我的原始簡短聲明，並且指證歷歷地控訴中共如何惡毒、殘暴地對待西藏人。我確定人們會了解我所說的話較接近真理，中共所說的是令人無法相信的謊話。雖然我的最新聲明得到廣大的回響，但是我低估了中共政府在搞公共關係上所能動員的力量。或者也許我高估了人類面對真理的意願。我相信這個特質首先在文化大革命時展現了，接著是中共武力鎮壓天安門的事實透過電視螢幕傳遍世界，全世界都看到中共是如何虛假、殘酷。

當天傍晚，印度政府發布一則官方公報：印度政府不承認達賴喇嘛的流亡政府。一開始我有些驚愕，接著是覺得這份公報傷了我的心。我完全了解印度政府在政治上並不支持我們，但是像這樣子的撇清似乎是不必要的。然而，我受到傷害的感情很快地被無比的感激所取代，因為我看到，真的是第一次看到，「民主」的真正意義。印度政府雖然強烈反對我的看法，但是並沒有阻止我表達我的看法，更沒有不准我堅持己見。

同樣地，德里方面也沒有干擾我和日益增加的難民過自己的生活。為了順應大眾要求，我開始每星期在柏拉屋的庭園接見民眾。這讓我有機會見到不同的人，並且向他們敘說西藏的真實情況。這也幫助我著手取消許多繁瑣的禮儀，這些禮儀把我和西藏人民隔絕得這麼遠。我心中強烈地感覺我們不該再緊緊抱著老舊的習慣不放，這些已經落伍了。我常常提醒西藏人，我們現在是難民。

為了達到這個目的，我堅持所有的禮節都要研商簡化，並且釐清，因為我不想再讓西藏人對我行那些大禮。我覺得這非常重要，尤其和外國人往來時。如果他們發現真正的價值，這些外國人更會回應它。保持距離就很容易使人們遠離。所以我決定完全公開，把每一件事都公開，不要躲在禮節後面。我希望以這種方式使人們視我為凡人。

我也規定我接見任何人時，他或她應該坐在和我相同高度的椅子，而不是傳統禮節中的我坐在高位，覲見者坐在較低的位子。剛開始我發現這種作法相當困難，而我也沒有多大的自信，但是從那時起慢慢有些進展。雖然某些長老們有些疑懼，但是我相信只有剛從西藏逃出來的人才會對新的規矩不知所措，他們並不知道達賴喇嘛已經不再以他們所習慣的方式生活了。

在柏拉屋的生活處處非常不利於禮儀。它既不特別堂皇，地方也不大，有時候還頗擁擠。我和母親以及管家共住，其他隨從、官員則住在附近。這是我有生以來第一次能常常見到母親。能陪伴母親，我非常高興。

除了簡化禮節，我們的悲劇也給我機會大幅簡化我個人的生活。在拉薩時，我擁有許多不太有用的財物，但是我很難把它們丟掉。現在我幾乎一無所有，但是只要有助於我的西藏難民同胞，我發現我更能把送給我的東西布施。

在行政方面，我也能作激烈的改革。例如我在這時候增設新的政府部門，這些部門包括情報、教育、重建、安全、宗教事務以及經濟事務等辦公室。我也特別鼓勵女性參與政府。我提醒人們，重要官位的升遷不該以性別為準，應該要看品德和才能。我前面提過，在西藏社會中，女人一向扮演重要角色；今天，有許多女性在西藏流亡政府裡位居要津。

我在九月間回到德里。當時，我對西藏難民的事，心懷較樂觀的看法。難民的人數已經增加到幾乎三萬人，但是尼赫魯信守諾言，許多西藏難民也已經被轉送到北印山上的各個公路營區。現在我主要的目標就是要在聯合國提出西藏獨立權的問題。於是我又再度拜訪尼赫魯首相。我們花了一些時間討論將新近抵印的難民轉送到南印度的新方案。尼赫魯已經發函詢問印度許多州的首長，是否能準備提供土地給西藏難民。

我聽到不只一州提供土地時，我表示非常滿意；之後，我提出在聯合國舉行聽證會的計畫。就在這時，尼赫魯露出憤怒的樣子。因為西藏和中共都不是會員國，他說看情形我的成功率非常渺茫。而且即使我辦到了，效力也不大。我告訴他，我知道這些困難，我這麼做只是想讓世人記得西藏。不讓世人忘掉西藏人的悲慘遭遇是非常重要的。「使西藏問題繼續凸顯下去，並不是靠聯合國，而是要靠對下一代的適當教育。但是這完全要看你自己。你生活在一個自由國度裡。」他說。

我已經寫信給許多國家的政府，現在我會見了一些國家的大使。我發現這是一樁非常難堪的考驗。當時我只有廿四歲，我和高級官員交涉的經驗十分有限，我只有訪問中國時得到的經驗以及和尼赫魯及其同僚談過幾次話。幸好有一些大使非常同情我們，並且告訴我如何做，所有的大使都答應要轉告他們的政府：我們西藏人請求支援。最後，馬來西亞聯邦以及愛爾蘭共和國支持一項初步提案，這項提案在十月間由聯合國大會辯論，並且以四十五票贊成、九票反對、二十六票棄權而通過。印度是棄權的國家之一。

同樣在我訪問首都的特別行程期間，我會見了許多同情我們的印度政治家，其中包括賈雅・普拉卡希・拿顏（Jaya Prakash Naryan），他真的信守一九五六年時所作的承諾，設立了西藏後援委員會（Tibet Support Committee）。現在，他覺得有個很好機會說服印度政府，改變對西藏的態度。他的熱誠的確富有感染力，並且深深地打動人，但是我直覺地知道尼赫魯班智達絕對不會改變心意。另一個受歡迎的進展是有消息說：支持世界正義的獨立國際組織——國際法學家委員會，最近發行了一份關於西藏法律地位的報告，完全為我們的立場辯護。這個委員會在年初就受理我們的案子，它現在計畫要舉行一個完整的調查。

在我回到莫棱瑞之後的一個月，我接到一則令人鼓舞的消息，亞非國家會議要在德里召開。這個會議幾乎用全部的時間討論西藏問題。這個會議的會員國大部分都曾經受過帝國主義殖民的壓迫。所以他們自然對西藏有好感。他們把現在的我們視為以前尚未獲得獨立的他們。當我收到亞非國家會議全體一致支持西藏的報告時，心中非常喜悅、樂觀，並且開始相信有些正面的事情必定會從中出現。可是，唉！令人十分失望，眼前的情勢明顯的告訴我：尼赫魯首相是正確的。我們西藏人絕對不要以為不久就可以回到自己的國家。相反地，我們必須專心致力於建立強有力的流亡社區，當時機最後終於來到時，我們才能返鄉繼續生活，以我們的經驗重建家園。

尼赫魯的土地方案似乎勾繪出上述的希望。在南印度接近米索（Mysore）地區有三千英畝土地，如果我們想要，就立刻可以使用。但是，雖然印度政府這麼慷慨，我一開始還是有些猶豫要不要接受。我第一次訪問印度時的朝聖之旅期間，就曾經訪問過這個區域，並且知道該區寧靜、人口稀少。但是該地氣候比北印要熱一點，我覺得這些天然條件似乎太嚴酷了。此外，我的行政中心是設在達蘭莎拉，我覺得兩地距離太遠了。

另一方面，綜觀我們眼前的處境，我了解必須考慮在印度半永久地居住下來。只有這樣才可能開始進行教育計畫、保證西藏文化的延續。最後我得到了結論：我過分重視地理和心理的問題；我感激地接受這片土地。第一批的六百六十六名拓荒者會在新年時前往，並著手努力使該區適宜人居。以一英畝一人為基礎，最終的目的是要建立一個三千人的社區。

一九五九年年底傳來有關兩個組織的消息：由阿闍梨庫立帕拉尼所領導的「中央救濟委員會」（**Central Relief Committee**）以及「美國西藏難民急難委員會」（**American Emergency Committee for Tibetan Refugees**）為了幫助我們，已經成立了。稍後也有其他國家成立了類似的服務機構，它們提供了難以估計的援助。

同時，我開始接見一些有趣的人。其中的一位是我在錯模見過的印度和尚，當時他攜著一顆佛祖的舍利，雲遊各處。我非常高興能再度見到他。他非常好學，並且對社會經濟學特別有興趣。從上次見面到現在，他花了許多時間和精力要綜合馬克思思想以及佛法。我對他的研究非常感興趣。因為我認為：從泰國邊境一直到西伯利亞，這廣大區域人民的信仰是佛教，現在卻可怕地遭到馬克思主義的宗教迫害，所以這項研究很重要。

同時在這段期間，我也接見了一位左傾的錫蘭和尚。當他快要離開莫梭瑞時，我的新朋友邀請我去斯里蘭卡。斯里蘭卡——這個我非常想去的地方，不只是因為這使我有機會看到佛祖所有舍利中最重要的部分——佛陀的牙齒。然而幾個月之後，即將動身出發之際，我收到一則「難民的地位是這麼不確定」的強力暗示。斯里蘭卡政府發出一則消息惋惜地說，因為不可預見的發展，所以我的斯里蘭卡之行無限期的延後。這些都是北京從中作梗。我再一次被提醒：在高位的兄姊們如果願意，他們甚至應停止宗教活動。

當我接見一個遭中共侵略的東土耳其斯坦受害者代表團時，我面臨與中共展開「有意義的對話」的緊迫需要。東土耳其斯坦在一九四九年被中共占領。我們彼此間有許多地方可以交談，我們還花了許多時間彼此交換經驗。眾所周知的，東土耳其斯坦的難民比西藏難民多很多，他們的領袖之中，有一位律師。反觀我們，在所有西藏難民中竟然連一個開藥治病的醫生都沒有，更別說是合格的律師了。我們最後討論如何在我們各自的國家內進行爭取自由的抗爭。會談末了，我們同意保持密切接觸，就像我們今天所作的。雖然西藏問題一向比東土耳其斯坦問題更引公眾注意。

十二月時，我又花了六小時旅程下德里，這是我新的朝聖之旅的第一段行程。我想多花點時間停留在一九五七年初我曾經訪問過的地方。旅程中，我再度拜訪尼赫魯首相。我有點急著想知道尼赫魯會怎麼說聯合國決議案。我不希望他因此而煩惱。事實上，他熱切地向我道喜。我開始明白，雖然他偶爾表現笨拙，但是基本上他是個非常寬宏大量的人。

再一次我又領教到民主的意義。即使我拒絕了他的意見，但是他卻不會因此而改變了對西藏人的態度。結果我比以往更願意聽聽他的話。這和我在中國的經驗恰恰相反。尼赫魯不會滿臉堆著笑容。在他回答之前，他會靜靜地坐著聆聽、顫動的下唇微微凸出，他說話一向坦率、誠實。尤其，他給予我思考的自由。而中國人則是常常面帶著笑容說謊。

我也見到了印度總統拉伽德拉・普拉薩德博士。我又再一次成為他官邸的上賓，作陪的是一位耆那教教徒，他是阿闍梨圖西（Acharya Tulsi），我非常尊敬他。一九五六年第一次會面時，我就對總統的謙恭留下深刻印象。他的風範超凡，我真的感動得眼淚都流下來了。我把他當成是真正的菩薩。我最後一次見到他是在他住所的花園內。早上我很早就起來散步，發現他也在花園裡，一位長者彎著身，光采奕奕地坐在一張大的黑色輪椅上。

我從德里出發前往菩提伽耶。在那兒，我接見了一個六十人或者更多的西藏難民代表團，他們也正在朝聖。當他們的領袖趨前，並發誓要以生命繼續為西藏自由而抗爭，這真是感人的一刻。之後，有生以來第一次，我為一百六十二位年輕的西藏沙彌授戒為比丘。能在大菩提寺（Mahabothi temple）附近的西藏寺廟內為他們授戒，我覺得非常榮幸，這座寺就在佛陀成道的菩提樹旁邊。

接著我旅遊到鹿野苑，這是佛陀第一次轉法輪的地方。隨從我的一小群西藏政府官員包括了林仁波切和崔簡仁波切，當然也有服飾、禮儀和掌饍等總管。我一到達那兒，發現大約有兩千名西藏難民聚集，他們都是新近取道尼泊爾來到印度的，他們知道我計畫在這裡開示。他們的處境都非常不好，但是我可以看到他們是以高尚的心情來面對艱困。西藏人是勤奮的生意人，他們已經擺好了攤子。有些人正在賣那些隨身帶出來的值錢東西，有些人則是在賣舊布。有許多人只賣茶。我被他們這種面對苦難的力量所激勵。每一個人都可以告訴你他們曾經歷殘暴、危難的過去，但是他們正在把缺憾的生命所能給予他們的，善加運用。

這個首次、長達一星期的鹿野苑法會對我來說是件奇妙的事。能夠在二千五百年前佛陀初轉法輪的地方宣揚佛法，意義非比尋常。這段期間，我專注於磨難的正面意義。我提醒每一個人，佛陀曾經說過，「苦」是趨向解脫的第一步。西藏有一句古老格言是這麼說的：衡量快樂的是痛苦（Pain is what you measure pleasure by）。

我回到莫棱瑞不久，我知道印度政府計畫把我遷往永久住所——一個叫達蘭莎拉的地方。這是個出人意料而且有些令人驚慌的消息。我在地圖上找到達蘭莎拉，發現它是另一個山站，就像莫棱瑞一樣，但是它比莫棱瑞還要荒僻。經過進一步的調查發現，該地不像莫棱瑞，莫棱瑞距離德里只有幾個小時，達蘭莎拉到德里卻要一整天的路途。我開始懷疑印度政府現在是不是打算把我們藏在一個對外聯絡不便的地方，好讓我們西藏人從外面世界的眼中消失。

因此我請求是否能允許我派一位官員去達蘭莎拉實地考察，看看這個地方是否合乎我們的需要。我的請求被採納了，我派了一位噶廈的成員——昆德林（J. T. Kundeling）前往達蘭莎拉考察。一星期後他回來說，達蘭莎拉的水比莫梭瑞的牛奶還好。所以我們就立刻準備拔營。

同時，我首次訪問北方各省，以後我也多次訪問北方各省，西藏難民現在正在那裡修築道路。我看到他們的時候，我的心都碎了。兒童、女人和男人都並肩勞作：他們以前是尼師、農夫、和尚，現在都被倉促地編在一起工作。白天，他們必須忍受在大太陽下作整天的重活；晚上，他們擠入小帳篷睡覺。還沒有人能適應這裡的水土環境，縱然這裡比難民營還涼爽一些，但是溼熱仍然使得我們支付可怕的代價。這裡空氣惡臭、蚊子又多。疾病到處肆虐，這些病常常會要人命，因為這些人的體格早已經陷入衰弱狀態。更糟的是，築路工作本身就非常危險。大部分的道路工程是在險峻的山邊進行，築路時所用的炸藥也會引起意外。

即使到了今天，有一些老人還是帶著當年那種可怕勞動所造成的痕跡：殘廢、跛足。雖然現在他們的勞動成果已經可以明顯地看到，但當時有些時候看來，這整個冒險的築路工程，是沒有意義的。只要一場猛烈的傾盆大雨就能使他們的努力付諸一片紅泥。雖然他們的處境危險，西藏難民仍然對我個人表示深深的尊敬，並且當我說到撐下去是很重要的時候，他們仔細聆聽。我真的非常感動。

這趟公路營的首次訪問使我知道一項新問題。築路工人的孩子正蒙受了極度營養不良的危機，死亡率非常高。所以我和印度政府接觸，印度政府很快地就成立了一個新的、合乎他們需要的營區。同時，第一批五十五位兒童已經被送往莫梭瑞，我們的第一所學校已經在莫梭瑞設立。

一九六〇年二月一日，第一批的拓荒者抵達米索州的拜拉庫普（**Bylakuppe**）。我後來聽說，他們看到這一片土地時，許多難民都崩潰並且痛哭。橫在他們眼前的任務是這麼艱鉅。他們只有配發帳篷和基本工具，除了這些之外，他們唯一的資源就是他們自己的決心。

就在一個月之後，三月十日，在我和大約八十名組成流亡政府的官員啟程前往達蘭莎拉之前，我發表西藏人民抗暴紀念的聲明，以後這也成了傳統。在這第一次的聲明中，我強調西藏人民要以長遠的眼光來看西藏的處境。對我們這些流亡在外的西藏人而言，我說：我們的當務之急是定居下來，延續我們的傳統文化。至於未來，我說出我的信念：以真理、正義和勇氣為武器，我們西藏人終將戰勝，西藏將重獲自由。

第九章　十萬難民

前往達蘭莎拉，前半程要乘一夜的火車，後半是坐汽車。一九六〇年四月二十九日，我帶著隨員離開莫梭瑞，次日抵達西馬查巴德許的巴丹庫特車站。下了火車的那段旅程我還歷歷在目。車行大約一小時，我看見遠方積滿皚皚白雪的高峰，就在我們的正前方。一路上經過印度最美的鄉野——葱綠的田野中點綴著樹木，遍地圍滿色彩繽紛的野花。三小時後，我們抵達達蘭莎拉市中心，我下了轎車，改搭吉普車，我的住所就在數哩外的麥克雷德甘吉村。

一路山徑陡峭，行來驚險重重，令我憶起拉薩近郊某些地方。有時從山路下望，只見深達數千呎的峭壁。麥克雷德甘吉村民在距我的新家一哩處，搭建了一座全新的竹製牌樓，橫楣上以金漆大書「歡迎」字樣。我的新家稱為史瓦格席蘭姆，在英國統治時代則名叫海克羅夫邸，當時是師長的住宅。房子四周有樹林，面積不大，但周圍又加蓋了若干座不相連的小屋，其中有一間是廚房，還有三間供我的隨員居住。雖然盡可以再擴建，但比起我們習慣的生活，房間實在太少了。不過我對於終於能安定下來，已十分感激。

我們抵達時，時間已不早，所以看到的不多。次日清晨，我醒來就聽見這一帶特產的一種鳥兒的鳴聲，叫聲像是「卡拉啾，卡拉啾」。我向窗外逡巡，卻看不到牠的影踪，只見一片宏偉壯麗的山巒。

整個而言，達蘭莎拉的生活相當愉快，只有昆德林因念念不忘莫梭瑞的牛奶滋味，數年前又搬回那兒。達蘭莎拉地區唯一的缺點是多雨，該區降雨量名列全印第二位。起初這裡的藏人還不滿百，但現在難民人數已超過五千。我們只有一兩次真正考慮要遷移，最近一次是數年前，因為一場大地震摧毀了幾棟建築物而起。大家說，再住下去會有危險。我們沒有離開，是因為這一帶地震活動頻繁，但通常都很輕微。最近的一次重大地震災難發生於一九〇五年，當時英國人把這地方當作避暑勝地，地震震垮了他們的教堂尖塔。由此可知，大規模震災殊為少見。何況，從實際的觀點考慮，再搬家也非常困難。

正如在柏拉屋一樣，我跟母親同住在新家裡，還有兩頭最近別人送我的拉薩犬。人人都喜歡這兩頭狗，牠們個性分明。我為較大的一頭取名桑吉，我常覺得牠前世一定是個和

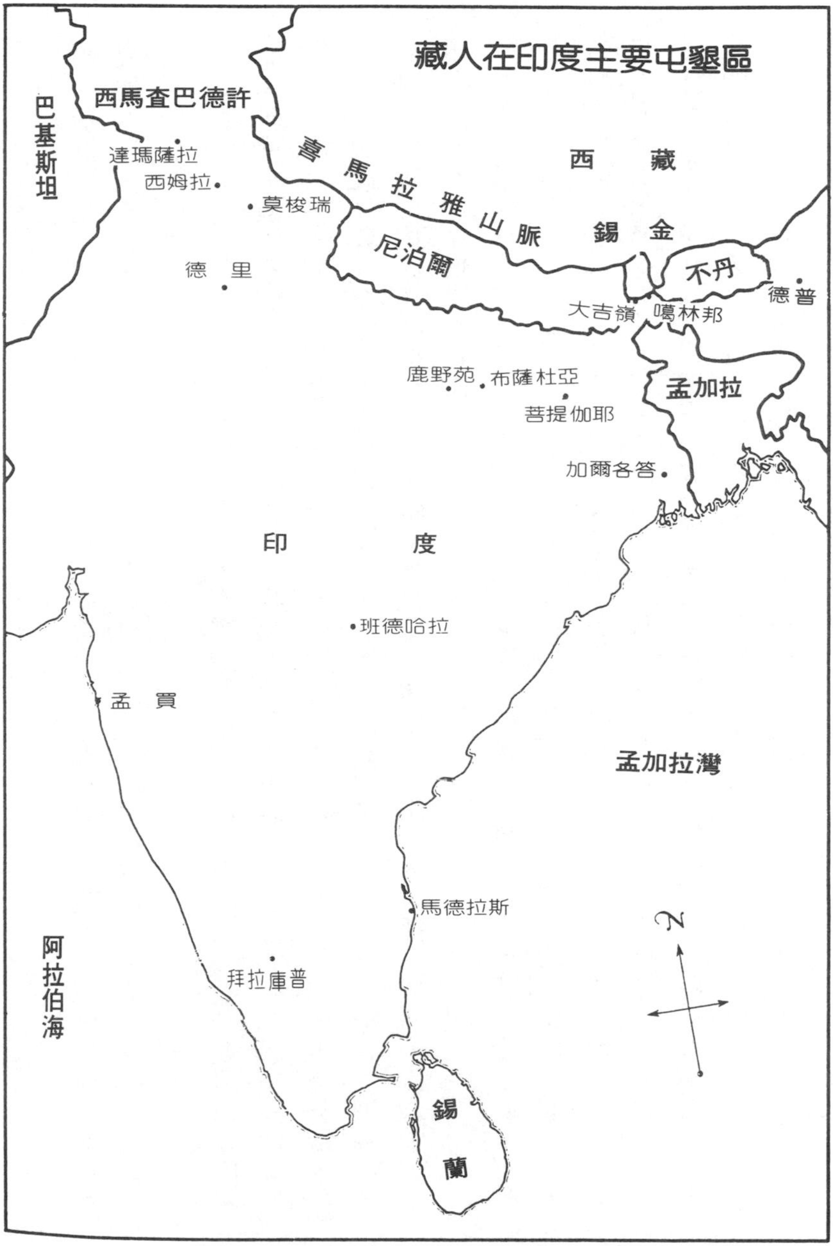
藏人在印度主要屯墾區
西馬查巴德許
巴基斯坦
達瑪薩拉
西姆拉
莫梭瑞
喜馬拉雅山脈
西藏
錫金
尼泊爾
不丹
德普
德里
大吉嶺
噶林邦
鹿野苑
布薩杜亞
菩提伽耶
孟加拉
加爾各答
印度
班德哈拉
孟買
孟加拉灣
馬德拉斯
拜拉庫普
阿拉伯海
錫蘭
N

尚，或許就是在西藏飢荒中死去的多名和尚之一。我這麼說是因為牠一方面對異性毫不感興趣；另一方面，牠最喜歡的就是食物：即使吃飽了，牠也還有辦法再吃。同時，牠對我極為忠心。

另一隻狗名叫大西，性情迥然不同，雖然體型較小，卻更為勇敢。牠是聖母峰登山專家天津挪格送給我的，或許原因就在此。我記得牠有次生病，必須打針。打過一針牠就怕了，以後每次獸醫來，都必須由兩個人控制住牠，才能順利的注射。其間，大西不斷咆哮怒吼，因此獸醫一辦完事就得趕快離開。獸醫走後，我們才能把狗放開，牠會立刻滿屋子亂嗅，搜尋那個倒楣的傢伙。不過牠其實應了「會叫的狗不咬人」那句俗語，因為牠的下顎骨重疊，根本無法嚙咬任何東西。

遷往達蘭莎拉時，與我同行的有一位印度政府的聯絡官奈爾先生，和若干印度軍方的侍衛。我跟奈爾先生處得非常好，他志願教我英文。我早已了解英文的重要性，並安排天津秋結到大吉嶺的北點英文學校就讀。我在莫梭瑞時就已開始學英文，印度政府很慷慨的派專人固定來為我上課，每周二或三次；但當時我不太願意學，經常找藉口不上課，所以沒什麼進步。現在我卻很樂意跟我的新聯絡官合作，在他的指導下大有精進，不過他要求我的大量作文作業，我還是沒什麼興趣。兩年後他奉派別處任職，我覺得很遺憾。

這以後，我的英文課就較不正式。很多其他人，包括若干西藏人在內，幫助過我，可是我懷疑我現在的英文比二十五年前好。每次出國，我都痛苦的被提醒這回事。想到我不曾把握機會努力學習，常令我羞愧莫名。

住達蘭莎拉的最初幾年，除了學英文，我也專心致志於宗教研究。我從溫習少年時代讀過的許多藏文經典開始，同時，我也研習其他宗派的大師處於顛沛困頓下的教誨。儘管離成佛的境界還很遙遠，但我目前沒有工作的壓力，反而完成不少工作。不幸，時間不夠用，很快就成為我在這面求進步的重大障礙。但我可以說，我任何心靈上的長進，跟我投入的努力完全不成比例。

抵達達蘭莎拉兩周之內，我就設立了第一所西藏難民子女的育幼院，它位於一所原本遭廢棄的小屋，由印度政府租給我們收容新來者當中日益增加的孤兒。我任命我的姊姊澤仁多瑪經營這所育幼院。第一批五十名兒童來到時，已幾乎沒有多少容身之地，但比起後到的人，他們已經過得很豪華，因為年底時，人數已增為十倍，而且還不斷在增加。有一陣子，一百二十人合住一間寢室，每張床必須睡五到六個人，大家橫著躺才勉強擠得下。雖然環境這麼苦，但我每次去探望姊姊，看見她的新家族擴大，都覺得滿心歡喜。因為這些孩子雖然失去了父母，卻依然充滿歡笑，彷彿在嘲笑身處的困境。

我姊姊果然極具領導能力。她永遠不沮喪。她是個強壯的女人，而且賦有家傳的脾氣，她要求非常嚴格，但心地極為仁慈而富幽默感。她在困難中給我的幫助可說無法衡量。她早年是個單純的村姑，沒受過任何教育，兒時大部分時間都在幫我母親料理家務。她的任勞任怨，加上勇往直前的性格，是她成為好領袖的基本條件。

不過，很快便顯而易見的是，我們跟印度政府都沒有足夠的財力照顧我們所有的孤兒。我只好決定，如果可能的話，至少把他們之中的一部分交由海外人士認養。所以我跟一位瑞士朋友艾希曼醫生聯絡，請他研究這構想的可行性。瑞士在我看來很理想，這是個小國家，通訊發達，更何況還有跟故鄉類似的重疊山巒。

瑞士政府從一開始就很合作，表示可立刻接納兩百個孩子。更有甚者，她同意設法安排，使這些孩子在收養他們的一般瑞士家庭中，盡可能保存追尋原來的西藏文化與認同感的機會。

第一批孩子之後還有其他批，後來又有個計畫，不但讓較年長的學生到瑞士就讀，並允許一千名成年難民前往移民。我們的境況改善後，不必再請求瑞士政府救濟，但我仍然對他們為我的同胞所作的一切深懷感激。

抵達達蘭莎拉後不久，我親身接觸到國際法學委員會的成員，前一年他們曾帶給我們很大的鼓舞。他們要我提供證據給該會的法律調查小組，我欣然從命。這些調查的結果一九六〇年八月於日內瓦出版。法學委員會再次證實西藏的觀點，它在報告中指出：中共觸犯了世界人權宣言（Universal Declaration of Human Rights）的十六項條款，並在西藏進行種族滅絕的罪行。他們也詳細列舉了若干我已經談過的卑鄙暴行。

在實際的層次上，我跟該委員會討論，學會了一件非常有用的事。它有位成員，我猜是位英國人，問我有沒有專人監聽北京的廣播。我答稱沒有，他有點驚訝，並詳細的說明為什麼有必要聽清楚中共說些什麼。我們沒有想到這事，實在太缺乏經驗了。在我們看來，北京電台只會散布謊言與宣傳。我們不懂得從廣播中可了解中共的想法動態。但我能領會這麼做的道理，並立刻下令噶廈組成監聽小隊——他們的繼任者到今天仍在執行這項任務。

一九六〇年一整年，我都繼續致力於改革西藏的行政制度，並且跟噶廈及其他人共同努力，展開全面民主化的艱難歷程。九月二日，我成立了西藏人民代表委員會，這是政府的最高立法機關，代表由西藏烏昌、安多與康省三地經自由選舉產生。西藏佛教的主要宗派也同樣擁有議席。後來，古老的苯教信徒也包括在內。這個現在人稱西藏人民代表大會的委員會的作用與國會相同。它的成員每月要跟噶廈及各部會首長開會一次。特殊情況下，它要跟由部會首長及噶廈成員組成的全國工作委員會開會。現在噶廈的成員也不再由我指派，而是從選舉產生。人民代表投票通過的事項都必須依照決議執行。

一開始，這些新安排都不是盡如人意。這些變化對西藏人而言太過突兀，有些人甚至認為，達蘭莎拉的西藏流亡政府在實行真正的共產主義！三十年後，我們仍面臨很多難題，但事態不斷在改變與改進。我們當然已領先留在中國的兄弟姊妹，中共可以跟我們學習很多事。撰寫這本書期間，西藏流亡政府正在實施進一步推動民主的新措施。

伴我流亡的若干較年長的官員，最初覺得無法接受這些改變。但大部分人都能認清改革的必要，表現得非常熱心努力。我將永遠感謝他們。最初幾年，我個人雖然過得還算舒適，但大多數政府官員生活卻都很苦。他們即使年紀很大，也被迫過著貧困的生活，有些人竟住在牛棚裡。但他們安之若素，從不抱怨。雖然也有人觀念較保守，不能同意我的領導方向，但是那段黑暗的日子裡，每個人都有貢獻。他們欣然面對困境，盡力幫助流離失所的同胞建立新生活，絲毫不以個人得失為念。當時他們的月薪還不到三英鎊，憑他們所受的教育，到別處覓職，收入絕對會好得多。

更何況那時候的行政工作一點也不輕鬆。人際的歧異和無謂的爭執本來就無可避免，因為這都是人性的一部分。但整個而言，每個人都能熱忱而無私的為他人謀福利。

從一開始，我另一個重要目標就是保存和延續我們的宗教。沒有宗教，我們的文化泉源就會枯涸。最初，印度政府同意在不丹邊界附近的布哈杜爾戰俘營舊址，成立一個由三百名僧人組成的學術社區。但經我們說明佛教須仰賴高水準學術後，終於說服他們增加經費，資助一千五百名各教派的僧人。流亡出來的六千多名僧人中，最年輕與最有能力者加起來就這麼多，其中有很多位經驗豐富的上師。

不幸的是，布哈杜爾的情況很惡劣。天氣又熱又潮溼，疾病猖獗。口糧必須自遠方運來，使問題更形惡化，往往運到時已經不堪食用。不到幾個月，已有數百名學者僧人罹患肺結核。儘管如此，他們還是努力工作和研究，直到能自行活動為止。我很遺憾無法親自到那兒去，只有靠寫信和寄錄音帶為他們打氣。顯然這也多少發揮了作用，雖然營區的問題並未改善，但生存下來的人卻成為一個個活力充沛的僧院社區的核心分子。

不用說，我們早年面臨的最大問題就是缺錢。在教育和移民計畫上，因為有慷慨的印度政府和海外各志願機構資助，倒還不構成問題。但在行政方面，我覺得請別人幫助不大恰當。靠每個人每個月樂捐兩盧比的自由稅，再加上受薪人員每個月同樣是樂捐的百分之二所得稅，實在做不了什麼。好在天津早在一九五〇年就有先見之明，在錫金存了一批寶物，至今仍在，它成為我們的生命線。

最初，我打算把這批寶物賣給印度政府，這是尼赫魯主動提出的建議。但我的顧問堅持在公開市場出售，他們確信這麼做能換得更多的錢。最後我們在加爾各答拍賣，得款相當於當時的幣值八百萬美元，在我看來簡直是個天文數字。

這筆錢用於投資多種事業，包括一家鋼管工廠，一家紙廠的相關企業，以及其他所謂保證賺大錢的事業。不幸的是，這些幫助我們活用這筆寶貴資金的計畫，不久都宣告失敗。很遺憾，很多表面上要幫助我們的人，其實對於幫助他們自己更感興趣，我們大部分資金就這樣失去。去結堪布的高瞻遠矚，大多被浪費了。

最後只搶救到不及一百萬美金的錢——一九六四年成立達賴喇嘛慈善信託基金。其實我自己對這樣的結局並不太難過。回想起來，這批寶物很顯然該屬於全西藏人民，而不是我們逃出來的少數人的財產，因此我們也無權獨享，這是宿命。我聯想到林仁波切立下的先例，我們離開拉薩那晚，他把最喜歡的手錶留下，他覺得流亡就代表放棄保有這隻錶的權利。我現在明白他這種看法是正確的。

至於我個人的財務，過去有兩個部門專司處理，一九五九年起才裁減為一個，稱為內務辦公室（Private Office），處理我一切收入與開銷，包括印度政府以薪俸方式支付，每日二十盧比的零用金：略高於美金一元。理論上，這筆錢支應我的衣食費用。正如過去一樣，我從不直接接觸錢，這樣或許比較好，因為我雖然從小對小錢很吝嗇，但我一直擔心自己生性揮霍。不過，我還是有權決定我個人得到的錢（例如諾貝爾獎金）該怎麼運用。

達蘭莎拉的第一個夏季，我有一些休閒的時光，大多數的傍晚打羽毛球（我經常不穿架裟）。冬季嚴寒，我們玩雪也非常愉快。我的母親和姊姊年紀雖已不輕，打起雪球仗來卻比誰都興高采烈。

還有一種比較耗費體力的休閒活動，就是攀登附近的達拉達山，最高峰海拔七千多英尺。我一向愛山，有次，我率領一隊西藏侍衛攀到極高的地方，到了山頂，大家都很疲倦，我提議休息一會兒。大家喘著氣坐觀美景的時候，我發現遠處有個山區土著正盯著我們看，他們都長得瘦小黧黑，看似很狡猾。他看了一會兒，忽然坐在一塊像是木板的東西上，很快就沿著山邊滑下去了。我驚訝的看著他的身影一轉瞬就化為一個小黑點，消失在數千英尺下，就提議我們也模仿他的方式下山。

有人拿出一條繩索，我們十個人都綁成一串。然後我們各自坐在木板或扁平的石塊上，急速溜下山坡。非常好玩，但也非常危險。一路顛簸得很厲害，我們在一片雪堆裡撞成一團，撞得滿身青紫，好在沒有人受傷。但此後我就發現，我很多隨員都不大願意離開我們的基地了。尤其我的侍衛，每當我宣布新的探險計畫，都表現得非常猶豫。

這個階段，我其餘空閒的時間都用於跟一位英國作家大衛・霍華恩（David Howareh）合作一本書《吾土吾民》（*My Land and My People*），書中我初次敘述我的一生。

一九六一年，我們政府出版了一份西藏憲法草案綱領，請所有西藏人提出批評與建議。我們得到很多反應，主要是針對有關達賴喇嘛一職的重要條款，為了正式脫離神治，展開民主政治，我加入一條規定：只要國民大會三分之二票數通過，就可解除達賴喇嘛職權。很不幸，「達賴喇嘛可以罷免」這種念頭，令很多西藏人大吃一驚。我必須對他們說明，民主完全符合佛教的原則，而且幾近專制的堅持保留這項條款。

那年的年初，除了再次探望流浪難民，我也第一次拜訪了拜拉庫普的新屯墾區。我一到就發現，所有的屯墾者都又黑又瘦，我也立刻了解他們如此悲觀的原因。營區位於森林邊緣，只有幾個帳篷，雖然鄉野風光仍跟我初來時記憶中一樣美麗，但土地本身看來並不肥沃。更有甚者，燃燒林木的熱氣，加上灼熱的陽光，幾乎令人無法忍受。

屯墾者特別為我用竹籬和帆布搭了一個帳篷，但儘管搭得很好，也還是擋不住墾荒掀起的大片砂塵。這地區每天都籠罩在濃烟和煤灰當中，晚間烟和灰降落下來，透過所有的縫隙，早晨醒來，身上就是一層薄薄的黑灰。這些因素導致士氣非常低落，但我除了口頭的鼓勵，實在幫不上什麼忙。我告訴他們絕不能放棄希望，並向他們保證有朝一日我們一定會克服一切難關，再次興旺起來，其實我自己都沒多大信心。但幸好他們相信我說的每一個字，而他們的境況也真的一點一點的改善了。

多虧印度好幾個省份慷慨援助，我們才得以在一九六〇年代早期，建立了二十多個屯墾區，使大家逐漸不需要再四處流浪。目前十萬難民中，只剩下數百人仍然過著四處流浪的生活，而且這是出於他們自己的抉擇。

因為畫給我們的土地一半以上位於印度南部，那兒的氣候比北方炎熱得多，所以我規定，草創階段只能派身體最強壯的人前去。儘管如此，因中暑與熱衰竭死亡的人數仍多得令我懷疑是否該接受位於熱帶的土地。不過，我相信我的同胞早晚會適應的。正如他們相信我，我也對他們有信心。

我拜訪各營區時，往往必須安慰難民。想到遠離故鄉，今生今世可能再也見不到冰雪，更不要說我們心愛的山巒，真令他們悲從中來。我試著使他們不去想過去，我告訴他們，西藏的未來就靠我們難民。為了保存我們的文化和生活方式，必須建立強大的社區。我也談到教育與婚姻制度的重要性，雖然一個和尚對後者的了解很有限。我勸婦女盡可能嫁西藏男人，這樣她們的孩子才會也是西藏人。

大多數屯墾區建於一九六〇年到一九六五年之間。這期間我盡可能到各處巡視。雖然我從不考慮失敗，但有時問題卻似乎不可能克服。例如在馬哈拉許德拉省的班德哈拉，第一批屯墾者於春天到達，剛好是炎熱季節開始前。不到幾個星期，就有一百人（五分之一的人數）死於酷熱。我第一次去探望他們時，他們含著眼淚求我把他們疏散到較涼爽的地區。我只能解釋給他們聽，他們到的時間是最壞的時間，現在最惡劣的時機已經熬過去了。他們應該已適應當地人的生活方式，學會利用環境。我勸他們再試一年，如果次年冬季我再來時，他們還是無法成功，我保證安排他們遷往別處。

結果此後事情就變得很順利。十二個月後我回去，發現他們已大有改進。我跟營區的領袖見面時說：「原來你們沒死光啊！」他們笑著說，一切都正如我所料。不過我必須說明，雖然這個社區後來都發展得很好，但由於炎熱的問題，它的人數始終只有七百多人。原來我們分到三千英畝土地，預定每名屯民可分配一英畝，但由於人數不足，我們又喪失了兩千三百英畝，這些土地被分配給其他難民——但他們也同樣撐不久。

屯墾計畫的一大困難在於，雖然我們對大多障礙都早有準備，但還是會出現意料之外的問題。例如有個地方遭野豬野象肆虐，牠們不但破壞莊稼，而且狂性大發時還撞倒數棟房舍，殺害了好幾個人。

我記得有位住在那兒的老喇嘛要我為他們禱告求保祐，但提到象這個字時，必須用梵文取代。在梵文中，這個字**hathi**原意為珍貴的動物，神話中象是慈善的象徵。我懂他的意思，但這個字眼這種用法卻令我十分驚訝。我想這位老喇嘛心目中認為，真正的象也該是一種仁慈的動物。

好幾年以後，我在瑞士參觀一處農場，發現他們有通電的圍籬。我問導遊這是否擋得住大象。他驚訝的回答，如果電壓夠高，應該沒什麼不可以。所以我就送了一套這種裝備到有象災的屯墾區。

但並非所有的問題都這麼具體。有時問題出在傳統文化使我們無法適應新環境。我記得很清楚，我第一次到拜拉庫普時，屯民非常擔心放火燒林會害死林中的小動物與昆蟲。佛教徒最忌殺生，甚至有幾位屯民來找我，提議中止這項工作。

有些跟海外救濟機構合作的計畫也因這個緣故而告失敗。例如養雞場和養豬場的計畫都不曾成功過。西藏人生活再苦，也不願從事用動物血肉生產食物的行業。有些外國人覺得這很可笑，他們指出，西藏人願意吃肉，卻不願自行生產，這種態度相當不合理。

除此之外，在外國組織協助下進行的其他計畫，大部分都很成功，我們的友人對結果也頗為滿意。

獲得工業先進國家的人民免費提供我們支持的經驗，更堅定了我對宇宙責任（**Universal Responsibility**）的基本信念。在我看來，它是人類進步之鑰。沒有宇宙責任的觀念，世界的發展永遠不會平等。越多人了解我們不能孤立於世界之外，大家應以兄弟姊妹相待的道理，全人類共同的進步才有可能實現。

有幾位為難民奉獻人生的外國人最令我難忘。其中之一是位來自波蘭的猶太人莫理士・弗利德曼（**Maurice Friedmann**），我一九五六年第一次見到他和一位波蘭的畫家朋友嫣瑪・戴薇（**Uma Devi**）。他們分別來到印度，追求印度式的生活。我們流亡來此時，他們是最先對我們伸出援手的人。

弗利德曼這時年紀已相當老，身體健康也不好。他駝背，鏡片極厚的眼鏡說明他視力不佳，但他有雙透視人心的藍眼睛和敏銳的思考力。他有時會頑固的堅持一項根本不可能成功的計畫，令人惱火。但整個而言，他提供的建議，尤其有關建立兒童之家方面，都極具價值。戴薇比弗利德曼更傾向致力於靈性的修養，但年紀也不小，她把餘年都用於為我的同胞服務。

還有一位重要人物是為瑞士紅十字會工作的魯提（**Luthi**），西藏人稱他為「爸爸」

（Pala）。他擁有無比的熱情與活力，是一流的領導人才，替他工作的人都必須全力以赴，任勞任怨。一向悠遊自在慣了的西藏人都覺得他的作風令人無法忍受，我知道有不少人私下有怨言，但事實上他還是深受愛戴。我珍惜對他，以及其他像他這樣的人的回憶，他們都全心全意的為我的同胞無私地奉獻。

對西藏人而言，一九六〇年代早期最重要的事件莫過於一九六二年的中印戰爭。戰事開始時，我當然很難過，但難過之中還夾雜著恐懼。當時屯墾計畫才剛剛起步，若干流浪營區距戰鬥地點極近，十分危險，拉達克（Ladakh）與NEFA甚至被迫關閉。我的一部分同胞因而被迫第二度成為難民。更糟的是，我們的恩人印度人也受到駐紮西藏的中共士兵的侮辱。

幸好戰爭為時不久，但雙方都死傷慘重，各有勝負。尼赫魯反省他對中共的政策，不得不承認印度一直「生活在自塑的空中樓閣中」。他畢生夢想解放全亞洲，使每個國家和諧共存。但現在證明，簽署已十年的班察希爾備忘錄只是一張廢紙，這位古道熱腸的政壇領袖維繫它的努力都歸於徒然。

直到尼赫魯一九六四年去世為止。我一直跟他保持聯絡。他一直很關心西藏難民的困境，尤其兒童的教育問題最得他重視。很多人說，中印戰爭大大傷了他的心，我想這話沒錯。那年五月是我最後一次見到他，我走進室內，就覺得他心情極其消沈。他剛中過一次風，身體很弱，形容憔悴地坐在靠椅上，背後墊著枕頭。我注意到，除了身體方面的不適，他也有很大的心理壓力。我們這次晤面的時間很短，我帶著沈重的心情告辭。

那天後來他前去德拉屯，我到機場送行，並且遇見他的女兒英德拉・甘地夫人，一九五四年，她伴隨父親訪問北京時，我就認識她了（最初我誤以為她是尼赫魯的妻子）。我告訴她，我對她父親身體不適感到很遺憾。我甚至說，我恐怕再也見不到他了。

結果真是如此，他不到一周之內就去世了。雖然我無法參加他的火葬禮，但他的骨灰洒在阿拉哈巴德（Allahabad）三河匯流處時，我也在場。這對我而言是極大的殊榮，使我與他的家人更親近。我見到英德拉。儀式結束後，她走過來，直視著我的眼睛說：「你早就知道了！」

澤仁多瑪也在一九六四年去世，她的工作由我們的妹妹傑春佩瑪接辦，她的勇氣與決心毫不遜色。今天，達蘭莎拉西藏兒童村中的育幼院仍經營得有聲有色。

西藏兒童村在各屯墾區都設有分支機構，目前共收容教養六千多名兒童，達蘭莎拉的村童總數則在一千五百人左右。開始的時候大部分資金由印度政府提供，目前大部分開銷則改由慈善組織「國際緊急救難組織」（SOS International）負擔。三十年來，目睹我們在教育方面的努力開花結果，令人十分欣慰。現在已有兩千多個孩子大學畢業——他們大多就讀印度的大學，但到西方求學的人日漸增多。我向來極注重教育計畫，尼赫魯說過，孩子是我們最珍貴的資源，我一直牢記在心。

早期的學校只是一些破舊的建築物，印度老師在此教一些背景極為懸殊的兒童。現在我們已擁有健全而夠水準的西藏教職員，但也仍有很多位印度教育工作者參與。我要向這些人和他們的先驅者致最大的謝意，對那些為我的同胞奉獻大部分人生，不辭環境艱苦與路程偏遠的人，我實在無法充分表達感激之忱。

令人失望的方面則是，很多孩子（尤其是女孩）未能完成教育。這有時是因為他們自己缺乏興趣，但有時則是家長的短視。我只要一有適當機會，就會說服家長，他們有責任不利用孩子謀眼前的近利，否則只受到部分教育的孩子，會因教育水準不夠而坐失人生種種良機。這樣會造成他們對人生失望與貪婪的心理。

夏士崔（Lal Bahadur Shastri）繼尼赫魯為印度總理。儘管他只當權三年，我卻經常見到他，而且非常敬重他。夏士崔如同尼赫魯一樣，善待西藏難民，甚至也是位政治上的盟友。一九六五年秋天，泰國、菲律賓、馬爾他、愛爾蘭、尼加拉瓜與薩爾瓦多在聯合國提出一項決議草案，重新討論西藏問題。印度在夏士崔堅持下，也投票支持西藏。他當政期間，情勢似乎很可能使西藏流亡政府獲得印度承認。不幸的是這位總理活得不夠久，而印度又再次參戰，這次的對手是巴基斯坦。戰爭於一九六五年九月一日爆發。

達蘭莎拉距印巴邊界不到一百英里，我得以親眼目睹戰爭的悲慘後果。戰役開始不久，我就離家前往一個我常去的南部屯墾區。當時已是夜晚，因實施燈火管制，我們開往巴丹庫特車站三小時路程中，都不能開車燈。一路遇到的其他車輛都是軍車。我記得當時我心想著，老百姓都被迫躲起來，由國防武力出動，實在是很可悲的狀況。但事實上，這些人都跟我一樣，只不過是凡人。

好不容易到了火車站，我聽見密集轟炸巴丹庫特機場的炮聲。一度還有噴射機從頭頂尖嘯而過，過一會兒就見高射炮曳光彈射入半空。這些可怕的聲音令我膽顫心驚，不過好在害怕的不止我一個。我搭火車出站的速度從沒有像那晚那麼快過。

抵達南方，我先去看拜拉庫普的原始難民屯墾區，當時是九月十日，它已成為三千兩百人的家，還有磚瓦建築的永久性住宅，鑽井砍樹的工作也都已完成，大家熱忱的照原定計畫展開農耕。每個人名義上擁有一英畝土地，不過實際上是採合作耕種制度，只保留一部分供私人種自家食用的應時蔬果。主要的作物是稻米、玉米及粟米。我很高興看到這樣的進步，也更加強了我認定積極展望與決心，能發揮無比力量的信念。

整體而言，情況大有改善。我不必再面對瀕臨絕望邊緣的人，也不必再作一些我自己都不敢相信的承諾。但儘管屯墾者的堅忍不拔已得到了回報，他們的生活還是相當困苦。

最初跟印度政府擬定屯墾計畫時，我們是希望屯民五年之內就能自給自足，有多餘的農產品可資出售，開始對印度的經濟有所貢獻。但我們沒有料到這些人未經訓練，大部分都缺乏農耕知識。無分商人、僧侶、軍人、遊牧者及單純的村民，都一頭栽進這項他們一無所知的新行業，其實我們不該那麼樂觀。

印度的熱帶農業跟高緯度的西藏農業相去甚遠，所以即使對農耕略有所知的人，也得從頭學習用牛耕田及維修耕耘機等。因此，即使經過將近五年，營區的狀況仍相當落伍。

但現在回顧起來，我覺得一九六〇年代中期還是該算西藏屯墾計畫的一個高潮：大部分整地工作都已完成，在國際紅十字會及其他人士協助下，大部分難民都享有基本的醫療照顧——農耕機械也都很新，不像現在那麼陳舊，亟待更換。

一九六五年這一次，我在拜拉庫普停留了一周到十天左右，接著我沿路拜訪了米索（**Mysore**）、烏塔馬康德（**Ootamacund**）及馬德拉斯（**Madras**），最後來到印度最有文化氣息的省份喀羅拉（**Kerala**）的省會崔凡舉姆（**Trivandrum**）。我應邀住在省長家，但最後由於北方的戰爭，我只好在這兒住了數周之久。戰爭危險一直在升高，達蘭莎拉已落了兩枚炸彈。不過，這段時間並沒有浪費。

我住在省長拉吉巴凡（**Rajbhavan**）公館的房間，正好在廚房對門，一天我偶然看見他們殺雞做午餐；目睹雞的脖子被扭斷，我不禁想道，這可憐的動物不知受了多少苦。這一覺悟使我滿心悔恨，我決定從此開始吃素。我前面已提過，西藏人不一定吃素，因為西藏蔬菜很稀少，肉類反而是我們的主食。但有些大乘經典規定，出家人都應該戒葷腥。

為了確定我所下的決定，我請他們送來食物。我仔細觀察以英國口味烹調的雞，加了洋葱與醬汁，聞起來十分誘人。但我覺得拒吃一點也沒有困難。從那時開始，我就完全遵奉茹素的戒律，而且也不吃魚和蛋了。

我很能適應新的戒律，而且覺得非常滿足；嚴守戒律帶給我一種成就感。早在一九五四年，我在北京就曾經在宴會上跟周恩來及另一名政客談過這問題。另外那個人自稱吃素，但他卻吃蛋。我指出因為雞從蛋來，蛋絕不能視作素食。我們發生強烈的爭執——直到周恩來用外交手腕打斷我們為止。

印巴戰爭於一九六六年一月十日結束。但一件不幸的事沖淡了歡樂的氣氛——夏士崔總理在塔什干與巴基斯坦總統阿育布罕（**Ayub Khan**）談判和約時去世。和約簽訂後數小時內，他就與世長辭。

夏士崔雖然身材矮小羸弱，是個相當不起眼的人，卻擁有過人的心智。脆弱的外表下是位傑出的領袖。他不像很多其他位居要津的人，他是個勇敢而有擔當的人，絕不讓事件牽著鼻子走，而會盡力掌握它們的發展方向。

不久，我應邀參加他的火葬禮。這真是件令人難過的事，尤其因為這是畢生第一次從近距離看一具死屍。我雖身為佛教徒，每天觀修死亡，卻沒有這方面的經驗。我記得看著他僵硬的身軀安放在火葬架上，回憶起他的言行舉止，以及他跟我分享的一些私人見聞。他曾告訴我，他是個嚴格的素食者，兒時他曾追一隻受傷的豬兒繞圈子跑，直到牠力竭而死。這樣的結局令他惶恐萬分，所以他立誓再也不吃任何有生命的動物。如今不但印度失去了一位一流的政治家，全世界失去了一位開明的領袖，人類也失去了一位真正慈悲的仁者。

向夏士崔故總理致最後敬禮後，我回到達蘭莎拉的途中，走訪了德里若干收容作戰受傷者的醫院。我見到的大多是軍官，走在病牀間，聽見家屬的哭聲，我告訴自己，戰爭只有一個結果：帶給人類無比的痛苦。衝突產生的其他結果，事實上都可以用和平的手段達成。唯一差堪安慰的是，這些醫院中的傷患都得到良好的照顧：很多其他參戰的人不見得能享用這麼好的設備。

兩周後，英德拉．甘地夫人宣誓就任總理。因為我每次見她父親，幾乎也都會見到她，我覺得她很親切，我有理由相信她對我也有同感。她不止一次推心置腹的把令她心煩的人或事向我傾吐。因為我自己覺得夠了解她，所以在她第一個任期將屆時，我提醒她，領袖必須跟老百姓保持聯繫。

我自己從小就學到，希望當領袖的人一定得時時親近老百姓，否則很容易被周圍的顧問與官員誤導，他們很可能出於私心，不希望你把事情看得太清楚。

我同樣感謝英德拉比照印度歷任總理，同樣照顧西藏難民。她是西藏家園基金會（**Tibetan Home Foundation**）（基地在莫梭瑞）的創始會員，在教育方面尤其盡心。她重視教育的程度，如同她的父親卓具遠見。雖然印度狀態緊急，有人對她不滿，甚至還有人稱她為獨裁者，但我認為，一九七七年三月，她面對選舉結果，交出政權，表現極有風度。在我看來，這是絕佳的民主範例；雖然國會內外都存在著許多衝突，當她必須退出的時候，她做得非常乾脆。我對美國的尼克森總統也持相同的看法。往往領袖權轉移都會發生流血事件。只有真正文明的國度裡，國會的程序才能超乎個人私利之上。

同一時期，中共的內政發展就截然不同。從一九六〇年代中期，直到毛澤東一九七六年去世為止，全中國都陷入一片腥風血雨的混亂之中。文化大革命的真相很多年後才呈現在世人眼前，在這場漫無目標的混亂裡，大權旁落到以女皇帝自居的江青手中。我也才算看清了共黨領導人在一心一德的假面具下，私底下鬥得你死我活的真相。

不過，當時究竟混亂到什麼程度，我們只能臆想而已。我跟很多西藏人一樣，知道我們心愛的故園發生了可怕的事，但音訊全然不通；唯一的消息來源是偶爾獲准越過邊界的尼泊爾客商，他們不但所知少，而且往往早已過時。例如，直到事發一年後，我才知道一九六九年西藏好幾個地區發生大規模抗暴。據某些報導指出，在中共報復行動中被殺的人數比一九五九年那次更多。

我們現在知道，這種騷動發生過很多次。當然，這時我已經跟北京那些稱我為「披著僧袍的狼」的領袖沒有直接聯絡。我成為中共仇視的焦點，在拉薩也常被詆譭為一個裝成宗教領袖模樣的騙子。中共說我是個賊、凶手兼強暴犯，他們還暗示說我跟甘地夫人私下發生多次驚世駭俗的穢行。

就這樣，西藏難民陷入歷時十五年的黑暗時期，回家的希望比我們剛開始流亡時更黯淡。但黑夜當然也是個休養的機會，這期間我們的屯墾計畫總算有了成果。愈來愈多的人加入全印各地的新屯墾區，不再四處飄泊。同時，也有一部分難民離開印度，在全世界其他地區建立了小社區。目前，我們約有一千二百人在美國和加拿大（人數約一半一半）、兩千人在瑞士、一百人在英國，其他歐洲國家約各有數十人，還有個年輕人組的家庭住在愛爾蘭。

隨著第二波移民屯墾計畫展開，西藏流亡政府也設立了幾個海外辦事處，分別位於加德滿都、紐約、蘇黎世、東京、倫敦及華盛頓。西藏駐外辦事處除了照顧當地藏人的福利，也盡可能傳播有關我們的國家、文化、歷史，以及流亡所在地和故鄉生活的資訊。

一九六八年，我打算離開住了八年的史瓦格阿夏蘭姆（**Swarg Ashram**），搬入一棟名叫布林小屋（**Bryn Cottage**）的小房子。這座建築房子雖沒有比較大，但它的好處是周圍有新建的一批房舍，足以容納我的內務辦公室和印度安全室，還有間會議室和我私人的辦公室。西藏流亡政府現在已成為有數百名人員的組織，他們大都已遷至不遠的辦公區。在進行重新調配的同時，我母親也在不大情願的情況下，遷入新居喀什米爾小屋（**Kashmir Cottage**），使我得以恢復出家人的生活。

不久後，我著手重建南嘉寺院，該院的僧人原本住在史瓦格席蘭姆上方的一所小屋裡，現在則遷至距我住所不遠的另一棟建築。一九七〇年，一間名為春拉康（**Tsuglakhang**）的新寺院也完工，自此我才有適當的場地，根據西藏傳統曆法，舉行各種儀式。今天南嘉寺旁並成立了一所佛教辯論學院（**School of Buddhist Dialectics**），保存僧院中論辯的藝術。下午時分，寺外廣場上經常擠滿了身著栗色僧袍的年輕僧人，為考試作練習，不時拍手或搖頭。

一九六三年，我召集各教派領袖以及苯教代表開會。我們討論各種困難以及克服之道，如何保存並傳播西藏佛教文化的各種策略。經過數日討論，我獲得充分的信心：只要有適當的設施，我們的宗教一定能生存下去。我在重建僧院後不久，又在南方的卡納塔卡（**Karnataka**）省重建了甘丹、哲蚌（**Drepung**）與色拉（**Sera**）寺，最初是把布哈杜爾劫後餘生的一千三百名僧人安置其中。

現在我們流亡已邁入四十年關卡之際，欣欣向榮的寺院人口已超過六千人。我甚至敢說：我們的和尚人數已經太多了；畢竟重要的是這些人潛心向佛的誠意，而不在人多勢眾。

一九六〇年代末期展開的另一項文化事業是西藏文獻圖書館，館中不僅搜羅四萬多種藏文原始經典，也出版英文及藏文書籍。一九九〇年，它出版了第兩百種英文著作。圖書館外觀為傳統西藏風格，除了藏書之外，它還有一個博物館，收藏多件由難民帶到印度的文物。他們能隨身攜帶的物品有限，很多人選了唐卡、經書或其他宗教手工藝品。通常他們都把這些東西奉獻給達賴喇嘛，我又轉贈給各文化機構。

正式遷入布林小屋前，我大病一場，數周才痊癒。一九六六年初，印巴衝突告一段落，我回到達蘭莎拉，熱心的開始吃素。西藏菜很少有不加肉的，而廚子也經過相當一段時間才學會如何不用肉而使菜一樣美味適口。同時，印度朋友告訴我，多喝牛奶及吃各種核仁來補充營養的重要性。我恪遵他們的勸告——不料二十個月後卻罹患了嚴重的黃疸病。

第一天，我吐得很厲害。此後兩三個星期，我完全沒有食欲，而且感覺極度疲倦，動一動就得使出全身的力氣。更明顯的是，我的皮膚變成薑黃色，看起來倒頗像佛陀！過去有人說，達賴喇嘛像黃金籠裡的囚徒，這一回我連身體都變成金色了。

這場經診斷為B型肝炎的病終於痊癒了，但我消耗了大量的西藏藥品（下一章我會作詳細介紹）。我再次對吃感興趣，醫生叫我少吃油膩，減少核仁與牛奶的攝食量，同時我必須恢復吃肉。他們擔心這場病會對我的肝臟造成永久性的傷害，因而縮短我的壽命。我請教的多數印度醫生都持相同的看法，因此我只好心不甘情不願的放棄吃素。今天我除了靈性修養上的特殊需要，日常都吃肉。很多模仿我的榜樣卻遭到相同下場的西藏人，也都是如此。

我住在新家從一開始就很愉快。這房子跟史瓦格阿夏蘭姆一樣，最初由英國人所建，位於一座小山頂上，有一個小花園，四周有樹。它眺望達拉達山與下面的達蘭莎拉山谷，視野絕佳。除了門外有片廣場可以供千人聚會演講外，它最吸引我的地方就是花園。我立刻開始工作，栽植了多種不同的果樹與花卉，一切都親自動手，因為園藝是我的一大愛好。可惜大部分樹長得都不好，果子也不甜，不過很多動物，尤其是小鳥經常來此，帶給我不少安慰。

我喜歡觀察野生動物尤勝於園藝。為此我特地在窗外搭了一個鳥食架，它周圍有鐵絲和網，以防較大的鳥和猛禽闖入，把小鳥嚇跑。但有時這種措施還不夠，我只好不時取出我抵達印度後才買的空氣槍，準備給這些貪婪的大傢伙一個教訓。兒時我在諾布林卡宮花了不少時間練習使用第十三世達賴留下的老式空氣槍，所以我的槍法很準。當然我不會殺死牠們。我只想使牠們覺得痛，得到一個教訓。

布林小屋的日子跟過去一樣忙碌。每年冬季我都到屯墾區巡視，偶爾我也講經。我繼續研究宗教，此外我也開始學習西方思想，尤其是在科學、天文與哲學等方面。空閒時間我重溫一向喜愛的攝影。在我十三四歲的時候，我的稱夏、跛足的色空仁波切送我一架箱型相機，那是我的第一架照相機。

最初，我把拍好的底片交給他拿去沖洗。他總假裝相片是他照的（以免我萬一照了什麼不宜達賴喇嘛拍攝的鏡頭而感到尷尬），送到一名商人那兒。照片得運到印度沖洗。這程序總是令他非常緊張，因為如果照出來的東西不成體統，他必須負責！不過後來我在諾布林卡建了一個暗房，而且從我一位官員吉美塔仁那兒學會沖洗照片的技術。

我搬入新家後重拾的另一個老嗜好是修理手錶。現在空間比以前寬敞，我可以撥出一個房間充作工作室。就我記憶所及，我一直對鐘錶和唸珠很著迷，這一點我跟第十三世達賴喇嘛很像。往往我比較我們之間個性上的差異，就覺得我不可能是他的轉世，但念及我們對鐘錶和唸珠的相同愛好，我就恍悟這樣的安排沒有錯。

我很小的時候，雖然隨身帶著我前身的懷錶，但我真正想要的卻是一隻手錶——不過有人勸我不要戴。我一長大到足以說服色空仁波切我確實需要手錶後，我就要他從拉薩市上買了一隻勞力士和一隻奥米茄給我。說來似乎難以置信，早在中共開入大軍來教化我們之前，拉薩已買得到瑞士名錶。事實上，市場上幾乎沒有買不到的東西，從英國香皂到上個月的生活畫刊，都很容易到手。

不消說，新錶一拿到手就被我拆開。我第一次看到機械結構的各個微小零件，不由得懊悔自己太過輕率。但不久我就學會如何把它們都裝回去，及如何調整手錶走快走慢。所以今天終於能有間工作室可以做這些事，真是令我非常愉快。我替家人和朋友修好很多隻看來已無藥可救的錶；到今天我還把各種工具留在手邊，但我已不大有時間再從事這方面的工作了。更何況現在做的錶，很多在打開時都難免會擦傷；我恐怕我交還給人家的錶雖然能運作正常，但外表卻不及原來的美觀，不免使他們感到失望。

大致上，我多多少少設法趕上現代科技，但是電子錶當然超出我的能力範圍。我只有一兩次失敗，一次是一隻極漂亮的派提・菲力蒲錶，是羅斯福總統送我的禮物，有秒針和日期。不但我修不好，送去請專業修錶匠修理，他們也一樣無能為力。直到幾年前，我趁訪問瑞士之便，把它帶到原製造商那兒修理，才恢復運轉。好在我逃離拉薩時，它是在一名印度修錶匠手中。還有一隻修不好的錶屬於我政府裡的一位官員：我很遺憾的承認，我把錶裝在信封裡送回去——拆成一片片零件。

我也要趁此談談我在印度養的三隻貓。第一隻於一九六〇年代末來到我家。牠是一頭黑白斑點的雌貓，名叫哲仁。牠有很多優點，最主要的就是友善。我對家中寵物除了一進我家門就非成為和尚或尼師不可之外，其他約束不多，但哲仁有個教我這個佛教徒難以容忍的缺點——牠一見老鼠就非追不可。我不得經常管教牠。很不幸的，牠就因此送了命。我有次逮到牠在我屋子裡殺死一隻老鼠。我朝牠大吼，牠急忙爬到布幔上，一不小心失足跌了下來，受到重傷。雖然我盡可能悉心照顧牠，幾天後牠還是死了。

不久之後，我在花園裡撿到一隻小貓。牠顯然已遭母親遺棄。我抱起牠，發現牠跛了一條後腿，跟哲仁死時一模一樣，我把這隻小貓帶回家照顧，直到牠能重新行走為止。牠也是雌貓，但長得比較漂亮，性情也比哲仁溫順。她跟兩頭狗也處得很好，她尤其喜歡躺在桑吉毛茸茸的胸前。

在這隻貓繼兩隻狗死去以後，我決定不再養寵物。正如我的親教師，熱愛小動物的林仁波切所說的：「寵物到頭來只成為主人另一個焦慮之源。」更何況，從佛教徒的觀點看來，當眾生需要你掛念禱告時，只照顧一兩頭動物是不夠的。

不過，一九八八年冬季，我正好注意到面對我前門的廚房裡，有隻生病的小貓跟著母貓。我驚訝的發現牠也跛了腳，就跟前兩隻貓一樣。因此我用吸管餵牠西藏草藥和牛奶，直到牠能自立生活為止。現在牠也成為我家的一員。本書寫作的時候，牠還沒有名字：早晚會有的。牠非常活潑而好奇，家中每次有客來訪，牠一定會來查看。到目前為止，牠都很守規矩，不追逐別的動物，但有機會的話，牠卻會偷吃我桌上的食物。

我觀察動物有一個心得——即使經過馴養，牠還是會不顧生活的舒適，一有機會就跑到外面去。這促使我更加相信自由是所有生物的基本需求。

對我而言，三十一年流亡生涯最重要的一項收穫，就是有機會跟各行各業的人晤面。好在印度是一個自由國家，我要見誰都不受限制。我偶爾會遇見一些真正傑出的人物，有時也會碰到一些令人討厭，甚至心理有問題的人，但一般而言還是普通人居多。

我見到人總以盡量幫助他們和向他們學習為目的。

有時人們在我面前表現得很笨拙，但就我記憶所及，我跟所有的訪客分別時都成了朋友。我相信這都是以誠待人的結果。

我尤其喜歡跟來自不同背景的人（包括來自不同的宗教傳統）見面。庫里辛那穆提（J. Krishnamurti）是個著名的例子。他給我很深的印象，他思路敏捷，學問淵博，雖然外表溫和，他對人生及其意義的看法卻十分明確。我也見到很多從他受教，獲益匪淺的人。

這期間我最快樂的回憶是有幸接待美國本篤教會的湯瑪士・墨頓神父。他一九六八年十一月來到達蘭莎拉，數周後他就在泰國去世。我們連續三天見面，每次共處兩小時。墨頓身材中等，體格健碩，頭髮比我還少，但並不是因為像我一樣剃度才如此。他穿一雙大皮靴，厚重的白色法衣上繫著一條粗大的皮腰帶。但比他令人難忘的外表更予人深刻印象的是他煥發於外的內心生活。我看得出他是個謙遜而極具靈性修養的人。這是我第一次跟基督教人士相處而受到如此精神上的感動。後來我也遇到其他有類似修養的人，但透過墨頓，我才知道「基督徒」一辭的真正意義是什麼。

我們的會晤氣氛非常愉快。墨頓極具幽默感，且見多識廣。我稱他為天主教「格西（geshe）」。我們談論雙方都感興趣的知性與靈性方面的問題，並交換有關僧院修行的資訊。我對西方的僧院傳統甚為好奇，他告訴我很多令我意外的事，例如基督教沈思時不需要擺出特別的姿勢，而據我所學，姿勢與呼吸的方法都非常重要。我們也討論到基督教僧侶與修女的誓辭。

墨頓則希望多了解菩薩的理想。他還希望找位能為他啟蒙密教的上師。整個而言，我們的交談甚有裨益——尤其我從而發現佛教跟基督教有很多相似之處。因此我聽到他忽然死亡的消息，極感難過。墨頓可視為我們兩種迥然不同的宗教文化之間的一座有力的橋樑。最重要的，他幫助我了解，所有教人相愛與慈悲的主要宗教，都能產生善良的人。

自從與墨頓神父晤面後，我跟其他基督徒也有多次接觸。我訪問歐洲時，曾參觀很多不同國家的修道院，每次都留下深刻的印象。我所見僧侶對他們的神召表現的虔誠，令我羨慕。雖然他們人數不多，我卻感覺得出，他們有極高的信仰誠意。相對的，我們西藏人即使在流亡之中，也維持相當大的僧侶人口——占總流亡人口的百分之四到五——但虔敬的程度卻不見得都那麼高。

我也很佩服基督教各教派透過慈善機構，在健康與教育方面所做的實際工作。印度就有很多了不起的例子。我們在這方面有很多該向基督教的弟兄姊妹學習之處：如果佛教徒也能對社會作類似貢獻，一定很有用。我覺得佛教僧侶往往只是嘴裡大談慈悲，做得卻很少。我曾數度與西藏人及其他佛教徒談及此事，積極鼓勵建立類似的機構。但我同樣覺得，我們也有值得基督徒學習之處。比方說，我們沈思打坐與把思考集中於一點的技巧，或許能在宗教生活的其他方面對他們有所幫助。

一九六〇年結束時，我安排十萬名西藏流亡人士在印度、尼泊爾及不丹屯墾的夢想，也達初步完成的階段。因此雖然來自西藏的少數消息都令人沮喪，我仍然以實際而有根據的樂觀態度展望未來。不過，兩組非我控制之內的事件提醒我，目前的處境依舊危機重重。

第一組事件與四千名左右定居在不丹的難民有關。不丹王國位於印度東方，西藏中部烏昌省南方，地處偏遠。它像西藏一樣，地形多山，人民信奉與我們同一派的佛教，極為虔誠。但跟西藏不同處在於它是聯合國的正式會員。

不丹已故的國王對流亡到他國內的西藏人非常仁慈。在印度政府協助下，他為我的同胞提供土地和交通，並協助建立農業屯墾區。

開始時一切順利，西藏人都很感滿意。一九七四年我在菩提伽耶舉辦第一次時輪金剛灌頂法會時，見到他們一群人，得知他們都生活得很好，我也很高興。他們對地主讚譽備至，尤其是最近登基的新王吉美汪秋。他處理國事的成熟穩重，令所有的人佩服。但是不過幾個月，突然有了變故。西藏社區二十二位受到敬重的人士突遭逮捕，受酷刑拷問後，未經審判就關入首都聽普的監獄。我的私人代表拉汀（與先王有親戚關係）也在其中。這消息令我很難過，我覺得應先進行徹底的調查（雖然我根本不相信這些人所受陰謀叛亂的指控）。但從未有調查，真相也始終不明。最後我才知道，這些西藏人原來被利用作不丹政府內部糾紛的替罪羔羊。

這次不幸事件後，很多西藏人決心離開不丹。但留下的人此後的生活也很平靜，儘管有些不利於他們的懷疑與敵意仍然存在。無論如何，我還是很感激不丹的人民與政府為我的同胞所作的一切，並確信我們傳統的友誼未來一定會恢復。

另一不幸事件與美國中情局訓練、供給裝備的游擊隊有關，他們繼續用暴力手段為爭取西藏自由而奮鬥。我不止一次從嘉洛通篤及其他人口中，聽到這類行動的情形，但從未與聞整個的細節。不過我知道，一九六〇年，尼泊爾北部最偏遠，與西藏交界的木斯塘（**Mustang**）地區，成立了一個游擊基地。由數千名流亡人士的壯丁組成的部隊駐紮在那兒（但只有少部分人實際受過美國人的訓練）。不幸這個基地的後勤補給未經妥善規畫，以致多次狙擊行動都遇到困難。但不管怎麼說，比起在西藏內部從事鬥爭的那些勇敢逾常的自由鬥士面臨的危險，當然又不算什麼了。

這處基地終於開始運作後，游擊隊曾多次痛擊中共部隊，有次還摧毀一個運輸隊。這次突擊擄獲一批文件，載明一九五九年三月到一九六〇年九月之間中共在拉薩屠殺八萬七千人。這些勝利頗能鼓舞士氣。但缺少持續有力的後續行動這項事實，恐怕只是帶給西藏人民更大的痛苦。更糟的是，這些活動予中共政府把西藏爭獨立運動指為外國陰謀的口實——但獨立運動當然是全西藏主動的。

美國自從一九七〇年代承認中共，就斷絕了對西藏的支持——這證明他們的援助只是反共政策的一環，而不是真心要恢復西藏的獨立。

不過游擊隊決心繼續戰鬥下去。這使得深受其擾的中共要求尼泊爾政府解除木斯塘部隊的武裝，儘管這些西藏人跟尼泊爾政府之間暗中必定有某種協議，是不問可知的事實。但當尼泊爾試圖這麼做的時候，游擊隊悍然拒絕，他們說，即使此後要跟尼泊爾軍隊作戰也要打下去。

我雖然佩服游擊隊的決心，卻從不支持他們的活動，這時我知道我必須干預。我知道唯有親自提出請求才能打動他們。因此我指示前任侍衛總管塔克拉（P. T. Takla）帶我的錄音信去見他們的首領。我在信中指出，跟尼泊爾作戰沒有意義，尤其因為有數千名西藏難民在尼泊爾定居，戰爭勢必連累他們，何況他們本該感謝尼泊爾政府。因此他們該放下武器，開始和平的定居下來。西藏的奮鬥絕非一蹴可幾，必須從長計議。

後來，塔克拉告訴我，很多人有被背叛的感覺——少數幾位領袖竟刎頸自殺也不肯離開。我聽到這消息真是萬分徬徨。我對呼籲自由鬥士撤退一事的感覺無可諱言是相當複雜。要求他們違反對西藏無與倫比的勇氣、忠誠與愛，似乎是個錯誤，但我從內心深處知道，只有這麼做才正確。

絕大部分游擊隊都放下了武器，但少數人（大約不到一百人）無視於我的請求，結果被尼泊爾軍逐出國界。最後他們遇到埋伏，壯烈戰死。這可能正符合他們的心願，而西藏流亡史上最悲慘的一頁也於焉結束。

第十一章　自東徂西

一九六七年秋天，我首度離開印度國境，到日本、泰國旅行。從那時候起我就常常出國游化——即使我的中共兄弟姊妹常從中作梗。雖然我的海外旅行絕大多數純粹是私人性質；不幸的是，中國官方總視之為政治性的，如果看到任何人與我會見，不免又要發表政治聲明。因此，有一段期間，主要的公共人物都避免和我結識，以免招致其祖國政府與中國的不快。

當時，越戰打得正熱。我記得班機拉高後，機外另有一架大的飛機，爬得比我們還高。那是一架**B52**轟炸機。我悲愴地意識到，這架飛機即將卸下炸彈，不僅將波及海洋，也將危害如我這樣的人類。而我更是驚慌地發現，即使在離地三萬呎的高空，還是無法避免目睹人與人殘虐相待的一幕。

飛抵東京，我樂於發掘到較佳的人性跡象。我注意到的第一件事，即是非比尋常的整潔。任何東西都遠比我從前所見者乾淨。我立刻發現這種強調外在秩序的慣性，甚至擴及於食物，所有的飲饌吃食總是精緻地陳列。根據日本人的感性，盤中的陳列看來似乎比口味來得重要。另一件立時震懾我的是，大量的車流在街道中固定地來回穿梭，全天候不停地輸送人與貨物。目睹斯景，使我對現代科技利益的鉅大潛力，印象深刻。我尤其感到興趣的是，我發覺儘管日本達到極大的物質成就，卻並沒有喪失其歷史文化與價值的視野。

在日本時，我很高興見到許多年輕的西藏留學生。我也欣然見到一些能說藏語的日本人，他們對西藏均有相當程度的了解。晚近，達賴喇嘛十三世時代，日本學者也曾到西藏取經。所以能重建兩國關係，是樂事一樁，雖然我現在是難民身分。

我對泰國的印象則迥然不同。我所見的泰國人皆樂於安逸度日，正好與日本成一對比。在日本，即使是侍者，也給我正謹從事的衝擊。換言之，某些泰人遵守的成規，我認為無疑是難以辦到的。根據泰國的習俗，在家人應該恆常對僧伽保持恭敬，正因佛教僧侶制度舉國皆知。不過，讓一名僧侶接受這樣的尊崇，甚至五體投地的禮拜，完全錯誤。要習慣如此，對我而言，十分困難。在正常的狀況下，我總是希望能回禮。而當我盡力克制自己時，往往發現手已不聽指揮地獨自行動了。

而在訪泰期間後續的場合裡，這項在家人「過度」尊重出家人的傳統，在我受邀與泰王共進午餐時，給我帶來了有趣的難題。究竟我應不應該與他握手？或許他會認為我大可不必如此。沒有人真正知道該怎麼做。當天，他走上前來，熱切地與我握手。

在泰國，另一項困擾我的是，天氣熱得令人昏眩，甚至比印度南部還熱。除了熱，還有蚊子，兩項因素加起來，要想安眠實在有問題。在正面的影響方面，我有幸謁見一些高僧，留下深刻印象。如同在日本一樣，泰國在許多共通的常規方面，由於不同的傳統所致，有許多值得探討之處——如此促使我看待泰國傳統下的佛教，為一極具完美形式的佛教。

一九七三年，我首度前往歐洲及斯堪地那維亞。這趟旅行費時六星期，足跡遍及十一個國家。到最後，我真是累壞了。不過，我還是很高興有此機會，見識了這麼多地方，會見了這麼多新朋友。我也很樂於藉此革新一些古老的習慣。尤其是再度見到哈勒，更使我興奮。他仍是一貫地明朗，他的幽默感亦如以往粗魯而世俗。他曾經去過達蘭莎拉，不過，那已是我和他分手的許久年之後，而他那頭我孩提時總是藉以取樂的黃髮，已變得一片灰白。除此之外，歲月並沒使他改變太多。他矯健的登山人體魄，仍令我著迷。雖然他身上累積了更多傷痕；幸運的是，在一次帶隊探勘新幾內亞的意外事故中，他仍能全身而歸。

我的第一站是羅馬，在那裡會見了教宗。飛機即將降落的剎那，我頗好奇地想看看陸地景觀能否對臆想中理應存在的東西巨大差距，提示任何線索。即使我看過無數歐洲城市飛機著陸後，我直接前往梵蒂岡。我發現聖彼得大教堂在某些方面讓我想起了布達拉宮，例如教堂的規模和偉大的古老建築。另一方面，穿著色彩豔麗制服的瑞士衛兵似乎相當古怪。他們看起來活像是門口的裝飾。我和教宗保祿六世會談的時間非常短，但是我利用這個機會對他表達了我的信念——宗教對所有人類的重要性，不管這個宗教有什麼特別的信條。他完全同意我的見解，我們在非常良好的關係下互道再見。

第二天我飛往瑞士訪問一周。我在瑞士見到瑞士家庭認養的兩百名西藏兒童。這些孩子看到我的時候，顯得害羞、行動笨拙。令人難過的是，這些孩子完全不會說藏語（然而，一九七九年，我再度訪問瑞士時，這種情形已經改善很多了。孩子們已經上過藏文課，而且還能對我說一些不標準的藏語，就像我所說的破英語一樣）。想起這些孩子六年前的悲慘景況，我很高興今天能看到他們歡笑的臉孔，並且發現，就像我所希望的一樣，瑞士人民已經張開雙手歡迎他們。看來他們的確是在慈愛的氣氛下成長。

之後，我從瑞士飛往荷蘭，在那兒我見到了一位猶太教士。這是一種令人非常感動的經驗，雖然我們語言不通，無法交談，但是不需要語言，我從他的眼睛裡清楚地看到猶太人所蒙受的苦難，我也為之落淚。我只在尼德蘭停留二天；在飛往愛爾蘭之前，在比利時停留了幾個小時。然後是挪威、瑞典和丹麥，每個國家都只停留一天或兩天。時間太倉促了，我只能對這些國家留下極浮面的印象。但是不管我去那裡，每個地方都同樣是仁慈、友善並且渴望知道西藏的事情。看來我的國家對世上許多人有一種特殊的魔力。在這次費力的旅程中，有許多特別的喜悅，其中之一就是讓我有機會親自答謝那些曾經幫助過西藏難民的國際友人。例如，在挪威、丹麥、瑞典時，我就拜訪了實現西藏青年男女接受機械、農業專業訓練夢想的組織。

這次旅程中，我大部分的時間是花在大英國協——我一共停留了十天，並且很高興見到我的信念得到事實俱在的佐證，在所有的西方國家中，英國和西藏的連結最密切。令我吃驚的是，我遇見一些非常老的人能用藏語與我交談。原來他們或是他們的父母曾經派駐西藏為官。其中一位是理查森，十年前他到印度達蘭莎拉時，我曾經見過他。

在英國期間我遇見了麥克米倫爵士（Harold Macmillan），我對他留下了深刻的印象。他看起來非常的好，他的儀態威嚴、謙遜，非常引人注目。他也對宗教有興趣。我認識的另一位先生，後來成為我重要的朋友，他是西敏寺的主持牧師卡本特（Edward Carpenter），他的太太一向稱我「我的孩子」。

雖然在一九六〇年時，我曾經在印度的報紙上看到艾森豪總統說，如果達賴喇嘛去美國，他會接待達賴喇嘛。一九七二年我試探前往美國的可能性，但是他們暗示在取得簽證上會有些困難。自然，我很想看看在這地球上據說是最富裕、最自由的國家，但是直到一九七九年我才得以成行。

我一到達紐約——這是我第一次來，我立刻就感受到自由的氣氛。我所看見的人都非常友善、開放、放鬆。但是同時，我卻又不禁注意到這個城市的某些地方卻是這麼髒亂。我也很遺憾地看到好多流浪漢以及無家可歸的人露宿門口。這種景象令我訝異，在這個普遍富庶、繁榮的土地上竟然會有乞丐。我回想起我的共黨朋友曾經告訴我的「美帝紙老虎的不公正」以及它如何利用窮人來圖利富人。另一件令人驚訝的事情是，雖然如同許多東方人，我認為美國是自由的鬥士；但是，我發現事實上極少美國人知道西藏的命運。現在我更進一步了解美國，我已經明白，在某些地方，美國的政治制度並沒有遵循它自己的理念。

這並不是說我對這第一趟的美國之旅不是非常高興，也不是說我沒有看到許多令我印象深刻的事物。我特別喜歡向許多學生聽眾演講，演講時，我發現了持續的善意。不管我的英語說得多破，不管人們是否真知道我提到的每一件事，我所得到的回應都是溫暖的。這使我克服了羞於用英語公開演說的弱點，也幫助我增長了自信，對於這一點我非常感激。然而現在我懷疑是否因為這種善意而使得我失去了改善英語能力的決心。因為雖然我現在下定加強英語能力的決心，但是當我一回到達蘭莎拉，我發現決心已經完全消散了。結果我還是繼續偏好和德國人、法國人以及其他歐洲人士交談，許多歐洲人士都和我一樣，使用不合文法、口音濃厚的英語。我很不喜歡用英語和英美人士交談，因為有許多人當面就說我非常保守、拘謹。

1959年４月到達印度後的我

初期西藏難民在印度的屯墾區之一

我在典禮儀式中的服飾

1959年9月7日與尼赫魯及其女兒英德拉．甘地攝於德里總理官邸

在菩提樹下祈禱
我左側的是林仁波切

（左上）1978年崔簡仁波切攝於印度

（上）林仁波切也攝於同時

（左）涅沖神諭處於恍惚狀態

（右下）1988年在英國與坎特伯里
大主教朗西博士晤談

（右上）1982年在義大利與教宗保祿
二世會面

（左）被中國軍隊破壞的甘丹寺

（左下）特林寺廢墟現在變成了馬廄

（右）1989年3月中共人民解放軍在拉薩部署

（下）1987年10月1日．拉薩僧侶跑進煙火迷漫的公安局救被囚的夥伴。

1989年12月10日我在奧斯陸接受諾貝爾和平獎

總體說來，我發現西方社會有許多令人留下深刻印象的地方。我特別讚嘆西方社會的精力、創造力以及對知識的渴求。另一方面，一些西方生活方式的事物也使我關切。例如我注意到人們傾向以「黑和白」「這個或那個」來思考，而忽略彼此依賴、相對的事實。他們沒有看到灰色地帶——灰色地帶必然存在於這兩種觀點之間。

我看到的另一種現象是：在西方社會中，有許多人在大都市生活得非常舒適，但是實際上他們卻遠離廣大的人群。我發現這種現象很奇怪——在這種物質優渥的環境下，和數以千計的兄弟姊妹作鄰居，有這麼多的人卻只能對自己養的貓狗表達真正的感情。這顯示了他們缺乏心靈慰藉。我以為，問題的一部分也許是在這些國家中緊張的競爭生活所致，這種生活似乎會滋生恐懼和深厚的不安全感。

我自己就曾經在一位非常有錢的人家中看到這種疏離感的徵候。在某次國外旅程中，這位富人請我到他家作客。那是一棟非常大的私人住宅，家中所陳設的一切都使人覺得方便、舒適，而且設備應有盡有。然而一走進浴室，我不禁注意到洗手台上擱著兩大瓶的藥丸。一瓶是裝鎮靜劑、另一瓶是安眠藥。這是另一項明證：單單物質的繁榮並不足以為人類帶來持久的快樂。

誠如我前面說過，我常常應邀出國訪問，也常常有人請我演講。當我受邀為人演講時，我的理路有三重，第一，作為一個人，我向人們談到我所謂的「宇宙責任」（universal

負有一種責任。

responsibility）——我的意思是我們每一個人對彼此、對一切有情眾生，同時也對大自然

第二，作為一名佛教僧侶，我試著去促進不同宗教之間達成更好的和諧和了解。誠如我曾經說過，我堅信所有的宗教目的都是在使人類臻於至善，雖然彼此有哲學上的差異，某些還是根本的差異，但是它們的目的都在幫助人們找到快樂。這並不表示我倡導任何形式的世界宗教或無上宗教。相反地，我把宗教看成是藥。對病人不同的病情，醫生會開出不同的藥方。因為並不是每個人都生同一種心「病」，所以需要不同種類的心藥。

最後，身為西藏人，尤其我還是達賴喇嘛，所以每當有人表示有興趣時，我就談談自己的國家、人民和文化。每當人們表示關心我的祖國和中共佔據下西藏男女同胞所受的苦難時，我受到極大的鼓勵；這種關心也激勵我繼續為正義而奮鬥的決心，但是我並不認為這些支持我們立場的人是「親西藏」；相反地，我認為他們是「親正義」。

旅行途中，我曾經注意到年輕的朋友對我所說的內容極感興趣。我猜想這種狂熱可能是因為我堅持完全不拘禮節地與他們見面所致。就我這方面來說，我非常重視與年輕聽眾之間的交流。他們詢問我所有的事情，從佛教的空性哲學、我對宇宙、現代物理的看法到性和道德。我最欣賞的問題就是那些出乎我意料以及複雜的問題。他們的問題對我極有助益，因為這樣一來就強迫我去研究那些不會發生在我身上的事情。這變得有點像辯論。

我看到的另一種現象是：許多和我談話的人，尤其是在西方，都具有高度懷疑的性情。我以為這可能是相當正面的，不過有一條但書，這種懷疑要用來當作進一步研究的基礎才行。

也許最有懷疑傾向的就是新聞記者們。因為我是達賴喇嘛，我無可避免地要和他們大量接觸，尤其是在我旅遊時。然而，雖然常常有人說世界上自由報紙的記者先生、小姐們非常難纏，筆下不饒人，但是我發現一般說來並不是這樣。大部分的記者都很友善，即使有時候一開始的氣氛有些緊張，偶爾記者招待會變成嚴肅的爭論。如果有這種情況，在談到政治時，我通常是中斷，因為我竭力避免這種現象發生。人們有權堅持自己的意見，而我也不把試著改變別人的心意當成是我的角色。

在最近的一次國外旅行中，這種情形真的發生了。在記者招待會結束之後，有些人認為達賴喇嘛的回答不好。然而我倒是無所謂。人們必須自己來判定西藏的立場是否為正義。

比這種古怪、令人不滿的會面更糟的是在電視訪問上所發生的一些意外。有一次我在法國，應邀在一個現場播出的新聞節目上露面。他們對我說，主持人會用法語直接對我說。他所說的話會立刻經由一具小耳機翻譯成英語傳給我知道。但在節目中，我無法了解耳機裡面說什麼！

在另一個場合裡，當時我正在華盛頓。我應邀去作相同的事情，只是這一次是我一個人坐在播音室裡，訪問者從紐約向我問話。工作人員要我注視螢幕，不過螢幕上出現的不是他而是我自己。這實在令我完全不知道該怎麼辦。我發現對著自己說話是如此令人慌亂。結果我說不出話來！

每次我出國旅行時，我都盡可能地接觸其他宗教的行者，我這麼作是為了培養不同信仰之間的對話。在某次旅遊中，我遇見了一些和我想法相同的基督教徒。這次見面促成兩個宗教之間的某些交流，一些西藏僧侶到基督教會中住了一些星期，同時相同數目的基督教士也來到印度。事實證明了這對彼此的教團都有極大的好處。特別是讓我更知道其他人的思考方式。

在我見過的許多宗教人士中，我要談談一些人。我對現任的教宗非常尊重。一開始，我們的背景有些相似，這使我們有了立即而共同的立場。第一次見面我就知道他是一位非常實際的人，他心胸廣大、開放。我毫不懷疑他是位偉大的精神領袖。任何一位能稱呼謀殺自己的兇手為「兄弟」的人，就像教宗約翰・保祿一樣，必定是位大修行人。

一九八八年在英國牛津開完會後，我返回印度，在德里機場遇見了德蕾莎修女。她也參加了這次會議。我對她非常非常的敬重。我立刻就被她純然謙遜的風度所感動。從佛教徒的觀點來說，她可以說是一位菩薩。

另一位被我認為具有高度開展的心靈導師是一位天主教修士，我在他的隱修處見到他。那個地方在西班牙境內，接近蒙塞拉特（Monserrat）。他在那個隱修處住了許多年，就像東方的聖人一樣，只靠麵包、水和少許的茶生存。他只會說一點點英語——甚至比我還要差——但是從他的眼睛，我可以明白在我面前的人是一位高人、一位真正的宗教行者。我問到他修什麼時，他只告訴我：「愛」。從那時起，我就一直把他視為現代密勒日巴。密勒日巴一生中大部分的時間都遠離人群，住在岩洞裡禪修，並且隨興唱出勸人修行的道情。

我曾經和一位宗教領袖相談甚歡好幾次，他就是前坎特伯里大主教朗西（Rober Runcie）博士（他那位勇敢的使者，Terry Waite，在我的祈禱中我從未忘記他）。我們彼此交換政教上的看法，我們都同意服務人類是宗教的明確責任，但是不能忽略現實。宗教人士只唸祈禱文是不夠的。相反地，他們實際上不得不貢獻他們的一切所能來解決世界問題。

我記得有一次有位印度政治家請我談談這種觀點。他相當謙抑地告訴我：「噢！可是我們是政治人物，不是宗教人士。我們的第一要務是用政治來服務人民。」我這麼回答他：「政治人物比那些隱居潛修的人更需要宗教。如果一位隱士以惡心來做事，他只傷害到他自己。但是如果一個能直接影響整個社會的人以惡心來做事，那麼就會有許多人受害了。我一點也不覺得宗教和政治之間有什麼矛盾。宗教的目的是什麼呢？就我所關注的而言，任何發自善心的行為就是宗教行為。在另一方面，一群不具有善心的人們在寺廟或教堂聚會，即使他們一起祈禱，也不算宗教活動。」

雖然我沒有攀附權貴，但是在旅行中我也認識了一些政治人物。其中一位就是前英國首相愛德華・奚斯。我見過他四次。我們第一次私人會談時，我發現他就像尼赫魯一樣，專注聽我說話對他而言是有些困難。然而在往後的三次會談中，我們對西藏、中國做了長而坦率的討論。討論中，奚斯表達了他對中國農業成就的熱中。以他新近訪問過西藏的看法，他告訴我，我應該了解我的祖國已經發生了許多變遷——特別是在人民支持達賴喇嘛的態度上。他以為，尤其在較年輕的一代中，對達賴喇嘛的支持正在迅速的消退。

從這麼一位資深的政治家口中聽到這些非常有趣的觀點，尤其是他曾和北京廣泛地交涉過。然而我對他解釋說：「我關心的不是達賴喇嘛的地位，而是生活在中共佔領下六百萬藏人的權利」。之後，我接著告訴他，至於我所知道的情形，在西藏境內年輕一輩對達賴喇嘛的支持正在前所未見的最高點，我流亡印度也使西藏人以較之往常不可能辦到的方式團結起來。

我們仍然繼續保持連繫，雖然意見不同，但是我仍然看重奚斯先生對世界事務的精湛理解。然而我也同時對中共顛倒黑白、欺瞞世人的本事留下深刻的印象，因為連國際事務經驗這麼豐富的奚斯也會被騙。

在過去二十年左右，另一個有趣的現象是：西方國家對佛法的興趣正在快速增長。我不認為這種現象有什麼特殊的意義，當然我是很高興，現在全世界的西藏佛法中心逾五百家，許多是在歐洲和北美。如果有人能從修學佛法得到利益，我一向是隨喜。然而，當人們真的要改變宗教信仰時，我通常會勸他們三思而後行。貿然信仰新的宗教會引起心理的衝突，而且幾乎常常是困難重重。

然而，即使在這些佛法才剛傳入的地方，為了賜福那些想參與法會的人，我曾在一些場合裡舉行了宗教儀式。例如，我曾在印度以外、不只一個國家裡面傳授時輪金剛灌頂——我這麼作的動機並非只是想使別人能從某些方面來了解西藏的生活和思考方式，我也想在內在層次上對世界和平盡一份力。

談到「佛法傳布於西方」這個主題時，我想說我已經注意到在新近入門的行者中，有些宗派意識的傾向。這是完全錯誤的。宗教不應成為衝突的來源——人類社區中分裂的進一步因素。就我自己的立場來說，我甚至參加過其他宗教的宗教儀式，因為我深深地尊重不同宗教對促進人類福祉所作的貢獻。我也效法古今許多西藏喇嘛的榜樣，我繼續盡可能地從許多不同教派那兒學習教法。因為某些思想學派覺得一位行者堅守他或她自己的傳統是值得的，只要他們認為合適，永遠可以隨心做去。西藏社會向來非常容受他人的信仰。在西藏不僅有一個繁盛的回教社區，也有一些基督教的傳教機構，我們並沒有留難他們。因此我堅決支持自由的路線。宗派意識是毒藥。

至於我個人的宗教修持，我努力讓我的生活過得如我所謂的「標準菩薩」。根據佛教的思想，菩薩是在成佛的道上、為了幫助所有其他的有情眾生從痛苦中解脫，而把自己完全奉獻出來。**Bodhisattva**這個名詞可以分成兩部分：**Bodhi**的意思是對實相究竟本質的了解或智慧；**Sattva**的意思是被無緣大悲所驅動的人。透過這種詞義的翻譯我們可以得到最好的了解。「標準菩薩」是一種願心——想要用無限智慧來修習無限大悲。為了幫助我達成這種要求，我選擇出家成為佛教僧侶。在西藏戒律中，比丘要守二百五十三條戒（比丘尼要守三百六十四條戒）①，我還要盡我所能使戒律精嚴，我使自己遠離了許多生命中的顛倒和憂慮。某一些戒條主要是規定禮節，例如一位和尚應該走在本寺方丈後面幾步距離；另一些戒條則是和行為有關。四根本戒則是簡單的禁令：也就是說和尚不可以殺生、偷盜或打妄語（謊稱自己已得××果、××菩薩、證到××）。和尚也一定要嚴守禁欲。如果他破了其中任何一條，他就不再是個和尚了。

有時候有人會問我禁欲是否真的值得，是否真的可能。我們可以說禁欲並不是單單壓抑性欲而已。相反地，你必須完全接受這些欲望的存在，並且用理性的力量來超越它們。當你成功時，心智會受益良多。性欲之所以麻煩是因為它是一種盲目的欲望。說「我想和這個人做愛」是在表達一種欲望，這種欲望和「我想根除世上的貧窮」比起來，後者是有知性指向的欲望。此外，性欲的歡愉只會帶來短暫的滿足。誠如印度的大學者龍樹所說：

當你癢的時候，搔搔癢處會有快感；
但是一點也不癢要比搔癢得樂來得好。

至於我的每日修法功課：我每天至少花五個半小時在祈禱、禪修、研讀。特別是，在一天裡的零星空檔時間，例如吃飯、旅行時，我也祈禱。在旅行時，我之所以祈禱是因為三點理由：第一，它幫助我完成每天的責任；第二，它幫助我充實地度過時光；第三，它緩和恐懼。更嚴肅的是，身為佛教徒，我認為宗教修行和每天生活之間並沒任何區別。宗教修行是全天候二十四小時的職業。事實上，每天的各種活動，從醒來到漱洗、吃飯，甚至至睡覺都有相關的祈禱文。對密宗行者來說，在睡覺和做夢時所用的修法是面對死亡最重要的準備。

然而，對我個人而言，每天一大清早是修法的最佳時段，心正處於最清新、最敏銳的時候。因此每天我都是四點左右就起床。一醒來，我就開始唸咒。接著我喝熱水和吃藥，之後才是拜佛半小時。拜佛的目的有雙重：第一，它增長我的福德（以恰當的動機）；第二，它是一種好的運動。在我拜佛之後，我刷牙洗臉——還要一邊唸著祈禱文。然後，一般說來我都出外散步，邊散步我口中還要唸咒，直到五點十五分吃早餐為止。我早餐要花半小時（早餐相當豐盛），我一邊吃早點一邊還要閱讀經書。

從五點四十五分直到八點鐘左右，我用來靜坐，中間只有在聽六點半BBC環球廣播的新聞節目時，我才會暫時中止功課。然後，從八點直到中午，我研讀佛教哲學。中午到十二點半吃午飯之間，我批閱公文或報紙，但是在吃午餐的時候，我又一邊吃一邊讀經書。

下午一點，我走進辦公室，處理政府要務和其他事情，並且接見民眾，直到下午五點。我一回到家中又要作另一次短暫的祈禱、禪坐。如果電視上有值得看的節目，我就會看一段，之後在六點時喝茶。喝完茶之後——喝茶時我再次閱讀經書——我唸誦祈禱文，直到晚上八點半或九點——這時候是我就寢的時間。然後接著是高臥酣睡。

當然，這套起居活動並非一成不變。有些早上我會參加「供養」，或下午時我會開示說法。但是我依然很少改變每天的修法功課——每天早上和傍晚的祈禱和靜坐。

這種修法背後的理論基礎相當簡單。在修法的第一部分中，當我拜佛時，我皈依佛、法、僧三寶；下一個階段是發菩提心或善心。在這個階段中首先認識到一切事物的無常性，其次是要了解存在的本質是痛苦。以這兩種觀點為基礎，就可能生起利他之心。

為了要在我心中生起利他之心，我修持特定的心靈練習，這種心靈練習能促進對一切有情眾生的愛，尤其是包括我所謂的敵人。例如，我提醒我自己，是這些人的行為而不是這些人本身，使他們成為我的敵人。行為改變了，同一個人可以輕易地成為一位善友。

我禪修的其他部分是有關於「空性」，在修這些部分的期間，我專注於緣起的最精微理趣。這種修法的部分涉及「本尊瑜伽」，在修本尊瑜伽時，運用不同的壇城（象徵性的淨土）就是把自己觀成是不同的本尊（然而這並不是暗示信仰獨立的外在有情）就是這麼觀修本尊瑜伽，我把心專注，不再為客塵紛擾所動。這並不是恍惚、出神，我的心仍然保持完全清醒；這是一種在純淨心識中的練習。確切的意涵很難說明：就好像科學家很難解釋「第四度空間」（**space-time**）。語言或是日常生活經驗都無法傳達純淨心靈的覺受。我們可以說，這不是一種容易的修法。要花好多年才能精通②。

每天修法功課中，有一個重要的部分——是關於死亡的概念。我認為在生命中你可以用二種方式來面對死亡：你可以選擇忽略死亡，在這種情況下，你可以使「死亡」這個概念暫時遠離一段有限的時光；或者你面對你自己的死亡，並且試著去分析它，以這種方式試著減低由死亡帶來的某些必然的痛苦。但是這兩種方法沒有一種能幫你真正的克服死亡，然而，身為佛教徒，我把死亡看成是生命的正常過程。我接受死亡，把它當成一種真實——如果我還在輪迴之中就會發生。既然知道我沒辦法逃避死亡，我明白沒有理由去擔憂它。我以為死亡有點像衣服老舊破爛時，就要換穿衣服。死亡不是結束。然而死亡是無法預知的——你不知道它在什麼時候、以什麼方式到來。所以在死亡來臨前，只有理性的作一些預防。

身為佛教徒，我進一步相信真正的死亡經驗是非常重要的。只有這樣才會使最深邃、最有益的覺受現起。因為這樣的緣故，許多偉大的心靈導師在禪坐時脫離塵俗的存在——也就是說——死亡。當這種事情發生時，往往他們的身體都保持不壞，直到很久之後才腐爛。

閉關時，我的修行作息才會改變。這時除了每天正常修法，我也進行特殊的禪坐。我都是在早餐和中午之間、平時禪坐以及研讀佛教哲學的時段來作這些特殊的禪坐。原來的功課我都挪到下午。喝茶之後的功課則維持不變。然而閉關是嚴格不來也快不得。有時候因為外在的壓力，我被迫去處理一些公務，或者甚至在閉關期間還要接見民眾。在那種情況下，我可能犧牲一些睡眠時間，以便能夠配合每件事。

閉關的目的在使行者能完全專注於內在的開展。通常我閉關的機會非常有限。如果我在一年之內能夠有兩次一星期的閉關就算是幸運的了，雖然偶爾我能夠閉關一個月左右。一九七三年時，我心中很想閉個三年關，但是不幸地，環境不允許我這麼做。我仍然非常喜歡閉一天關。在這段時間裡，我必須將就著利用為時不長的激勵會（我如此稱呼）。為期一星期的閉關，還不足以造成真正的進步或發展出什麼來，但是這些時間卻恰足以讓我充電。要把心真正的調練到任何程度，都需要較長的時間。這就是為什麼我會認為自己在心靈發展上還非常粗淺的原因之一。

當然，閉關時間之所以那麼少，原因之一是我花了許多時間旅行，但是我並不後悔。藉著旅行，我能夠把我的經驗、希望與更多的人們分享，比起其他方式，旅行更有機會接觸人。如果我這麼作，恆常是以「佛教和尚」的觀點來看待，但這並不意味我只相信藉著修持佛法才能帶給自己和他人幸福。相反地，我相信即使你一點也不信仰宗教，也能帶給人們幸福。我之所以只用佛法當例證，是因為在生命中的每一件事都使我肯定佛法是正確的。除了這點之外，我從六歲就出家，我對佛法的確有些認識！

譯註：

①西藏律制是遵循說一切有部；比丘二百五十三條戒又叫二百五十三學處或別解脫戒：有四他勝、十三僧殘、三十捨墮、九十單墮、四向彼悔、一百一十二惡作。

②「空性、緣起」部分，有興趣深究者可先看龍樹、提婆的中文論著；再來讀般若部的經典。「本尊瑜伽」部分，請受過灌頂的人重新回想灌頂法會上，上師唸誦的內容，另外再拿日常修法儀軌自己對對看，你能不能把儀軌的理趣、次第找出來呢？「壇城部分」，壇城是本尊的淨土，有外壇城、內壇城；布壇城、觀境壇城；平面壇城、立體壇城；讀者有興趣可以從它內含幾種圖形、顏色、主伴莊嚴來研究。以上略略介紹空性、本尊瑜伽、壇城，讀者能不能從這些文字中找出三者的關係？因為修法部分並不是每個人都需要了解，所以不必多說。

第十二章　神通與神祕

常常有人問我所謂的「西藏佛教的神通」。許多西方人想知道羅桑倫巴等人所寫有關西藏的書，其中提到的祕密修法是不是真的。他們也問我「香巴拉」是不是真的存在？（某些特定的經書提到過這個傳奇的國家，人們推側它是隱藏在西藏北方的荒原之中）。六十年代早期，有一位著名的科學家寫信給我說，他聽說某些高級喇嘛能示現神變，因此他要求是否能作些實驗證明這些事情是真的。

對前面二個問題，我通常回答這些書大部分是虛構的；但是真的有香巴拉這個國家，不過不是任何世俗感官所能看到。同時，否認某些祕法真的會產生一些神祕現象也是不對的。為了這個理因，我幾乎考慮寫信告知這位科學家，他聽到的事情是真的，此外，我也歡迎他來作實驗；但是我很抱歉不得不告訴他，能夠作這種實驗的人還沒有出生！真的，在那個時候有許多現實的原因，使我們不可能參與這類的調查研究。

然而從那時候開始，我同意進行許多科學的調查來探究某些特殊修法的性質。第一個科學調查是賀博特・班生博士（**Dr. Herbert Benson**）所作的研究。班生博士現在是美國哈佛醫學院行為藥物系的系主任。一九七九年我訪美期間，他告訴我他正在作一種他稱之為「鬆弛反應」的分析。「鬆弛反應」是一種生理現象，當人進入禪定狀態，才會出現這種現象。他以為如果可以找到一些高段的禪修行者來作實驗的話，就能進一步了解這種過程。

我極篤信現代科學的價值，我決定讓他進行，然而我並非毫不猶豫。我知道許多西藏人對這個主意有些不安。他們覺得這些接受實驗的修法理應保持機密，因為它們源自密法。為了消除這層顧慮，我說諸如此類的調查結果可能不僅裨益科學，也澤及於宗教行者，並且因此可以帶給人類某些普徧性的益處。

在實驗中，班生博士滿意了，他發現某些奇特的現象（他的發現已經發表在一些書籍和科學期刊上，這些刊物包括《自然》（*Nature*）在內）。他帶了兩位助手、一些複雜的設備來到印度，針對某些閉關修行的和尚作實驗。這些和尚有的就在達蘭莎拉附近的關房，有些則是在拉達克、錫金或者更北邊的地方閉關。

這些參與實驗的和尚是拙火瑜伽的行者，這個實驗旨在示範殊勝的密續修法的純熟程度。藉著觀注於輪（能量中心）、脈（能量通道），行者能暫時地控制和防止較粗層次的心識活動，俾能經驗到較細的層次。根據佛教的說法，心識有許多層次。較粗的層次是凡俗感官——觸、視、味等等——最細的層次則是在死亡時才經驗到。密續的目標之一就是使行者能「經驗死亡」，因為在那之後，才會出現最強力的心靈體悟①。

當較粗層次的心識被壓抑下去時，我們就可以觀察到生理現象。在班生博士的實驗中，這些生理現象包括體溫升高了華氏18度——攝氏10度（體內是用直腸溫度計、體外是用皮膚溫度計）。這些增加出來的體溫使得接受測試的和尚們能烘乾那些先泡在水裡再覆蓋在他們身上的床單，即使當時周圍的氣溫是在冰點以下。班生博士也親眼看到，並且以同樣方法測試了赤身坐在雪地中的和尚。他發現這些和尚能端坐整夜而沒有失溫。他也注意到在這些時間裡，行者的呼吸次數減低到一分鐘七次左右②。

我們對人類身體以及身體如何運作的知識尚不足以解釋發生在這些修行人身上的現象。班生相信相關的心理過程能使修行人燃燒貯存在體內的「棕色脂肪體」（**brown fat**）③——先前以為只有冬眠中的動物才會有這種現象。不管儀器是在測試什麼，但是我最感到興趣的是：這次實驗明顯的指出現代科學可以向西藏文化學習一些事情。此外，我相信在我們西藏人的經驗裡，還有許多其他的範疇值得科學來探究。例如，我希望有一天能對「神諭」進行科學調查。「神諭」仍然是西藏生活方式中的重要一環。

在我還沒有詳細介紹之前，我必須強調神諭的目的並非只有預測未來（因為可能有人會如此猜想）。預測未來只是他們所做事情的一部分。除此之外，神諭有時候被稱為護法，在某些情況裡，他們充當「治病的人」（healers）。但是他們主要的功能是幫助人們修習佛法。另一個要記住的重點是「神諭」（oracle）一字本身容易引起誤解。「神諭」暗示「人擁有神諭的力量」。這是錯誤的。在西藏傳統中，只有一些特定的男人或女人，他們擔任自然和心靈界之間的媒介，我們稱呼他們「庫燈」（Kuten）——字面的意思是「身體的基礎」同樣，我必須指出，一般我們都說「神諭、神諭」，就像他們是人似的，但這只是方便的說法。更正確的說，他們可以說成是「和某種特殊事物（例如塑像）、人和地方有關的精靈」。但是你不可以認為這種說法意含著「相信有外在的獨立實體存在」。

在古時候，整個西藏境內一定有許許多多的神諭。少數殘存，但最重要的神諭——那些西藏政府所使用的——仍然存在。在這些最重要的神諭之中，主要的一位就是涅沖神諭。金剛扎滇藉著他來示現，金剛扎滇是達賴喇嘛的護法之一。涅沖原本是和印度聖人法護的一位後裔，一起來到西藏，在中亞的巴塔吼爾（Bata Hor）定居下來。西元八世紀時，在赤松德貞王在位時期，印度密宗上師、無上的西藏精神依怙　蓮花生大士指派他當桑耶寺的護法（桑耶寺是西藏的第一間佛教寺廟，不過它是由另一位印度學者寂護方丈所創建）。後來第二世達賴和涅沖發展了密切的關係——涅沖這時候開始和哲蚌寺密切相關——自此以後，金剛扎滇就被指派擔任歷代達賴喇嘛的個人護法。

幾百年來到現在，在新年慶典期間向涅沖請教國政，已經成了達賴喇嘛和政府的傳統了。除了新年之外，如果有特別的疑難也可以召請他。我自己每一年都要諮詢他好幾次。二十世紀的西方讀者可能會認為這種事太離譜了。即使某些大部分自認為是「前進」的西藏人，對我繼續使用這種古代蒐集情報的方法也存有疑慮。但是我會這麼作的理由很簡單：當我回顧以往許多次詢問神諭的經驗，事實證明每一次他告訴我的話都是正確的。這並不是說我只依賴神諭的忠告。我一方面請教神諭，一方面看看內閣的意見，此外我也要聽聽我自己良心的聲音。我認為神明們是我的「上層房屋」，噶廈構成我的「下層房屋」。就像其他領袖一樣，在我決定國事之前，我要先諮詢這兩方面。有時候，除了涅沖的忠告外，我也把某些預言列入考慮。

在一方面來說，涅沖對西藏的責任和達賴喇嘛對西藏的責任是相同的，然而我們履行的方式卻不同。我的工作，當一國領袖，是和平的；涅沖他身為護法、保衛者，示現忿怒相。然而雖然我們的功能相同，但是我和涅沖之間的關係是指揮官與副官的關係。我從來不向他鞠躬禮拜。涅沖才要向達賴喇嘛俯首禮拜。涅沖非常喜歡我，他一向非常照顧我。例如如果他看到我的衣著打理得不當或有所疏忽，就會到我面前，幫我整理襯衫、理一理袍子等等。

雖然我們關係這麼親密，但是涅沖一向都尊敬我。即使在涅沖與政府關係不睦之際，不管任何時候，只要問到有關我的事情，涅沖一定熱心地回答（政府是在攝政期間的最後幾年裡，和涅沖關係惡化）。同時，對有關政府政策的問題，他的回答是「會粉碎」。有時候他只是報以一陣諷刺性的大笑。我現在仍然清楚記得我十四歲左右時發生的特殊事件。有人問涅沖有關中國的問題。涅沖不直接回答，庫燈轉向東方，開始向前猛烈地彎腰。這種情景實在令人駭怕，因為他在作這個動作時，頭上戴的那頂大頭盔重得足以折斷他的脖子。這種動作他至少重複十五次，使得每個人都能了然危險在那裡。

請教涅沖決不是件輕易的事。每次降神都得耗時耐心等他公開現身。他的性格非常孤獨、嚴峻，就像我們想像中的古代長者。他不管小事，他只對較大的問題有興趣，這些較大的事情才值得據以草擬問題。他也有明確的好惡，不過不是非常容易就表現出來。

涅沖在達蘭莎拉有他自己的廟，但是他常來看我。在正式的場合裡，庫燈穿著一套精緻的古裝，這套古裝有好幾層衣服，最外面再罩上一件非常華麗的黃金織錦緞袍，袍子上面繡著紅、藍、綠、黃色的古代圖案。胸前是一塊圓形的鏡子，鏡子旁邊環繞著成串的綠松石和紫水晶；鏡子邊上有打得亮亮的鋼環，鋼環上有金剛扎滇的梵文咒語。降神儀式開始前，他也要穿上一套甲冑，上插四面旗子和三條勝幡。這些裝備的重量超過七十磅，靈媒不在恍惚狀態時，無法穿著這些裝備走動。

儀式一開始是念誦祈請、祈禱文，一邊還有號角、鐃鈸、鼓等樂聲勸請。不久，庫燈隨即進入恍惚狀態，早就在他身後扶持他的助手們現在幫他坐上一把小凳子，這把小凳子就放在我的法座前。然後祈禱文唸完第一遍，第二遍開始時，他的恍惚狀態更深了。就在這個時候，給他戴上一頂大頭盔。這頂頭盔大概是三十磅重，在古時候，這頂頭盔的重量超過八十磅。

現在庫燈的臉改變了，剛開始是變得有些憤怒，然後充滿傲氣，直到外觀全然改變——眼睛突出、雙頰腫脹。他的呼吸開始短促，突然猛烈地發出嘶嘶聲，然後呼吸暫時停止。就在這時候給他戴上頭盔，盔帶綁得這麼緊，如果沒有神靈附體，一定會窒息。現在降神已經完成了，靈媒的肉體明顯地脹大了。

接著他驚跳起來，從旁邊的一名助手那裡搶過一把劍來，以緩慢、尊貴但卻有些威嚇的步法開始跳起舞來。然後他到我的面前來，有時候是大禮拜，有時是深深地彎腰鞠躬直到頭盔觸地，再很快彈回來，他身上的各種莊嚴配備輕若無物。本尊火山一般的能量勉強收納在庫燈的脆弱肉身裡，庫燈走動、做出一些動作就好像他的身體是橡膠做的，由力量巨大的發條所驅動。

接下來是我和涅沖之間的交換。他向我獻上供養，然後我才請問他任何我個人想問的問題。回答之後，涅沖回到他的凳子，傾聽政府成員所提出的問題。在回答這些問題之前，庫燈又開始跳舞，在他頭上猛烈地舞劍。他看起來就像一位莊嚴、勇猛的古代西藏酋長。

當金剛扎滇一說完話，在頹然倒下之前，庫燈獻上最後的供養，一具僵直而沒有生命的軀體代表降神結束了。這時，旁邊的助手們趕快把繫牢頭盔的繩結解開，然後把他帶出去好讓他復元，此時儀式仍然繼續進行。

令人訝異的是，神諭對問題所作的回答很少是模糊的。就拿我從拉薩出走這件事來說，他常常是非常明確的。但我猜想，這種事情很難用科學調查來確定地證明或反證其正確程度。同樣地，其他範疇的西藏經驗也是如此，例如「化身」。雖然如此，我希望有一天能對神諭、化身這兩種現象作研究。

真的，認證化身的實際過程或許要比乍見此事更合乎邏輯。佛教徒相信轉生的原理是事實，再示現化身的整個目的就是使得一位有情能繼續幫助一切痛苦的眾生。因此辨別各別的個案應該是可能的。如此他們能在這世上接受教育和安置，而盡快的繼續未完的工作。

在認證過程中肯定會有些錯誤，但是大多數「化身」的生平是這套制度成效的充分證明（在藏地已示現好幾百位著名的化身，而在中共入侵前，或許有好幾千位化身）。

我曾經說過，再示現化身是為了有助於一位有情繼續進行他的利他工作。當人們開始尋找某一位特定對象的繼承人時，這種事實就有極大的含意。例如，一般說來我致力於幫助一切有情眾生，而他們則特別著力幫助我的西藏同胞。因此，如果我在西藏人重獲自由之前就圓寂的話，那麼唯一合理的假設是，我將會降生在西藏之外的地區。當然可能到了那時候，我的人民已不需要達賴喇嘛了，在這種情況下，他們就不必費心把我找出來。我可能轉生成一隻昆蟲或是動物——不管我會轉生成什麼，對最大多數有情眾生來說都是最有價值。

實際認證的過程也不如想像中那麼神秘。首先是一種簡單的排除過程。例如，我們要尋找某位和尚的轉世時，第一步必須要知道這位和尚在什麼時候、什麼地方圓寂。然後，考慮到通常新的轉世會在先世圓寂後，在母體孕育一年左右——從經驗裡，我們知道這段時間有多長——我們可以排出一個時間表。所以，如果某喇嘛在某年圓寂，他的下一位轉世可能會在八個月左右或兩年後出生。在某年的五年之後，這個孩子可能有三、四歲大；這個範圍已經縮小了。

下一步是：確立「轉世」最有可能示現的地方。通常這一步相當容易。首先，這個地方在西藏內或西藏外？如果是在西藏外，有可能的地方不多：例如西藏人在印度的社區、尼泊爾、瑞士。之後，必須要判定最有可能在那個城鎮裡找到這個孩子。一般都是參考先世的生平來判定。

用我所說的方式縮小範圍，建立變數後，下一步通常是召集成立一支尋訪團。尋訪團的意思不是說派出一群人，就好像尋寶一般。通常要求社區裡的形色人們尋找一位年齡在

三、四歲之間，可能是候選人的孩子，這樣就可以了。往往都會得到一些有用的線索，例如在孩子出生時的一些異象；或是孩子可能表現出特殊的特徵。

有時候在這個階段會有兩、三個或更多的可能性出現。偶爾，尋訪團根本不必去訪查，因為前一位轉世留下了詳細的指示，裡面有他下世及其父母的名字。但是這種情形很少見。有一種情形是這位喇嘛的弟子做了一個清楚的夢或看見一幕景象，顯示在那裡可以找到他的下一世。在另一方面，有一位高僧最近指示不要再尋找他的轉世。他說任何看來可能盡瘁於佛法和西藏社區的人，就應該被立為他的繼承人，而不是去費心找到一位真正的轉世。在轉世認證上並沒有嚴格和快速的規定。

如果有好幾位小孩被推舉為候選人，通常是由熟識這位喇嘛的人士來作最後的檢定。常常是其中的一個小孩認出這個人是誰，這是非常有力的證明，但是有時候孩子的體相也會列入考慮。

在某些情況裡，認證的過程中會諮詢某位神諭或具有天眼通的人。這些人所用的方法之一是Ta——他們修法看一面鏡子，可以看到鏡子裡出現真正的靈童或建築物或者也許是名字。我把這個稱之為「古代電視」。這種和人們從拉嫫拉錯湖看到觀境的原理相似。當瑞廷仁波切著手尋找我的時候，他就是在拉嫫拉錯湖裡看到「Ah、Ka、Ma」三個字母以及一間寺廟和一棟房子的景象。

有時候，有人會請求我指示如何尋找轉世。在這些情況裡，我要負責做最後的認定——是否找到了真正的轉世。我在這裡必須聲明我可沒有天眼通。我既沒有時間也沒有機會來發展這些神通力。然而我有理由相信十三世達賴喇嘛的確有某些神通力。

那麼我是怎麼處理呢？我會把這件事說給我的高級親教師林仁波切聽。雖然我還是個孩子的時候，只要一看到他的侍者我就害怕——不管什麼時候，只要一聽到他慣有的腳步聲，我的心就會停一下。但是以後我把他看成是我最重要、最密切的朋友。不久前他圓寂了，當時我覺得沒有他在身邊，日子會非常難過。他已經變成了我所依靠的柱石了。

一九八三年夏末，我在瑞士，起初我聽說他病得很重：他突然中風了。這個消息使我非常煩亂。然而身為佛教徒，我知道徒憂無益。我盡快地趕回達蘭莎拉，我發現他還活著，只是身體狀況不好。但是他的心仍然犀利如昔，這都要歸功林仁波切一輩子專心修法。他的狀況穩定的維持了好幾個月，然後非常突然地惡化。他昏睡後，就再也沒有醒來。林仁波切在一九八三年十二月二十五日示寂。但是他是一位不平常的人，在宣告死亡後，雖然天氣炎熱，但他的肉體在十三天之內都沒有腐爛。似乎林仁波切仍然住在他的體內，然而在臨床上看來，這具肉體並沒有生命。

當我回想他示寂的方式，我非常確定林仁波切生病時間拖得這麼長，完全是有意示現的，這是為了幫我習慣沒有他的日子該怎麼過。然而這只是故事的一半。因為我們是在談西藏人，這個故事圓滿地續有下文。林仁波切的轉世被找到了，他現在是個非常聰明、調皮的三歲男孩。在認證過程中，他清楚地認出尋訪團的一位成員。雖然他當時只有十八個月大，但是他真的叫出那個人的名字，並且笑著走向他。接著他又正確的認出一些林仁波切認識的人。

當我第一次看見這個男孩時，我肯定他就是林仁波切。他的一舉一動明白地顯示出他認識我，雖然他也對我表示極度的尊重。在那一次會面裡，我給了小林仁波切一大塊巧克力。他手裡抓著巧克力，手臂伸直、頷首肅立；這個小孩在我的面前一直都是這樣。我很難相信有別的小孩會放著糖不吃，這麼有模有樣的保持肅立。然後我把他接到我的住所去，他被帶到門口時，他的行為就像林仁波切一模一樣。這件事清楚地顯示他還明白的記得他的作風。此外，他一進入我的書房，立刻就和我的一位侍從熟悉起來，當時這位侍從的斷腿正在復元。首先，這個小孩子嚴肅地獻給他一條哈達，然後房間裡充滿了小孩咯咯的笑聲，他拿著羅桑噶瓦的一根拐杖當旗竿，兜著圈子跑來跑去地鬧著玩。

另一件令人印象深刻的故事是，這位小孩只有兩歲的時候，他被帶到菩提伽耶，當時我正在那兒傳法。也沒有告訴他我住在那裡，他就找到我的臥室，他手腳並用爬上樓梯，在我的床上擺了一條哈達。今天，林仁波切已經在背誦經典了；學習閱讀時，他是否會像某些年輕的化身一樣以驚人的速度記憶經典——就像是把他們曾放在一邊的東西再拿回來一般？且讓我們拭目以待。我知道有一些小孩能輕易地背誦出許多頁的經文。

當然在認證轉世的過程中有神秘的成分。但是可以這麼說，身為佛教徒，我不相信像毛澤東、林肯或邱吉爾這類的人只是歷史上的「偶然」。

在西藏經驗中，另一個我非常想科學地調查的範圍是西藏人的醫學系統。雖然可上溯二千年前，包括古波斯在內的多種淵源；但是今天整個西藏醫學原理完全源自佛法，與西方醫學迥異。例如，它認為疾病的根本原因是貪、嗔、癡。

根據西藏醫學的說法，身體是由三種主要的**nopa**所支配，字面的意思是「有害者」（**harmers**），但是這個字常被翻譯成「體液」（**humours**）。這些**nopa**經認定為始終存在於生物體之中。這意味著我們永遠無法遠離疾病，或者至少是遠離疾病的潛在可能。但是假使它們保持在均衡狀態，身體就能維持健康。然而如果三種根本原因的其中之一或多種造成身體的失衡，那麼就會生病。通常診斷疾病是把病人的脈搏或是檢查病人的尿。總的來說，當醫生把脈時，一共要檢查十二個主要的地方，這些地方在雙手和兩腕。尿液也是用不同的方法來檢查（例如尿色、尿味等等）。

至於醫療的方法，第一種是行為和飲食。吃藥是第二種；第三種是針灸（**acupuncture**）和艾灸術（**moxibustion**）；手術是第四種。各種藥物是用有機物質做成的，有時候融合了金屬氧化物和某些礦物質（例如，壓碎的鑽石）。

到目前為止，很少有臨床研究來探究西藏醫學系統的價值。我以前的一位醫生——怡喜東滇博士（Dr. Yeshe Dhonden）參與了美國維吉尼亞大學一系列實驗室的實驗。我知道他在治療白老鼠癌症上有些令人驚異的結果。但是在得到任何明確的結論之前，還是有更多的工作要做。在這個時候，我只能說，在我的經驗中，我發現西藏的藥物非常有效。我定期地吃藥，這樣作並不只是治病而已，也有預防疾病的效果。我發現這有助於增強體格，副作用卻很小。吃藥的結果是，雖然我長期密集禪修，但是我幾乎從來不覺得疲倦。

我相信在現代科學和西藏文化之間還有一個可以對話的空間：這和理論性的知識有關，而不是經驗性的知識。某些微粒物理的最新發現似乎是指向了心物不二。例如，曾有人發現：如果壓縮真空，微粒就會出現；在這之前，真空裡沒有微粒；顯然物質是以某種方式本來存在。這些發現看來是在科學與佛教中觀空性理論之間提供了一個匯合的範圍。基本上這說明了心和物是個別地、但彼此依賴地存在④。

然而我很了解硬把宗教信仰和任何科學系統攀附在一起的危險。佛教從創始以來已經有二千五百年了，相形之下，科學的各種絕對卻往往只有較短的壽命。這並不是說我認為像神諭能在冰冷的寒夜中靜坐的本事是法力的證明。然而我不能同意中國的兄弟姊妹們認為西藏人接受這些現象就是落後、野蠻。即使是從最有力的科學觀點來看，這也不是一種客觀的態度。

同時，即使我們接受一種原理，這也不是意味著和原理有關的任何事物都是有效的。藉著分析，在我們面對共產主義這個不完美體系的明顯證據時，如果只是奴性地追隨，而不檢擇馬克思、列寧所說的話，這是一種荒謬的行為。當我們處理一個不熟悉的領域時，我們必須恆常保持高度警覺。當然，這就是科學能幫得上忙的地方。畢竟，只有在我們不了解事物時，才會把它們當成是神祕的。

截至目前為止，我所同意進行的各種調查對所有的黨派都有利益。但是我知道惟有在實驗能證明它們時，這些才會永遠精確。此外，我知道找不到某某事物並不表示它不存在。這只是證明了實驗無法找出它（如果在我口袋裡有個非金屬物體，金屬探測器無法探測到這個東西，這並不表示我的口袋是空的）。這就是為什麼我們在進行調查時必須小心的原因，尤其在處理某個科學經驗薄弱的領域時。你也必須把「大自然所加諸的種種限制」謹記於心。例如，科學調查無法了知我的念頭，這並不表示這些念頭不存在；同樣某些其他的調查方法無法發現念頭的種種——這就是西藏經驗幫得上忙的地方。藉著心智的訓練，我們已經發展出科學還無法完全解釋的某些技術。這就是外人所猜測的「西藏佛教的神通與神祕」的基礎。

譯註：

①這套修法中所用到的氣、脈、明點是報身佛的果位，不是一般的氣；一般內、外氣停止或脈停心停並不一定會產生這些覺受；關於「死亡」，譯者以側面方式來說明：請讀者研究地水火風空等元素的增強、削弱、轉換、轉化，以及這些和各種心識層次的關係；您會對密法有另一種了解。

②在各大金剛的圓滿次第中，拙火不只是在冰點下靜坐而已，圓滿次第的拙火是在沒有內外呼吸之後才現起。

③棕色脂肪體主要見於嬰兒，它是嬰兒熱量的主要來源，主要分布於脊柱兩邊。

④有興趣的人可以去查無自性、緣起、性空、二諦、自性、自相、心氣不二的定義。再對照壓縮真空產生微粒。

第十三章　西藏真相

一九五九年初期，西藏緊急的形勢已經升高到瀕臨突如其來的劇烈變動。我聽說在一份上呈給毛主席的備忘錄中寫著：西藏人對中共人民解放軍繼續駐紮並不高興，還說到處都有西藏人反抗，所有監獄現在都關滿了人。據說毛澤東這麼回答：「沒什麼好擔心。不要管西藏人覺得什麼的——這跟他們不相關。至於西藏人反抗嘛，如果需要的話，人民政府必須隨時準備把所有的西藏人關進牢房裡。因此，牢房是一定要加蓋的。」我記得當我聽到這消息時，真是嚇壞了。比起從前真有天壤之別；中共未入侵西藏前，我認得拉薩的每一個犯人，我還把每一個犯人都當成是我自己的朋友。

當時還有另一個故事是關於西藏三月抗暴後，毛澤東對一份報告所作的反應。報告中說西藏的秩序已經恢復了。「那個達賴喇嘛呢？」據說毛澤東追問道。當他知道我已經脫逃了，他回答：「這麼一來，我們已經輸了這一仗。」畢竟，我所知關於這位「偉大的舵手」的資訊都是看報看來的或是聽ＢＢＣ環球新聞廣播聽來的。我跟北京一點兒也沒接觸；西藏流亡政府也和我一樣，這種情形維持到一九七六年九月毛澤東死亡後。

當時我正在拉達克傳授時輪金剛灌頂。拉達克是印度北部偏遠省分將姆（Jammu）和喀什米爾的一部分。在一連三天的灌頂法會翌日，毛澤東死了。第三天，一早上都在下雨。但是到了下午，天際出現一條非常漂亮的彩虹。我相信這必定是一個好預兆。然而，雖然有這麼一個好兆頭，但是我可沒期望北京會有什麼戲劇性的變化。幾乎是立刻地，由毛澤東愛人江青所領導的四人幫被抓起來了。事實隨即顯而易見：就是這群人，躲在苦惱的主席背後，在過去的一些年裡，曾有效地統治過中國，他們追尋邪惡的激進政策，並且支持繼續推行文化大革命。

接著，一九七七年，據報導說，李先念——當時的中共國家主席表示，雖然文化大革命有許多成就，但同時也造成了一些傷害。這是顯示中共領導人物開始面對事實的第一個徵兆。接著是提出安撫西藏的聲明。同年四月，嘎波嘎旺吉美（他現在是北京政府的高官）公開宣布：中共歡迎達賴喇嘛以及逃亡到印度的西藏人回去。從一九六〇年代起，中共就一直在召喚已經逃離西藏的西藏人回去，還說他們會張開雙手歡迎。

這份聲明顯示中共即將展開一場密集的統戰宣傳，誘惑西藏人回去。我們開始聽到許許多多有關諸如「今日西藏史無前例的幸福」。不久，華國鋒——毛澤東指定的繼承人——呼籲全面恢復西藏的風俗習慣，廿年來首次，中共允許年老的人繞行大昭寺，也准許西藏人穿傳統服裝。這一切似乎充滿了希望，事實證明這不是最後的樂觀兆頭。

一九七八年二月二十五日，出乎我意料也十分令我高興，在幾乎歷經十年監禁後，中共突然釋放了班禪喇嘛。不久，當時權勢日隆的胡耀邦修正了國家主席李先念對文化大革命所作的聲明，並且說文化大革命完全是個負面的經驗，沒有為中國帶來任何好處。

這似乎是個明顯的進步。但是我仍然以為：如果中共真的有心求變，那麼最好的表示就是對西藏採行真正的開放政策。我在三月十日西藏人民抗暴十九周年紀念的演說中，呼籲中共當局開放西藏讓外國遊客無限制地進入。同時也建議中共應該允許中共占領管轄下的西藏人能探訪他們流亡在外的家族等等。我覺得如果六百萬西藏人真的快樂，並且過著前所未有的繁榮生活，就像中共現在所說的一般，那麼我們就沒有理由再堅持。但是總該給我們機會去看看這些聲明後面的真相。

出乎我意料之外，中共似乎注意到我的建議。因為不久之後，中共就允許第一位外國訪客進入西藏；並且符合我的願望——中共訂立了規定使陷共區與流亡在外的西藏人能互相探訪。然而這些旅遊、探訪都不是沒有限制。

當中共發生巨大變動的同時，印度也同樣在進行重大的變革。一九七七年甘地夫人在一段期間的緊急狀態之後舉行選舉，但卻落選。繼甘地夫人之後當選總理的是摩蕊吉·德賽先生（Mr. Moraji Desai），這一次是自印度獨立以來，他所領導的人民黨首度打敗國大黨。但是不久之後甘地夫人又重新獲得政權。就在這時候，我和德賽先生的往來更深入了。我第一次見到他是在一九五六年，我早就認識並且喜歡他了。

寫這本書的時候，德賽先生仍然健在，而我繼續視他為好友。他是位俊秀神氣的人中之龍，充滿了生命力，並且不憂不慮。我並不是說他毫無缺點。和聖雄甘地比起來，德賽先生的日常生活非常儉樸自制。他力行素食，絕對不沾煙、酒。他是全然地直心與人相交。如果他不那麼直率，我還會覺得訝異。然而，如果這是他短處之一的話，在我看來，以他對西藏人的友誼足夠彌補這個短處。他曾經寫信給我表示，印度文化和西藏文化是同一棵菩提樹上的兩條分枝。事實真的就是這樣。因為我已經非常清楚印度、西藏之間的關係是濃得化不開。印度人認為西藏是地上仙境——神住的地方以及聖地。分別位於西藏南部和西南部的開拉希山（Mount Kailash）和曼莎羅瓦湖（Lake Mansarova）是印度善男信女的朝聖重地。同樣地，我們西藏人認為印度是聖地。

到了一九七八年年底，又有更令人振奮的進展：鄧小平成為北京政府的最高領導人。這個現在掌握大權的溫和派領袖似乎是未來唯一、真正的希望。我以前就認為鄧小平會為他的國家做出一番大事。在一九五四～一九五五年間，我訪問中國時，曾經見過他許多次，並且對他留下了深刻的印象。我們從來沒有長談過，但是我聽說過不少有關於他的事——尤其是，鄧小平不但能力超強而且極具決斷力。

我記得最後一次見到他的情景：他坐著，一個身材非常矮的人坐在一張大的、有扶手的椅子裡，慢條斯理、有條不紊地剝著一顆橘子。他的話不多，但是看樣子就知道他全神貫注地在聽別人說話。鄧小平給予我的印象是：他是個有權勢的人。照現在這個情況看來，除了這些特質外，他也是個相當有智慧的人。他和他的妙語一起復出，例如：「從事實中尋找真理」、「不管白貓、黑貓，只要抓得到老鼠就是好貓」、「如果你長得醜，遮掩是沒有用的」。此外在政策方面，他比較關心的是經濟和教育，而不是政治教條和空洞的口號。

然後，一九七八年十一月，中共在拉薩舉行盛大儀式，公開釋放卅四位囚犯，這些人大部分是前西藏政府的行政官員。中共說這些人是最後的「反革命頭頭」。據中共的報紙報導，經由中共安排，他們展開長達一個月的「新西藏」之旅後，中共政府將幫助他們就業；甚至如果他們想出國的話，中共政府也會協助。

這一波波的異常進展並沒有因為新年的到來而中斷。一九七九年二月一日，很湊巧地，就在美國正式承認中華人民共和國的同一天，班禪喇嘛十四年來首次公開露面，附和著中共的宣傳統戰，呼籲達賴喇嘛以及流亡在外的西藏人回去。「如果達賴喇嘛真的關心廣大西藏人民的快樂與福祉，他應該完全相信它。」他說：「我可以保證：住在西藏的西藏人民，現在的生活水平比舊社會好上許多倍。」一個星期之後，拉薩廣播電台在播報「中共政府設立一個接待國外藏人的特別歡迎委員會」的消息時，又重中了這項邀請。

一個星期之後，嘉洛通篤出人意料的抵達康普(Kanpur; Uttar Pradesh)，當時我正在參加一個宗教會議。令我驚訝的是，他說：「一些住在香港的老朋友告訴他，新華社(中共駐香港對英國殖民政府的官方單位)想要和他接觸。接著他又見到了鄧小平的密使，這位密使告訴他，中共的領導人物想要和達賴喇嘛展開溝通。為了表示他的善意，鄧小平想要邀請嘉洛通篤到北京談談。我的哥哥拒絕了，因為他想先問問我的意見。

這件事完全出人意料，我並沒有立刻回覆。過去兩年來的發展看起來真是非常有希望。然而，印度有一句老話說：一旦你被蛇咬過，那麼即使是繩子你也會小心。很不幸的，我和中共領導人物打交道的經驗都告訴我，這不值得信賴。除了懷疑中共當局扯謊外，還有更糟的呢！謊言穿梆時，他們一點都不會覺得羞恥。推行文化大革命時，文化大革命是「大大的成功」，而現在卻說是個敗績——但是在這段供詞裡卻沒有謙讓之意。這幫人也從來沒有遵守諾言。雖然十七點協議的第十三條款白紙黑字寫著：不會拿走西藏人的一針一線，但是他們已經掠奪了整個西藏。除了這個之外，中共幹了無數殘暴不仁的事，他們完全藐視人權。也許是因為中國人口非常龐大，所以他們把人命看成是廉價商品——西藏人的命就更不值錢了。所以我覺得應該要非常謹慎從事。

另一方面，我相信人的問題只有靠人的接觸才能解決。所以聽聽中共怎麼說應該是沒有什麼害處。同時我們還可以對中共說明我們的看法。我們當然沒有什麼好隱藏的。如果北京當局真的是認真的，我們甚至可以派一些考察團實地去了解實際的情形。

我的心中這麼盤算，我也知道我們的理由百分之百的合理，而且這麼做也合乎所有西藏人的願望，所以我告訴家兄他可以去。在他見到中共領導人物之後，我們再考慮下一步怎麼走。同時，我也透過中共駐印度的大使館傳話給北京，我提議由達蘭莎拉派出一個代表團，中共應該允許代表團訪問西藏、探訪真實的情況，並且向我回報。我也提醒家兄，請他看看這件事是否可行。

不久，從一個完全不同的地區傳來一則令人興奮的消息：我受邀訪問蒙古共和國以及蘇聯的佛教社區。我知道此行可能使北京當局不快，但是另一方面，我覺得身為佛教比丘，尤其我還是達賴喇嘛，我有責任為我的佛教同道做一些事。除了這個之外，我怎能拒絕曾經給我「達賴喇嘛」尊號的蒙古人呢？此外，我還沒有圓我訪問俄國的夢呢！當我還是中共的高級官員時，我就想去蘇聯，但是因為行動限制重重，一直去不成；所以這回我不想失去以西藏難民身分前往蘇聯的機會。因此我欣然地接受了。

在進行這件事情的過程中並沒有負面的反應。家兄在三月底回到達蘭莎拉的時候，他說中共已經接受了我派遣考察團前往西藏的提議。這給我非常大的鼓勵。看來中共最後是想要和平解決西藏問題。代表團預定八月的某一天出發。

同時，六月初，我在前往蒙古的途中曾在莫斯科停留。我一到達，就覺得好像回到了熟悉的世界。我馬上就知道這種低氣壓和我在中國時所領教的是一樣的。但是我沒有因此而放棄，因為我明白我所見到的人民基本上都是善良、仁慈——並且是出乎意外的質樸。我對蘇聯的最後一個觀察印象是：一位俄國日報的記者來訪問我的情景。他只是想問些能套我說好話的問題。如果我說了任何不支持蘇聯政府的話或者如果我的回答不是他想要的，他就對我怒目而視。在另一個場合，一位記者問完他事先列好的問題之後，態度變得相當謙恭，並且十分率真地說：「你認為我現在該問你什麼？」

不管我去莫斯科的什麼地方，我都看到在表面的一致下，有這種令我欣賞的民情。這更加堅定我的信念：在世界上任何地方，沒有人會自覺地找苦受。同時，這種情形也提醒我親自接觸民眾的重要性——我可以親自看到蘇聯人民不是怪獸，他們就和中國人、英國人或美國人一樣。我尤其被俄國東正教教會的熱誠接待所感動。

我從莫斯科出發，旅行到布里雅特共和國，在那兒，我花了一天在一所佛教寺廟裡。雖然我無法和任何人直接溝通，但是當他們以藏語唸誦祈禱文時，我發現我可以聽得懂；正如全世界的天主教徒都用拉丁文。這些和尚們也用藏文書寫。更妙的是，我發現我們可以用眼睛交談得很好。我進入寺廟時，我注意到人群中的許多和尚、在家眾都在哭。西藏人也是一樣容易自然地流淚！我覺得我們是一家人。

位於布里雅特共和國首都烏蘭烏德的寺廟是我在蘇聯境內所見最引人注目的事物之一。這間寺廟興建於一九四五年，當時是史達林權力最大的時候。我沒有看到這所寺是怎麼蓋起來的，但是它幫助我了解宗教是如何深植人心，要想拔除非常困難，甚至是完全不可能。就像我們西藏同胞一樣，布里雅特的人民也因為宗教信仰而遭受到可怕的苦難，而且為期甚長。然而不管我去那裡，我都明顯地發覺：只要有一點點的機會，他們的宗教生活就會滋長。

這件事使我更加深信在共黨統治地區尚殘存的佛法與馬克思主義之間一定要展開對話，就像所有宗教與任何形式的唯物意識之間必須對話一樣。這兩種生命取向是如此明顯地互補。令人惋惜的是人們往往認為這兩者是對立的。如果唯物主義和科技真的是一切問題的答案，那麼最先進的工業社會現在應該是充滿了微笑的臉孔。但事實並非如此。同樣，如果人們只應該關心精神事務，那麼人們應該是快樂地遵照他們的宗教信仰過日子。但是這樣一來，就沒有所謂的進步了。物質發展和心靈發展都是必要的。人類不能停滯，因為停滯是一種死亡。

我從烏蘭德搭機前往蒙古共和國首都烏蘭巴托。在烏蘭巴托有一群和尚給了我熱情的歡迎。然而我所受到的這些快樂和自動自發的行為，顯然並不為當局所允許。第一天，人們從四方八面擁來，想要摸摸我；但是第二天早上，我發現每個人的行為舉止都像塑像，我注意到他們眼裡含著淚水。當我造訪達賴十三世本世紀初居停過的房子時，沒有人靠近我。稍後，有個人真的設法公然反抗官方的規定。我離開一間博物館時，我在大門口和一位男士握手，我覺得手掌中有樣非常奇怪的東西。低頭一看，原來他正在把一串念珠塞入我的手中，請我加持。這時，我的心中悲憂交集。

就是在這間博物館裡，我偶然看到一幅畫，畫中有位和尚打開一張大嘴，一些游牧人正和他們的牛群一起走進和尚的大嘴裡。這幅畫明擺著就是反宗教的宣傳。我走向前要看得更清楚些，但是我的導遊有些神經過敏地試著把我從這幅令人發窘的共黨宣傳前引開。因此，我說不需要對我隱藏什麼。在這幅畫裡也說了一些真相。像這樣的事實不應該遮掩退避。每一種宗教都會傷害、利用人們，就像這幅畫所暗示的一樣。然而這並不是宗教本身的過錯，而是修持這種宗教的人的過錯。

另一件更好笑的事情是有關於一件陳列品——時輪金剛壇城的模型①。我注意到有些地方擺得不對，因此一位年輕的女館員開始對我講解壇城的意義時，我說：「我是這方面的專家，讓我來為你講解吧！」並指出壇城不正確的地方。我發現這樣做令我相當快意。

我開始了解蒙古人後，我才知道蒙古與西藏之間的連結是多麼的強。打從一開始，蒙古的宗教就和我們一樣。誠如我在前面提過，過去有許多蒙古的大學者訪問過西藏，他們對西藏的文化、宗教卓有貢獻。西藏人也用了許多由蒙古學者所寫的佛法教本。此外，我們也有一些共同的習俗，例如贈送哈達（有一點點不同的是，西藏的哈達是白色，蒙古的哈達是淡藍色或石板灰色）。順著這些線索，我想到，就歷史上來說，蒙古和西藏的關係，就像西藏和印度的關係。因為我心中這麼想，所以我安排了雙方個別社區的學生交換事宜。希望藉此恢復兩國之間的歷史連結②。

我要離開時，對蘇俄和蒙古都留下了良好的印象。有些是我所看到的物質進步。尤其是蒙古，在工業、農業、畜牧等領域都有可觀的進步。一九八七年我再度訪問蘇俄時，很高興地發現氣氛已經戲劇化地變得更好了。這明確地證明政治的自由直接與人民對他們自己的感覺有關。現在他們能表達真正的感情，顯然覺得更幸福了。

一九七九年八月二日由西藏流亡政府的五名成員所組成的代表團離開新德里前往西藏和北京。我很謹慎地挑選出這些人為代表。因為人選一定要盡量客觀。我選擇的人選不僅要了解中共未入侵前的西藏，也要熟悉現代世界。我也保證代表團的成員中要有三個省分的代表。

我的哥哥羅桑桑天是代表之一。他很早以前就還俗了，我們家裡就只剩我一個人在僧團。他當時是以非常摩登的衣著、外貌前往西藏。他留一頭長頭髮、嘴邊是濃密下垂的髭，衣著也非常的輕便。我有點擔心那些留在西藏，應該還記得他的人會認不出他來。

在十年之後的今天，我還是不知道北京當局想讓代表團對「新」西藏留下什麼印象。但是我想他們深信代表團會看到整個祖國如此的自足和繁榮，代表們會明白再流亡下去是沒有用的。事實上，為了防止代表團遭受當地右傾思想者的實質攻擊，中共當局還教諭西藏人對代表團要有禮貌。我也懷疑達賴喇嘛和流亡政府的存在對逐漸在乎世界輿情的中共來說是一大困擾。因此，任何能誘惑我們回去的方法，他們都會試試。

好在他們是如此自信。因為第一支代表團到北京後，中共當局接受我的建議，同意繼這個代表團之後，應該允許三個以上的代表團來訪。

我的五位代表在北京停留兩個星期，與中共會談並計畫考察的路線——要花四個月以上的時間考察西藏全境。然而一等他們抵達安多，事情開始變得不像中共原先的打算。不管代表團走到那裡，都被無數民眾包圍，尤其是年輕人，他們都要求加持，並且詢問有關我的消息。中共大為震驚，他們心慌意亂地通報拉薩中共當局警戒，以便應付代表團到達時的狀況。回電是這麼說：「多虧首邑高度的政治教育水平，所以不可能發生什麼難堪的事。」

然而，行程裡的每一步，流亡政府的五位代表都受到令人欣喜的歡迎。他們到達拉薩時，受到廣大群眾的歡迎——他們帶回來的照片顯示街上擠滿了千千萬萬的善男信女——他們都公然違抗中共禁止外出的警告。在城裡時，有一位代表偶然間聽到一位中共高級幹部對同僚說：「過去廿年的努力就在今天泡湯了。」

雖然這種情況常常是威權統治下在上位者與人民之間的鴻溝，但是看來中共的確是做了一個完全離譜的錯誤估計。雖然中共防止類似事情發生的情治系統非常有效；但是他們的評估卻全然錯誤。更令我訝異的是，雖然出了這些紕漏，中共仍然繼續保留這種系統。所以次年共黨總書記、鄧小平的繼承人胡耀邦訪問西藏時，就被帶去看一個樣板村，當然全然遭到誤導。同樣地，一九八八年時，我聽說有位中共重要領袖訪問拉薩，直接詢問一位老婦人對西藏現況感覺如何。她當然是信心十足地複誦黨的路線，而這位中共領導人也真的相信她的感覺就是這樣。儼然中共當局真心想要愚弄他們。但是只要還有些敏感的人一定能了解：在嚴刑峻法下，誰還會唱反調呢？

還好胡耀邦沒有完全受騙。他公然對西藏人的生活條件表示震驚。他甚至問道：「是不是中共這些年來對西藏所花的錢都丟進雅魯藏布江了？」他接著承諾要撤回百分之八十五的西藏中共幹部。

但是胡耀邦所提出的這些措施，後來都沒下文了。胡耀邦掌權沒多久就被迫辭去共黨總書記的職務。我非常感謝他，因為他有極大的勇氣，公開承認中共在西藏所犯的錯誤。這樣的事實明白顯示，中共的領導人物，並非個個都支持中共政府在外域的鎮壓措施。但是如果胡耀邦的供認對西藏事務並沒有持續的影響，那麼代表團十二月底回到達蘭莎拉之後所作的報告，大部分肯定是有影響。

一九七九年十月，歷經兩次長期旅行之後，我回到家裡。在旅程中我到過蘇俄、蒙古、希臘、瑞士，最後是美國。

五人代表團攜回一大堆底片、許多小時的談話錄音，還有足夠的一般情報，這些資料需要耗費幾個月來對照、過濾、分析。他們也帶回七千封以上的信，這些信是西藏人民託代表團轉交給他們流亡在外的親人——這是廿多年來第一次有信件流出西藏。

不幸地，他們對新西藏的印象非常不好。不管他們到那裡都被淚水盈眶的西藏人包圍，他們也看到充足的證據顯示中共當局以殘忍而有系統的方式企圖摧毀西藏的古老文化。此外他們也見證到無以計數的饑荒歲月，許許多多人餓死、遭到公開處決，諸如此類對人權形成顯著而可怕的侵犯。最輕微的則是誘拐兒童，有些小孩被驅迫為奴工，有的則送往中國受「教育」；以及監禁無辜的公民，無數僧尼死於集中營裡。許多照片生動地說明這真是個可怕的末世景象：寺院、尼庵只剩下斷垣殘壁，或是變成了穀倉、工廠、牛欄。

然而，在這些資料面前，中共當局清楚地表示他們不想聽任何批評——不管是代表團說的或是流亡社區的其他西藏人所說的。他們說，只要我們還流亡在外，我們就沒有權利批判西藏內部的事務。當羅桑桑天把這些話告訴我時，我想起來一件發生在五〇年代的事情。有位共產黨員問一位西藏官員說：「你對中國統治西藏的看法如何？」「首先你得讓我離開西藏，」這位西藏人回答：「然後我才告訴你。」

然而代表團倒是真的帶回一些有用的消息。例如，他們在北京時，見到了一些被培養成共黨幹部的年輕學生，這些年輕學生並沒有盲信馬克思主義和親中國政策，他們完全同意西藏自由的目標。我們從許多例證來看看當西藏人民公然違抗中共當局來表達對達賴的敬愛，人民的心靈絕對沒有被中共壓碎。事實上，看來這些悲慘的經歷反而更增強了他們的決心。

另一樁正面的事情是第一支代表團在北京見到了班禪喇嘛。中共曾經非常殘酷地對待他，班禪喇嘛也讓代表團看到在那場折磨中身體所留下的永久性傷痕。他說在我流亡出走後，人民解放軍並沒有動他在扎什倫布的木廟。但是在他開始批判我們的新主人之後，軍隊就開進來了。一九六二年期間，中共通知他，他將取代我而成為預備委員會的主席。班禪喇嘛不但拒絕了，還寫了長達七萬字的「萬言書」給毛主席。之後他就被剝奪了官銜（毛曾經無恥地向他保證，中共會注意他的觀察）。一群年長的看守和尚在回扎什倫布的路上，被中共發現而拘禁起來，中共控告他們從事犯罪活動，並且在日喀則人民的面前公開謾罵他們。

一九六四年年初，中共恢復班禪喇嘛的名譽。在默朗木慶典期間他應邀對拉薩人民演講，當時默朗木節是恢復了，不過只有一天。他同意發表演說。然而，令中共當局大吃一驚的是，他竟然對群眾說達賴喇嘛才是西藏人民真正的領袖。演講結束時，他激動地高呼：「達賴喇嘛萬歲！」他當場即遭拘禁，連續七天的秘密審訊後，他消失了。許多人害怕他也會被中共殺害。但是現在證實起初他被軟禁，最後則關在中國最大的公安監獄②。在監獄裡，他受到密集的刑罰和政治再教育。在獄中的狀況是如此嚴酷，他不止一次試圖自殺。

現在班禪喇嘛還健在，而且比以前好一些。但是代表團看到西藏的狀況是如此惡化。西藏的經濟制度確實已經轉變了。雖然現在有更多的東西，但是這些對西藏人一點好處也沒有。所有的商品都掌握在中國佔領者的手裡。例如，以前沒工廠，現在有一些，但是工廠製造出來的東西都送去中國。工廠本身唯利是圖，結果當然是破壞了生態環境。水力發電站也造成了同樣的傷害。在每個城鎮的中國區都燈火通明，但是即使在拉薩，藏人居住的地區十五瓦到二十瓦的燈光是你所能看到最亮的燈光。但是電燈常常不亮，尤其是在冬天，此時為了配合拉薩其他地方較以往更大的用電量，供電來源因而有所改變。

至於農業方面，中共堅持要把冬小麥種在原來種青稞的田裡。中國人吃小麥而不吃青稞。結果，因為中共的新式密集種植法帶來穀物大豐收——接著是連年饑荒。這些改變造成了西藏微薄、脆弱的肥沃表土迅速地遭到侵蝕，結果留下的是綿延數里的沙漠。

其他的土地資源，例如森林，也同樣遭到濫伐。一九五五年以來，據估計已經砍伐近五千萬棵樹，數以百萬英畝計的土地在清理之後都用來種蔬菜。畜牧方面的確是戲劇性的進步了：在某些地方，在同樣大小的牧地上，現在養的牧口數目是以前的十倍。但是在其他地方，過度開發的環境則無法再承受任何形式的放牧。結果，把整個生態賠進去了。以前曾經遍地長滿了鹿、野驢、野犛牛吃的青草地現在都消失了。以前西藏常見的大群野鴨、天鵝已經看不到了。

關於保健方面，的確是增加了數目可觀的醫院，就像中共所說的一樣。但是醫院卻公然偏袒移民的漢人。中國人需要輸血時，就從西藏的志願者那兒取來鮮血。

現在西藏的學校數目的確也比以前多。但教育計畫卻被濫用來圖利中國人。例如，代表團聽了一些故事：為了從中央政府那兒取得經費，中共的地方當局聲稱他們會為西藏人改進設備，但是卻把經費挪用在加惠他們自己的小孩。至於中國提供給西藏人的教育，大部分是在中國本土進行。中共曾經誇口要在「十五年內」根除西藏語言。事實上，許多學校只是孩童的勞工營。真正得到適當教育的人只有一千五百人左右，大部分是聰明、有前途的小孩，他們都被送到中國受教育，因為這樣有利於「統一」。

代表團也發現西藏內的交通已經戲劇性地轉變了。西藏境內的公路四通八達，幾乎連通每個移民區。境內也有成千的車輛，主要是重型卡車——但都是屬於中共政府。然而如果沒有許可，西藏人不能行動遷移。最近法令是有些放鬆了，但是只有非常少數的人才有能力利用這些。

同樣地，雖然消費物品真的可以買得到，但是只有極少數西藏人買得起。大多數人還是處於悲慘、可憐的貧窮狀態。代表團聽說直到最近口糧配給的數量仍然很少，三十天的配額只能維持二十天。口糧吃完了，就只好吃樹葉、青草。例如，一個月份的奶油配額只夠在以前喝一次奶茶，少到只夠騙騙嘴唇。代表團不管到那裡都看到當地人民營養不良、發育不好，同時衣衫襤褸。更不用提繽紛的飾物和珠寶——耳環等等——在以前即使是一般平民也會有一些。

在這種異常的艱困處境中，人民還要負擔難以置信的稅負，當然這些費用不叫做「稅」：而是「租」或是類似的東西。即使是游牧人家也得被迫付錢才能過不穩定的生活。總而言之，中共在西藏的經濟計畫是一種折磨。

代表團還發現中共無情地壓抑西藏文化。例如，中共准唱的都是中國調子、歌頌政治的歌曲。宗教被查禁。成千的寺院、尼庵都遭褻瀆。他們聽說中共從五〇年代末期起就有計畫地進行這項工作。首先每棟建築物都派工作人員訪查，他們開列物品清單。隨後是一隊工作人員把所有值錢的東西裝上卡車，直接運到中國。到了中國後，這些戰利品有的被熔成金塊、銀塊，有的被賣到國際藝品市場，換取外匯。接著是更多的工人進來把所有能用的東西，像屋瓦、梁木都拿走。最後所有當地的人民都被迫表態、鄙視舊社會和腐化的和尚們。幾個星期內，整間廟就只剩下一堆廢墟。

這些寺廟的內部陳設代表了西藏可處理的實質財富。幾百年來，寺廟聚積了各家族好多代的捐獻，善男信女們一向是把最好的東西捐給廟裡。現在這些淨財全部都消失在中國貪得無饜的肚子裡。

做了這些，中共還不滿意；中共當局也決定控制西藏的人口。中共在西藏強制推行一對夫妻只能生二個小孩的政策（中共說這種節育計畫不僅限於中國境內）。那些超過配額懷孕的人都被強制送進醫療單位，這些地方的設備簡陋，就像江孜的屠宰場——懷孕的婦女就在這種地方沒有先行消毒就打胎。確實有許多婦女被強制避孕，最近離開西藏來到印度的婦女，身上就都安裝了銅製的子宮環。

當人民奮起反抗時——一九五九年之後發生過許多次——整個村落被夷為平地，村民全被殺光，數以萬計的人被中共監禁起來。他們被關在生活條件最差的監獄，白天強迫勞動，晚上還得開檢討會直到夜深，中共只給他們微量的口糧。我曾經提過一些被中共監禁過的人。其中一位是天津秋爪，五〇年代末期時他是我個人的初級醫師。第一支考察代表團到北京時，我就要求他們請中共釋放天津秋爪，並且允許他來印度。

起初沒有回音，但是一年之後，他終於獲得自由了，一九八〇年年底，他來到達蘭莎拉。他告訴我一些幾乎令人不敢相信的殘暴、墮落的故事。在二十多年的監禁中，他好多次都餓得快死了。他告訴我，他和同伴餓得吃衣服充饑。還有一位同伴，當時他和這位同伴住在醫院裡，餓得慘到當他看到同伴解出的乾瘦大便中有一條蟲時，他把它洗乾淨，然後吃下去。

我並不是無緣無故的重複這種事情。我是以佛教徒的身分來記述，我並不想激怒中國的兄弟姊妹，我只是想教育民眾而已。無疑的，許多善良的中國人並不知道西藏的真相。我不是出自怨毒而來敘說這些冷酷的事實。相反的，這些事情已經發生了，除了向前看之外，別無他法。

從第一支代表團訪查回來，至今已逾十年，代表團的發現也被其他許多消息來源所肯定。「其他消息來源」包括隨後派出的西藏代表團和外國記者、旅客以及一些有同情心的中國人。不幸地，在這段期間，雖然有一些物質進步，但是西藏的情況在許多方面甚至變得更糟。

我們現在知道中共派駐西藏的軍隊多達三十萬人，這三十萬人中有許多是沿著中印未定界駐防。更過分的是，中共把三分之一以上的核子武器部署在西藏的土地上。因為西藏是世上蘊藏鈾礦最豐富的地區之一，中共似乎是想藉著挖掘鈾礦使西藏大部分地區遭受放射性汙染的危險。在東北方省份的安多——我的出生地，當地有一個眾人周知的最大型古拉格——大到什麼地步呢？有人估計它足夠拘禁一千萬人。

中共大規模移民的結果，使得西藏境內的中國人現在已經超過了西藏人。我的西藏男、女同胞今天正處於極危險的情況，在他們自己的家鄉，他們只是旅客觀光的對象而已。

譯註：

①如果告訴讀者時輪壇城有幾個同心圓、內城有…門、外城有…門、有幾個同心正方形、壇城有多少眷屬……等，譯者不知道這是否不恰當。

②就是秦城監獄。

第十四章　爭取和平

第二支及第三支考察團都在一九八〇年五月從印度前往西藏。其中一隊的成員較年輕，另一隊則由教育工作者組成。我希望藉著前者，了解年輕人對西藏情況有何展望；透過後者，則希望知道西藏的年輕一代未來能有什麼樣的展望。

不幸，青年團未能完成查證工作。成群結隊的西藏人夾道歡迎這群離鄉背井的人，在他們面前痛罵中共施政，官方遂指控這些代表挑撥群眾造反；因此以危及「祖國統一」的罪名，將他們逐出西藏。可想而知，我對這種結局很感不悅。中共非但不想「從事實中求取真相」，反倒似乎決心一股腦兒的無視於真相。但至少這次驅逐行動證明，他們還算注意到了西藏人的感受。

第三支代表隊由我的妹妹傑春佩瑪率領，總算獲准留下。這支隊伍於一九八〇年十月回到達蘭莎拉，結論明確的指出，雖然過去二十年來，一般教育水準略有改進，但並沒有真正的好處；因為中共似乎認為，認字唯一的作用就是教小孩學習毛澤東思想和寫「自白書」。

整個而言，考察團蒐集的資料，不但完全暴露了中共在西藏的劣行，也顯示西藏人的生活狀況依舊很悲慘。雖然比起過去二十年，情況無疑已有改善，但根據中共官方自己的說法，西藏人仍被認為是「落伍、無知、殘酷、野蠻」。

一九八一年，我母親中風，臥床不久便告去世。她畢生（她將近百歲）都很健康，因此臥病在床對她而言是種新的經驗。這代表她第一次得依賴別人。過去我母親一直自己照顧自己。例如，她喜歡早起，但她從不逼僕人為她早起，她早晨自己沏茶，儘管她有個手腕受過傷，行動不是很方便。

她在世的最後一個月，與她同住的天津秋結坦白的問她，孩子之中她最疼誰。我想他覺得自己該當之無愧。但是，她回答是羅桑桑天。我提及這件事是因為當我弟弟告訴我這事時，我也以為她會選中我，但也因為她臨終之前，唯一在場的就是羅桑桑天。我在那之前步行到她的小屋，跟她短暫的見了一面，但大限到時，我卻離家在菩提伽耶。

我一接到消息，就禱告她來世轉生順利。在場的西藏人也都陪我一起祈禱。他們的誠摯非常令人感動。政府當然也寫信來致哀，信是署名寫給負責發布訃聞的林仁波切，但是為了某種不明原因，卻直接交到我手上。接著發生了一件趣事。我讀完信，轉回去給他。他看完信，困惑的抓著頭皮來找我說：「照理說應該由我把信轉給你，現在卻顛倒過來。我該怎麼辦？」這是我唯一碰到林仁波切說不出話的時候。

當然，母親過世我很難過，近年來，我見到她的機會因為工作與責任的壓力增加而變得愈來愈少。但我們精神上仍很親近，因此我有很大的失落感——每當隨員中的長者去世，我都有這種感覺。當然，時光流逝，上一代總會漸漸逝去，我四周比我年輕的人愈來愈多。事實上，我的政府人員平均年齡不到三十五歲。我覺得這有很多好處。今日西藏形勢帶來的挑戰，需要現代化的心靈才能應付。在舊日西藏環境中成長的人，不能了解那兒現在發生的轉變。面對這些問題的人，最好沒有記憶的包袱。此外，我們是為了下一代從事爭取西藏合法獨立的奮鬥，如果他們還願奮鬥下去，就必須由他們繼續。

一九八二年四月初，達蘭莎拉的三人談判小組飛往北京，討論西藏前途。領隊是當時噶廈資深成員竹謙圖滇南結，陪他前去的包括我的前任侍衛總管，一九五一年為嘎波嘎旺吉美擔任譯員的吞措塔希塔克拉，以及西藏人民大會主席羅提結稱結瑞。他們與中共高級官員晤面，雙方表明立場。

西藏人提出討論的各點，以我們祖國的史實為主。他們提醒中共，就歷史而言，西藏一直與中國分離，這項事實北京在強迫簽署十七點「協議」時，已完全承認。其次，我們的談判代表告訴中共：儘管我們一再吹噓誇大西藏的進步，但事實上，西藏人根本不滿意。他們建議中共根據這些事實，採取與事實相符的新方針。

一位談判者也問起，西藏人既然是外族，是否也該擁有跟中共政府聲稱要給台灣的同族人相同或更多的權利。他得到的答覆是，台灣是因為尚未被「解放」，所以才提供它這樣的條件，而西藏卻早已踏上了輝煌的社會主義之路。

很不幸，結果顯示中共並沒有實質的事要談。他們教訓我們的代表，指責我們用考察團的資料歪曲真相。他們真正想談的只是要達賴喇嘛回去。為達到這個目的，他們提出有關我未來地位的五點清單：

一、達賴喇嘛應該相信中國已邁入長期政治穩定，經濟穩定成長及各族共和的新階段。

二、達賴喇嘛及其代表應坦誠對待中央政府，不可拐彎抹角。也不應再以一九五九年的事件為遁辭。

三、中央政府誠意歡迎達賴喇嘛及其追隨者歸來。這是基於他們將對中國統一，加強漢藏及各族的團結及現代化計畫有所貢獻的期望。

四、達賴喇嘛的政治地位與生活狀況將與一九五九年以前相同。建議他不必住在西藏並擔任地方官職，但他當然可以經常回西藏。他的追隨者不必為工作與生活擔心，一切都將較過去改善。

五、達賴喇嘛若願回來，可向新聞界發布一分簡短聲明，其內容由他全權決定。

代表們回到達蘭莎拉後，中共政府發布了一份嚴重歪曲的會議紀錄，指我們的觀點為「分裂主義」、「反動」、「中國人，尤其西藏人，都強烈反對」。中共對西藏的「新」政策開始顯得跟一九七〇年代晚期的發展所指出者相去甚遠。正如一句西藏諺語所說的：「他們給你看的是黃糖，塞進你嘴裡的卻是白蠟。」

談到中共提出與我有關的五點，我真不知道他們為什麼以為我會重視我個人的地位。整個奮鬥過程中，我關心的都不是我自己，而是我六百萬同胞的權利、幸福與自由。我這麼做不僅是為了爭界域，而是因為我相信，人類最要緊的就是本身的創造力。我更相信，為了實踐這種創造力，人必須自由。我放逐而擁有自由。作了卅一年難民，我已知道了它的一些價值。因此，在全體西藏人都能在自己的國家分享相同的自由之前，我回西藏將是一項錯誤。

儘管跟中共政府從事的這些談判本身都毫無建設性，我還是決定，只要北京同意，我願意作一趟短暫的西藏之行。我希望跟我的同胞談話，親自了解真正的情況。對方反應良好，我們就準備於一九八四年派出一支先行部隊，為我次年到訪作預備工作。

同時，因為旅行的限制放寬，所以有相當多的西藏人開始來到印度。他們不斷前來，不過人數已漸漸減少。寫作本書時，已有將近一萬人來過印度，其中一半以上留下，大部分是希望在我們的學校與寺院大學就讀的年輕人。回去的人則大多出於不得已的原因。

我盡可能親自接見來自西藏的旅客。這些場合幾乎都令人非常激動：他們大都是悲傷而天真的人，衣衫襤褸，身無長物。我詢問他們的生活和家人的情形，他們答話時總是忍不住熱淚滾滾而下——在敘述親身遭遇時更是壓抑不住的號啕大哭。

這期間，我遇見的曾赴西藏旅遊的觀光客人數也日益增加。有史以來第一次，外國人（主要是西方人）獲准進入這個雪國。不幸的是，中共官方從一開始就處處設限，開放政策實施之初，就只有加入遵守既定行程的團體才能入境，可以參觀的地方也少之又少。更有甚者，外人幾乎沒有機會跟西藏人接觸，因為大部分宿處都由漢人經營，這種地方雇用的少數西藏人都只從事侍應或清潔打掃的粗工。

除了這些缺點，中共的導遊也只帶遊客參觀重建中，或重建完畢的寺廟，仍然是廢墟的所在從不在外人面前曝光。沒有錯，尤其在拉薩一帶，過去十年間有不少重建工作在進行，但我絕非出於私心才說這麼做只是為了取悅觀光團，事實上，不但住進這些重建寺廟的僧人都必須由中共官方審核，甚至他們還得犧牲修行的時間，親自動手搬磚挑瓦（資金由民間私人捐助），使人無法作出別種結論。

好在導遊都受過精心訓練，很少觀光客看穿這一點。如果他們問起，為什麼有這麼多重建工程，他們會被告知，很不幸文化大革命的破壞也蔓延到西藏，但中國人對四人幫的惡行造成的後果深表遺憾，他們正設法彌補過去可怕的錯誤。從來沒有人提起，大部分破壞早在文化大革命之前就已經成為事實了。

可惜的是，對大部分觀光客而言，西藏不過是個充滿異國風情的地方，是他們護照上的另一枚戳記而已。他們多看幾座寺廟，好奇心就得到滿足，廟中擠滿服飾多采多姿的進香客，更沖淡了他們的懷疑。但儘管大多數人受惑於表面假象，至少還有少部分人並非如此，這才是西藏開放觀光對我們真正的益處。這跟經濟或統計數字無關，只是一小群真正富於想像力與好奇心的遊客。他們會溜出兼負監視責任的導遊的視線，去看那些不希望被他們看到的東西，而且更重要的是，聽到那些他們不該聽的消息。

一九八一到一九八六年之間，西藏觀光客人數從一千五百人增加到三萬人。從後來跟我們流亡政府接觸的人口中，我們得知中共所謂的「自由主義」，不過是空洞的口號。西藏人仍沒有言論自由，雖然他們私下明白的反對中共占領我們的國家，卻從不敢公開談論。更有甚者，他們取得資訊的管道極為有限，舉行宗教儀式也要受管制。不需要太客觀就可以看出，西藏還是個警察國家，人民都在恐懼中忍氣吞聲。儘管毛澤東死後就有改革的承諾，他們仍然不曾脫離恐懼，現在他們更須面對大批湧進的漢人移民，用壓倒性的人數威脅到他們的生存。

我遇見的很多觀光客都說，他們到西藏前，基本上都持支持中共的態度，但目睹的一切推翻了原來的觀念。同樣的，很多人說，雖然他們基本上對政治不感興趣，現在卻覺得必須改變立場。我記得有位來自挪威的男士告訴我，他最初很崇拜中共摧毀宗教的行徑，但當他第二度回到拉薩，看到了真相，他不由得問，他能幫我的同胞什麼忙？我的回答正如我告訴所有提出相同問題的西藏出來的訪客一樣，就是把他目睹的事告訴越多的人越好。這樣，西藏的苦難才會有更多的人知道。

從新來者和觀光客口中不斷得到西藏的消息，因此一九八三年，中共與西藏發生新一波迫害浪潮時，我毫不感到意外。拉薩、日喀則、甘孜都有人被處決，昌都與開雷也有人陸續被捕。這次整肅涵蓋大陸全境，表面上，目標對準「犯罪與反社會分子」，但其實是為了對付異議分子。不過，儘管它似乎顯示中共官方的態度轉為強硬，這則消息也有其積極的方面，第一次，中共在西藏的活動透過派入西藏的國際通訊社特派員傳播到外界。

難民們擔心新的恐怖統治，是毛澤東時代強硬手段死灰復燃的訊號，反應極為強烈。他們在德里及全印度各屯墾區舉行大規模示威。就我的觀點，我覺得要判斷此等暴行究竟是保守派對鄧小平政權的反彈，或西藏再次陷入黑暗時代，都還言之過早。但很明顯的，我的先行部隊已無法成行，所以我的訪問也只好取消。

一九八五年五月，中共對西藏政策已明顯的有重大轉變。胡耀邦提出中共駐西藏官員減少百分之八十五的要求未被採納，相對的卻展開鼓勵移民的大型宣導活動。在「發展」

的口號下，六萬名有技術及無技術的工人，在公家提供他們財務擔保、房屋補助及請返鄉假優待等條件的誘惑下，應召前往。同時，由於中共本身旅行限制放寬，很多人也以私人名義前往，希望找到更好的工作機會。就這樣，正如西藏人所說的，來了一個中國人，後面至少跟十個，大批人潮湧至——持續至今也不見減少。

同一年暮秋，甘地夫人遇刺身亡，西藏失去了一位真正的朋友。我當時在倫敦赴德里途中，得知噩耗，深感震驚——不僅因為當天我正巧約定跟她及庫里辛那穆提（J. Krishnamurti）共進午餐而已。她的職位由她的兒子拉吉夫．甘地繼承，這位年輕的領袖一心為國，並樂意協助西藏的流亡社會。

拉吉夫．甘地秉性溫柔和順，心地極為善良。我還記得第一次見到他的情形。一九五六年我訪問印度時，應邀到他祖父尼赫魯府邸午餐。當時這位總理請我去參觀花園，我看見兩個小男孩在一座帳篷附近玩耍，他們想放一枚大沖天炮，卻放不上去。那正是拉吉夫和他的弟弟桑傑。最近，拉吉夫還跟我提起我要他們兩人守在帳篷裡的趣事。

不到一年的時間，羅桑桑天去世，西藏又失去一位重要的支持者。他得年僅五十四歲，我在哀悼中也深感訝異。他參與第一支考察團的經驗，對他影響很大。他不能理解中共對西藏如此明顯的苦難不聞不問的態度。雖然他一向喜歡開玩笑取樂（他極具幽默感，而且有點粗俗），卻因而悶悶不樂很長一段時間。我相信若說他因心碎而死也不為過。

羅桑桑天的死令我非常難過，不僅因為我們一直情同手足，也因為他病危之際，我未能陪伴在側。我最後一次見到他是前往德里時，他當時正以西藏醫學研究所（Tibetan Medical Institute）主管的身分處理一些相關業務。他決定不跟妻子一塊兒搭巴士回達瑪薩拉，而多留一天繼續工作，然後跟我一塊兒回去。但到了火車站，他又改變了心意。他的事還沒完全辦完，雖然有便車可搭，他還是決定留下。他就是這樣的人，永遠不把自己放在第一位。第二天他就莫名其妙的得了「感冒」，惡化成肺炎再加上併發黃疸病，三周後他就去世了。

今天我每想起羅桑桑天，最難忘的就是他的謙遜。他總是像一般西藏人那樣對我極為尊敬，而不是把我當作一個兄弟。比方說，每逢我回家或出門，他總是跟別人一起排在我住處的門口歡迎我，或祝我旅途順利。他不但謙遜，而且慈悲為懷。我記得有次跟他提到印度東部歐利薩（Orissa）的痲瘋病人聚居區。他跟我一樣，非常重視能幫助別人減輕痛苦的事。我說我希望西藏社區能夠對那些病患提供一些協助後，他就流著淚說，他個人願意盡一切努力。

我於一九七九年、一九八一年與一九八四年訪美，每次那兒的人都表示希望能為西藏人做些什麼。一九八五年七月，九十一位美國國會議員聯名寫信給當時的中共國家主席李先念，表示支持中共政府與我的代表舉行直接談判。信中鼓勵中共「盡可能考慮達賴喇嘛閣下及其人民極為合理而正當的願望」。

這是西藏第一次獲得正式政治支持——我認為這是我們目標的正當性終於開始贏得國際支持的一個令人鼓舞的跡象。進一步類似的證據，將使其他國家的人民也起而採取相同的立場。

一九八七年初，我接到前往華府美國國會人權高峰會議演講的邀請。我欣然接受，並訂於該年秋季赴約。同時，我的很多老朋友都建議我趁這個機會，提出一些西藏要爭取的明確目標，俾便世界各地的正義之士認同。我認為這建議很好，於是開始組織我過去幾年中想到的一些觀念。

就在我動身赴美前夕，國會出版了一份有關西藏人權被侵犯的新報告。其中指出，國會一九八五年致李先念的信遭受忽視：「沒有證據顯示中華人民共和國曾對『達賴喇嘛合理而正當的願望』作任何考慮。」

一九八七年九月二十一日，我在國會山莊演說，我提出的建議綱領自此被稱為五點和平計畫，它包括下列五點：

一、整個西藏劃為和平地區。

二、取消中共人口移民政策，因其已威脅到西藏民族的生存。

三、尊重西藏人民之基本人權及民主自由。

四、重建並保護西藏的自然環境，中共應中止在西藏生產核武器與棄置核能廢料。

五、對西藏的地位及中藏人民的關係立刻展開談判。

簡短的說明這些建議後，我請現場聽眾提問題。這時，我注意到場中有些人看起來很像中國人，我問他們是不是，他們猶豫了一會兒才回答是的，他們是新華社的人。此後，我發現每當我在海外公開演講，中共必然派人到場監聽。這些人通常對我都很友善，當他們偶爾否定我或諷刺我的時候，都會露出愧疚的表情。

我要大致說明一下五點和平計畫。第一點之中，我建議整個西藏，包括東部的西康與安多省份在內，都改為Ahimsa地區。（Ahimsa是個印度教名詞，意為和平與非暴力狀態）。這符合西藏作為一個愛好和平的佛教國家的地位，與中共已表示支持的尼泊爾以和平地區自居的宣言完全相同。如果能實現，西藏就可恢復其作為亞洲強權之間的緩衝國的歷史地位。

下列各點是Ahimsa地區的主要條件：

——全西藏高原列為非軍事區。

——禁止在西藏高原生產、試驗、或存放核子武器及任何其他武器。

——西藏高原將成為世界最大的自然公園，以嚴格的法律保護野生動植物；剝削自然資源的行為將審慎立法管制，以免破壞相關的生化系統；人類居住的地區將實施認可發展的政策。

——禁止製造或使用核能，以及任何其他會產生危險性廢料的科技。

——國家資源與政策都將以推動和平與環境保護為目標。凡致力推廣和平及保護各種生命形式的組織，都會在西藏得到友善的接待。

——推廣與保護人權的國際性與區域性組織，西藏都會加以鼓勵。

Ahimsa地區成立後，印度就可以從與西藏接壤的喜馬拉雅山區撤除軍隊與軍事設施——俟簽訂足以滿足中共合法的安全需求，並且能建立藏、中、印及該地區其他民族之間互信的國際條約，就能實現。這對每個人都有利，尤其是中共和印度，不但能加強兩國的安全，同時又能減輕維持大批軍隊駐守喜馬拉雅山未定界的經濟負擔。歷史上，中印從未起正面衝突。只有當中共部隊開入西藏後，兩國才有疆界相接，在兩大強權之間造成緊張，促成一九六二年的戰爭。從此以後，危險的小紛爭就層出不窮。

恢復世界上人口最多的兩個國家之間的良好關係，最好的辦法莫過於把它們分開——歷史上一直是如此——中間設立一個廣大而友善的中立地區。

改善中國人與西藏人的關係，首要之務是建立互信。過去三十年的浩劫中，幾乎有一十五萬西藏人死於飢餓、死刑、酷刑、自殺，還有數萬人被囚禁在罪犯營中，令人難以置信，現今唯有中共撤軍，真正的和解才能開始。西藏的大批占領軍每天都在提醒西藏人他們所受的壓迫與痛苦。撤軍是未來與中共基於友誼與信任建立有意義關係的必要條件。

不幸的是，北京把我提議的這一部分，視為分裂的行動，其實這絕非我的本意。我的用意只是指出，為追求我們兩個民族之間真正的和諧共存，至少有一方必須作某種程度的讓步。由於西藏一直是受害者，我們西藏人已一無所有，沒有東西可以奉獻給中共，所以為了建立互信的氣氛，那些手持步槍的人應該撤走。這就是我所謂的和平地區：一個沒有人攜帶武器的地區。這不僅有助於建立信任，對中共的經濟也會有很大的幫助，他們可以節省在西藏駐軍的大筆開銷，對一個開發中國家而言，這筆開銷可說是龐大的浪費。

我的五點和平計畫的第二點，與西藏作為一個獨立的民族所面臨的生存威脅有關，也就是中國人人口流入西藏的問題。一九八〇年代中期，中共的漢化政策已極為明顯：有些人暗地裡稱之為「最後的解決方案」。他們藉此使土生土長的西藏人減少到微不足道的比例，變成自己祖國裡的少數民族。這一定要中止。漢人平民大規模移入西藏，直接違反了第四次日內瓦大會的決議。現在我國東部，漢人人口已超出藏人甚多。以我的出生地，現在被畫歸青海省的安多為例，據中共的統計資料，當地有二百五十萬漢人，僅七十五萬藏人。即使在所謂的西藏自治區（亦即西藏的中部與西部），我們的資料顯示，漢人也已多於藏人。

這套移民政策並不新鮮。中國曾有系統的在其他地區運用。不久之前，發源於中國東北地方的滿族還是擁有自己的文化與傳統的獨立民族。今天的東北地方只剩二到三百萬的滿族人，漢人卻多達七千五百萬。又如今天中國人稱為新疆的東土庫斯坦，漢人已由一九四九年的二十萬人增為今天的七百萬人，占全部當地人口一半以上。中共殖民內蒙古後，漢人增為八百五十萬，蒙古人僅二百五十萬。我們估計，目前全西藏有七百五十萬漢人，多於藏人的六百萬。

西藏民族要繼續生存，漢人移民必須立刻停止，漢人屯墾民必須獲准回內地，否則，西藏人將淪為吸引觀光客的噱頭和光榮歷史的遺跡。目前漢人之所以留下似乎主要由於經濟誘因；此地情況並不適合他們，漢人罹患高山病的比比皆是。

我建議的第三點與西藏的人權有關。這一定要尊重。西藏人應有在經濟、文化、知識、靈性等方面發展的自由，並享有基本的民主自由。西藏侵犯人權的情形全世界最為嚴重，國際特赦組織及其他類似機構都可以證明。西藏的歧視行為在中共所謂的「隔離與同化」下，與種族隔離政策無異。西藏人在自己的國家淪為二等公民，被剝奪所有基本民主權利與自由，由占領的殖民政府控制，所有實權都掌握在中共官員、共黨及人民解放軍手中。雖然中共准許藏人重建佛寺，朝拜進香，卻嚴禁一切與宗教有關的學問授受。因此，雖然流亡在外的西藏人，根據我一九六三年草擬的憲法，擁有民主權利，但我成千上萬的同胞仍然因他們對自由的信念，在監獄或勞動營中受苦。在西藏，效忠中共的西藏人被稱為「進步」，效忠自己的國家的西藏人卻被打成「罪犯」，鋃鐺入獄。

我的第四項建議，呼籲為重建西藏的自然環境而努力。西藏不應用於生產核子武器或堆置核能廢料。西藏人一向尊重各種生命的形式。這種與生俱來的感情，因佛教信仰嚴禁殺生而更為加強。中共入侵之前，西藏是一片清新、美麗，未經破壞的野生環境庇護所，擁有其獨特的自然環境。

遺憾的是，過去數十年來，西藏的野生動物幾乎完全被摧毀，很多地區的林木已無法恢復原狀。整個西藏脆弱的環境力受損極大——尤其因為這個國家的高海拔與乾燥，植物生長需花比低海拔潮溼地區更久的時間。因此，僅餘的一切更須加以保護，並努力扭轉中共對西藏環境不公平的肆意破壞造成的惡果。

因此當務之急是中止生產核子武器，更重要的是防範棄置核能廢料。目前中共不但打算在此處理它自己的廢料，也計畫進口外國廢料牟利。此舉的危機顯而易見，不但危害現在生存於此的人，他們的後代也將同受其禍。更有甚者，本地無可避免的問題輕易便會轉變為全球性的災難。把廢料交給中共，因為把這些東西丟在地廣人稀，科技相當落伍的區域，只是解決問題的權宜之計。

我在要求就西藏未來的地位舉行談判的呼籲中，表達了我以坦誠修好的態度解決問題的意願，希望找出一個對所有的人——西藏人、中國人，以及地球上每一個人——都有長程利益的方案。我的動機是經由地區性的和平促進全世界的和平。我決不以批評中共為能事，相反的，我願意盡一切可能來協助中國人。我希望我的建議對他們有益。不幸的是他們全部視之為分離主義（其實，我在談及西藏的未來時，從未提起主權問題），北京立刻用強烈的措辭駁斥我的演說。

這並不令我感到意外。西藏人的反應雖出乎我的預料，卻也沒有令我太驚訝。我在華府演說後沒幾天，就傳來拉薩舉行大規模示威的報導。

第十五章　宇宙責任與菩提心

我後來發現，一九八七年九月與十月兩次示威，就是肇因於北京對我提出的五點和平計畫公開指責。數以千計的拉薩人要求西藏獨立，可想而知，中共官方必然以殘酷的暴力鎮壓。武裝警察開往制止示威，並任意開槍，至少有十九人死亡，受傷人數更多。最初，中共矢口否認開火，六個月後，他們才承認，少數公安人員曾向空中開槍警告，可是或許有些子彈落地時傷到民眾（聽到這種說詞，我不禁懷疑中共是否暗示他們發明了一種專嗜西藏人鮮血的秘密子彈）。

有關示威及殘酷血腥鎮壓的消息立刻傳遍全球，自一九五九年以來，西藏首次再度成為新聞頭題。但我直到相當時日後，才得知全部經過細節，這還是靠若干事發當時正好在拉薩的西方觀光客之助。

他們之中有四十人聯合提出一份報告，陳述他們親目所睹的暴行。我才知道，兩次示威都循相同的模式。起初是一群僧人聚集在大昭寺前面喊叫「西藏獨立」，很快就有成千上百的俗人加入，一齊吶喊。忽然間，一整營的安全人員掩至，不加警告便逮捕了僧俗共約六十人，押到幾乎就在大昭寺對面的公安局。被捕前，他們都遭到毒打。民眾曾要求官員開釋這些示威者，但忽然又冒出多名攜有攝錄影機的安全人員，拍攝群眾，有人因害怕被認出，而開始向安全人員投擲石塊，武裝的安全部隊則開槍還擊。少數西藏人驚慌失措，動手推翻警車，點火焚燒，但大多數人都還力持自制。一部分公安人員丟下槍逃跑時，他們蒐集了武器，就地破壞。

一九八七年十月一日的騷亂中，公安局很不幸的被示威者縱火。他們是為了救出被囚禁的夥伴，鋌而走險，燒燬公安局的大門。同時公安人員不斷出來把人拖進去，對他們橫加箠楚。

群眾最後被驅散時，地面上已躺了至少十多具屍首，其中有好幾名孩童。當晚及接下來數晚，好幾百個人在家中被捕。最後共有兩千多人入獄，他們都遭受刑訊，一份報告甚至說有人被處決。

我在此要先對這些外籍人士表示謝意，他們沒有義務這麼做，卻無私的冒生命的危險，幫助其他受苦受難的人。這種自然流露的人道精神，誠為人類未來唯一的希望。他們一再冒生命的危險，援助許多受傷的西藏人，他們也把目睹的許多中共暴行拍照存證。

雖然中共官方盡快驅逐來到西藏的記者及一切外國人，但他們的暴行仍傳遍世界各地。若干西方政府因此呼籲中共尊重西藏人權，並釋放當地所有政治犯。北京政府卻答覆說這是內政問題，拒不接受外界批評。

由於西藏已與外界隔離，我好幾個月都得不到進一步消息。但我現在知道，示威之後，中共立刻展開大規模政治「再教育」計畫，甚至以一周薪資為餌，誘人參加十月下旬一次反示威運動，但仍因為無人參與而宣告取消。同時為了防範再有新聞外洩，人民解放軍全力封鎖邊界，在中共壓力下，尼泊爾也逮捕了二十六名試圖逃脫的西藏人，遞解交中共。但也在這同時，有個中國消息來源告訴我（他也跟西方觀光客一樣，基於同情與義憤而這麼做），向示威者開火確實是上層下達的命令。

一九八八年初，駐拉薩的中共官員指示宗教人士照常舉行默朗木慶典（該儀式被禁二十年後於一九八四年解禁）。但喇嘛認為不妥而拒絕從命。北京政府下令照計畫慶祝，希望藉此向外界證明，西藏一切如常。喇嘛被迫奉命行事，但中共唯恐再生騷動的情勢很明顯。一九八八年二月，英國廣播公司報導：

數以千計的中共安全部隊開赴拉薩地區——全市各處均設有路障。晚間大隊武裝車輛在街道上巡邏，擴音機勸告民眾留在家中。有則播音直接宣稱，「不聽話就宰了你們」。

默朗木慶典舉行前一周，一則發自北京的路透社電訊說，有五十輛軍車及一千多名穿戴鎮暴裝備的中共公安人員，在大昭寺前面舉行演習。

慶典開始，緊張情勢更是節節升高。開幕儀式就出現大批軍事部隊，在場的喇嘛與安全人員之比為一比十。此外還有很多便衣混在人群中，有的攜有攝錄影機。後來的發展更顯示，安全人員還有化粧，有的剃光頭，有的戴假髮，使人誤以為他們是拉薩本地或外來的喇嘛。

起初還能維持和平的氣氛，但三月五日，喇嘛們吶喊要求釋放前一年十月未經審判就遭監禁的多名抗議者中一個名叫悠魯巴瓦澤仁的轉世活佛。接下來的祈禱典禮後半，集結的人群趁彌勒菩薩的神像被抬著繞境時，痛罵中共占領西藏，並且向四周監視的警察投擲石塊。公安部隊的因應方式是手持棍棒與電擊棒，一再衝入人群；後來，軍方就開火了，這次他們並非隨便掃射，而且有準備的殺死了若干抗議者。且走且戰之下，有數百名西藏人受傷。中午時分，警方突襲大昭寺，謀殺了至少十二名喇嘛，其中一人先是遭毒打，然後被挖出雙眼，最後由屋頂被丟到地面。西藏最神聖的寺廟變成了屠場。

拉薩的藏人區整個沸騰了，晚間約有二十家反西藏人的中國人開的商店被燒燬，公安部隊也一再出擊，拖走了數百名男女及兒童。

由於當時只有幾名外國人，而且都不是記者，所以新聞幾乎全被封鎖，數周後我才聽到詳情。同時，這次動亂無論規模與嚴重性都遠超過前一年秋季。結果實施兩周的宵禁，至少有兩千五百人被捕，所有拉薩的西藏人都受到無情的威脅。

我對西藏人民如此表達他們的絕望之情，並不感到意外，但得知中共的殘暴壓制手段，我仍感到震驚。全世界都為之憤怒，短短六個月之中，國際新聞再次廣泛的報導這場動亂，雖然可採用的資訊不多。同時，中共官員的反應也與上次雷同：北京政府認為這是內政問題，他們把示威說成少數「反動分離分子」的陰謀，又把我稱作危險的罪犯。他們說，達賴喇嘛故意唆使暴動，並派遣間諜到西藏執行任務。我早已料到這事，但中共現在公開指控外國在兩次動亂中都扮演重要角色的行為，卻令我不安。

我第一份有關默朗木慶典示威的完整報告，來自英國政治家艾納斯爵士（Lord Ennals），他將近一個月後抵達西藏。艾納斯爵士是北京政府批准來西藏，調查人權狀況的一個獨立代表團的領袖。他和其他團員發現西藏人所受種種違反人權的待遇，都深表震驚。代表團也蒐集到無可反駁的示威人犯受到刑求的證據，他們從目擊者那兒聽取了全部細節。他們的報告由「國際警戒」（International Alert）出版，其中談到「這個危機必須加以快速、積極的反應」。

這個蒐證團體在西藏的同時，我卻到了英國，我是應若干對西藏佛教有興趣的團體之邀前往。我對那兒的媒體關懷西藏人民苦難的熱情，留下深刻的印象。同時，我也很高興接到一九八八年稍後，在歐洲議會對一群關切此事的政治家演說的邀請。適在此時，若干西方領袖也呼籲中共，就西藏的未來與我展開談判。

我認為這項邀請是重申五點和平計畫，尤其是擴充第五點原則的良機，所以欣然接受。一九八八年六月，我在薩爾斯堡的演說中，談到我認為在某些特殊狀況下，西藏可與中共保持關係，由北京指揮它的外交與國防。我也明白表示，西藏流亡政府隨時準備與中共官方談判。可是我堅持，這只是一項建議，任何決定權都操諸西藏人民手中，不能由我決斷。

北京的反應仍是全面否定。我的演說遭到公開抨擊，歐洲議會也因准我演說而受批評。但一九八八年秋季還是有一項樂觀的發展，中共表示願意跟達賴喇嘛討論西藏的未來。他們第一次承認，不僅願意討論達賴喇嘛的地位，也願意討論西藏本身。現在輪到我出牌。我立刻提出代表團的名單，並建議於一九八九年一月雙方在日內瓦晤談。我這項選擇是為了一旦需要我到場，我可以立刻親自出席。

不幸的是，中共雖然原則上同意談判，卻又設下種種限制，處處阻撓。最初，他們表示寧願在北京談判；接著又限制不許外國人參加談判代表團；再下來，他們連西藏流亡政府的成員都不許參加，因為他們不承認這個政府，後來他們又說，任何曾經支持西藏獨立的人都不得參加。到頭來，他們只肯跟我一個人談。這實在令人失望。中共雖然口說願意談判，卻搞得談判根本不可能展開。我儘管一點也不反對跟中共會面，但他們先跟我的代表作初步談判，是很合理的。因此，儘管大家同意在日內瓦舉行談判，一九八九年一月來了又去了，一事無成。

一九八九年一月二十八日，消息傳來，班禪在難得的從北京住所前往西藏訪問期間圓寂。他不過五十三歲，我當然很難過。我覺得西藏損失了一位真正的自由鬥士。無可否認，有些西藏人對他持分歧的看法，事實上，一九五〇年代早期，他還很年輕的時候，我曾經懷疑過，他以為站在中共那一邊可利用情況為自己造勢。但我相信他的愛國熱忱出於真心。即使中共一九七八年釋放他出獄後，利用他做傀儡，他還是反對他們到底。他去世前曾發表一篇演講，新華社的報導顯示，他對中共官方在西藏犯下的「許多錯誤」，有嚴厲的批評。這是一項勇敢的最後行動。

兩天後，他在扎什倫布寺最後一次露面，向他前世的靈塔奉祭後不久，他就心臟病發作圓寂。很多人覺得，班禪喇嘛在自己的寺廟中圓寂具有象徵性，這是一位真正的精神宗師博大精深能力的表現。

雖然他去世前我們無法相見，但我曾跟班禪喇嘛通過三次電話。兩次是在他北京的辦公室，他是人民大會的代表，另一次則是他在國外的時候。他在北京的談話無可避免的有人監聽。我知道是因為第二次通話後數周，中共報章上刊出一份經過重新仔細編排的我們的談話紀錄。但他在澳洲時，總算有機會擺脫他的監視者，打電話到西德跟我交談。我們無法久談，但已足以使我相信，班禪喇嘛的心仍忠於他的宗教、他的同胞和國家。因此當我聽說他在拉薩，因為對商業太感興趣而被人批評的報導時，我並不放在心上。另外也有他娶妻的傳言。

他死後，我接到中共佛學會邀我參加他北京的葬禮的邀請。這等於是訪問中共的正式邀請。我個人很想去，但不免猶豫，去的話一定會面臨若干有關西藏的討論。如果日內瓦談判如期舉行，這實在會是個好機會；但在目前情況下，我覺得不該去，只好遺憾的拒絕了。

同時，中共的拖延也帶來不可避免的結果。一九八九年三月五日，拉薩又展開三天的示威，表現出的強烈不滿可說是一九五九年三月以來所僅見，成千上萬的人走上街頭。中共公安部隊改變策略，第一天一直保持旁觀，只拍攝一些畫面，晚間在電視上播放。但第二天，他們又恢復用棒子打人和不分青紅皂白的開槍，目擊者指出，他們用機槍掃射民宅，把全家人都殺死。

不幸的是，西藏人的反應不但包括攻擊警方與安全部隊，在若干場合中，無辜的中國平民也成為攻擊對象。西藏人實在不該使用暴力。中共要的話，以十億人口對付我們六百萬人，滅絕西藏人也非難事。大家嘗試了解心目中的敵人，是更具建設性的作法。學習原諒，比單單撿起一塊石頭丟向憎恨的目標有用得多，尤其當深受激怒的時候。因為只有在最困阨的環境下，為自己和為他人行善的潛能才會發揮到極致。

但事實上，我知道大部分人都覺得我這番話不切實際。我要求得太多。我不該寄望每天生活在水深火熱中的西藏人愛中國人。因此，我雖然決不寬容暴力，但我承認某些程度的暴力是不可避免的。

我甚至對我的同胞的勇氣深感敬佩。大部分參與示威者是婦女、兒童及老人：男人第一天傍晚就都被捕，因此只有靠他們的家人在第二和第三天，繼續替他們表達他們的意見。他們很多人現在可能已死亡，更多人在牢中天天遭受苦刑拷打。

多虧少數在場的勇敢的外國人，無視威脅，盡快把最近這次暴行的報導傳往外界。正如以前，美國、法國、歐洲議會都一致支持西藏人民，譴責中共至少殺害兩千五百名無武裝西藏人，及傷及不計其數無辜的報復手段。很多其他國家的政府也表達「重大關懷」，三月八日開始實施的戒嚴法更引起廣大的批評。

中共在拉薩實施戒嚴，令人想到就害怕，因為自從一九五一年十月二十六日，第一批人民解放軍部隊開到以來，這座城市一直受軍事統治。中共顯然想把它變成一個屠場，一個喜瑪拉雅山下的殺戮戰場。我於是在兩天後的西藏人民抗暴十三周年紀念日，向鄧小平呼籲，請他出面取消戒嚴，終止對西藏人民的迫害，但他沒有作答。

拉薩抗議結束數周後，中共內部也有示威抗議。我懷著不相信和恐懼的複雜情緒，注意它的每一個發展。尤其當一部分示威者開始絕食抗議，我更感焦慮。學生都是那麼聰明、誠摯、天真，他們的人生才剛開始，卻須面對一個始終那麼殘酷、頑固、無動於衷的政府。同時，我也不得不有點佩服中共的領導人，這群始終堅持己見的愚蠢老朽，無視於種種顯示共產主義已在全世界失敗的證據，及數以百萬計的抗議者在他們的門口吶喊的事實，從不改變。

可想而知，最後軍方出動鎮壓示威，令我感到震駭。但就政治方面考慮，我覺得民主運動只是暫時受挫。官方動用武力，只會促使平民採取支持學生的立場。他們這麼做，反而使共產主義在中國的壽命縮短一半到三分之二。同時，他們也讓世界看清了他們的手段的真相：原來對中共統治下西藏人權蕩然無存所持的懷疑態度，現在已一掃而空。

在私人層次，我頗為鄧小平擔心，他現在已身敗名裂，如果沒有一九八九年那場大屠殺，歷史可能奉他為一位英明的領袖。我也很同情跟他同居領導地位的那些人，他們出於無知，摧毀了中共下十年工夫建立的國際聲譽。看起來似乎他們的宣傳雖然在人民中間並不成功，在他們自己身上卻完全見效。

一九八九年拉薩全面戒嚴，與世界其他地區發生的美好改變恰成殘酷的對比。我於該年秋季訪問美國時，尤其感覺到這項令人悲哀的事實，我得知自己獲得諾貝爾和平獎。雖然這則消息對我個人而言無足輕重，但我知道它對西藏人的意義極為重大，因為他們才是真正的「得獎者」。我則因國際間認同慈悲、寬赦與愛的價值而感到滿足。更有甚者，我更慶幸許多國家的人都發現，和平的改變並非不可能。過去，非暴力革命的觀念或許顯得太過理想化，這項壓倒性的反證帶給我很大的安慰。

毛澤東曾說，槍桿子出政權。他只說對了一部分。槍桿子產生的權力只能維持短暫的時間。到頭來，人民對真理、正義、自由與民主的愛還是會獲勝。無論政府怎麼做，人道精神才是最後的贏家。

一九八九年年底，我直接體驗到這個真理，我於克倫茲（**Egon Krantz**）被推翻當天訪問柏林。在東德官方協助下，我得以登上柏林圍牆。我居高臨下，把各安全岡哨看得清清楚楚，一位老婦人無言遞給我一支紅燭，我心情激動的點燃它，高高舉起。一時間，小小的火焰彷彿將要熄滅，但它支持住了。人群擠在我四周，我合掌祈禱，慈悲與關懷的光明充滿全世界，驅逐恐懼與壓迫的黑暗。我將永遠記住那一刻。

數周後，我應捷克總統哈維爾之邀赴捷克訪問時，也發生類似的事。哈維爾曾因參與政治活動被捕下獄，出獄未久就當選總統。我抵達時受到熱烈的歡迎，很多人滿眶淚水，舉手作出勝利的手勢，向我揮動。我立刻看出，儘管身受多年的極權統治之苦，這些男男女女在新得到的自由中，仍生氣勃勃，充滿喜悅。

我覺得應邀訪問捷克是一項殊榮，不但因為這是我第一次得到一國元首的邀請，也因為他是個始終如一，忠於真理的人。我發現這位總統是個文雅、誠懇、謙虛、而且富幽默感的人。當天晚宴上，他手持一杯啤酒，燃起一根香烟，告訴我他極為認同以入世著稱的第六任達賴喇嘛。這使我期待捷克發生第二次革命：爭取在用餐時間少抽點烟！哈維爾總統的不做作給我極深刻的印象。他似乎完全不受新職位的影響，他的外貌與談吐都顯示他是個非常敏感的人。

一九九〇年初，我遇到另一個予我深刻印象的人，就是在南印度建立一個村落的巴巴安提（**Baba Ante**）。他在荒蕪的土地上，一手建立了一個有樹、有玫瑰園和菜園、醫院、養老院、學校和工廠的社區。這件事本身已是了不起的成就，但更值得一提的是，它完全是由殘障人士所興建。

我在村中看不到任何向殘障屈服的跡象。有次我走進一間工寮，一名工人正在修理腳踏車輪子。他用痲瘋病肆虐下雙手的殘餘部分，抓住鑿子和槌子，賣力的揮動，我不由得覺得他是在炫耀。但他充分的自信使我確知，只要有熱情和妥善的組織，即使有重大缺陷的人也能得到尊嚴，成為社會上具有生產力的一員。

巴巴安提是個不平凡的人。他奮鬥了漫長的一生，承受了許多肉體上的苦難，由於脊椎受損，他只能筆直的站著或躺下。但他仍然精力充沛，他的工作換了我一定做不來，雖然我健康良好。我坐在他床畔，握著他的手，他躺著跟我交談，我不禁覺得身旁躺著一個真正慈悲的人。我告訴他，我的慈悲大多只是說說而已，他卻用行動發出光來。巴巴安提後來告訴我，他如何下決心奉獻一生幫助別人的故事。有一天，他看見一個痲瘋病人，眼眶的爛洞中長出蛆來。一切就是這樣開始。

像這樣的人道榜樣使我相信，總有一天我的同胞在中共手下所受的苦難會結束，因為十億中國人之中，縱然隨時都有好幾千人在從事慘無人性的行為，但其他人當中，必定有好幾百萬人在行善。

話雖這麼說，我仍無法忘懷西藏目前的狀況，不滿與壓迫絕不限於拉薩一地。一九八七年九月到一九九〇年五月之間，共有八十多次經報導的示威。其中很多只有少數抗議者參加，大部分也並未以流血結束。但我的同胞卻因而處於新的恐怖統治下。現在拉薩的中國人數量已遠超過西藏人，坦克經常出現，國際特赦組織與亞洲視察（**Asia Watch**）等組織的報導，清楚的指出，迫害仍在全西藏各地持續。無故逮捕、施刑拷打、根本不加審判就監禁或處決，都是中共官方的典型作風。

這張令人不快的清單還該加上若干西藏人的證詞，他們都曾在示威之後被捕受刑，但幸運的逃脫到印度。其中一個人，他的姓名必須保密，以防他的家人遭到報復，向人權調查員敘述他如何被剝光衣服，以手銬銬在囚室中多日，一再遭受毒打和辱罵。有時警衛喝醉了就來囚室打他。一天晚上，他因頭部被連續撞擊牆壁鼻子流血不止，但神智仍很清醒。他還描述「滿身酒氣」的警衛把他當成練國術的靶子。拷問的目的是逼他承認曾參加抗議，各次刑訊之間，他有時被丟在寒冷的囚室中，不給食物或被褥。

這個人在拘禁的第五天黎明時分就被叫醒，押到監獄外面的一個偵訊中心。他先被兩名警衛壓在地上，第三個警衛跪在他面前，雙手抓住他的腦袋，不斷用他的左太陽穴撞地達十分鐘之久。然後他描述一種叫做「弔飛機」的酷刑：

> 我從地上被拖起來，兩名士兵用一根繩子綁住我的手臂。這根繩子很長，中間有個金屬環，剛好扣在我頸後，繩子兩頭繞過我肩膀，一圈圈繞在我手臂上，直到手指都綑住。一個士兵接著把繩子兩端穿回金屬環，迫使我雙臂後屈到肩胛骨上。他抓緊繩子，用膝蓋頂住我後腰使力，使我的胸部疼痛非常。繩子接著穿過天花板上的鈎子拉下來，我只能以足尖著地。我很快就失去知覺。我不知道自己昏迷了多久，但醒來時我人在囚室裡，除了手銬腳鐐，全身一絲不掛。

四天後，他又赤裸裸的被押出監獄，腳鐐拿掉了，但手銬還在。這次不是帶他去偵訊，而是把他綁在一棵樹上。

> 一名士兵用很粗的繩子把我綁在樹上。繩子從我的脖子一直綁到膝蓋。這名士兵隨即站在樹後，用腳頂著樹，把繩子扯緊。中共士兵坐在樹的四周吃午餐。一個

人站起身，把碗裡剩的蔬菜和辣椒丟到我臉上。辣椒灼痛我的眼睛，我還會覺得痛。然後他們解下我，押我回囚室，我腳步不穩，幾乎無法走路，但每次我跌倒都會遭到一陣毒打。

其他曾經坐過牢的人，描述如何一再遭電擊棒酷刑的情形。一名年輕人嘴巴被塞進電擊棒，造成嚴重紅腫；一名比丘尼告訴調查員，肛門與陰道被塞入電擊棒。

雖然我很想用這樣的報導來論斷全體中國人，但我知道這麼做是錯誤的。可是這樣的惡行絕不能忽視。我雖然大半生都在放逐中度過，而且一直很關注中共的大事，甚至可以當「中國觀察家」之稱而無愧，但我必須承認，我還是不能完全了解中國人的心靈。

一九五〇年代早期，我訪問中國時，我看得出很多人犧牲一切只為了促成社會的改變。很多人身上留下鬥爭的疤痕，他們大多胸懷崇高理想，要為這個廣大國家的每一個人爭取真正的福利。他們為這樣的目標建立一個彼此之間毫無秘密，連一個人該睡幾小時覺大家都一清二楚的黨政制度。他們對理想狂熱的程度沒有什麼阻止得了。他們的領袖毛澤東頗具遠見與想像力，深知建設性批評的價值，經常加以鼓勵。

但這個新政府幾乎馬上就因無謂的內鬥與紛爭而陷於癱瘓。我親眼目睹它發生。不久，他們就用神話取代事實，為了證明自己高人一等不惜撒謊。我一九五六年在印度見到周恩來時，告訴他我的憂慮，他叫我不必擔心，一切都會好轉。事實上，事態一路惡化下去。

我一九五七年回到西藏時，中共官方已在公然迫害我的同胞，但同時我一再接獲不干預西藏的保證。他們說謊毫不遲疑，一向如此。更糟的是，外界似乎都準備聽信這番謊言。後來到了一九七〇年代，若干頗具威望的西方政治家被帶來西藏，回去時都說一切良好。

事實是自從中共入侵以來，一百多萬西藏人死於中共的政策之下。聯合國一九六五年的西藏決議案中指出，中共占領我的故鄉，充滿「謀殺、強暴、任意下獄的行為；大規模對西藏人施以酷刑及種種殘忍、不人道及可恥的待遇」。

我仍然無法解釋為什麼會發生這種事，為什麼那麼多好人的崇高理想會變成毫無理性的野蠻行為。我也不懂中共領導階層主張滅絕西藏人的動機何在。似乎中共已失去了信念，所以中國人民過去四十一年來經歷了無以言喻的苦難——一切都打著共黨主義的旗號。

但共產主義始終是人類社會一項最偉大的實驗，我不否認自己最初也深受其意識型態的吸引。問題在於，我很快就發現，雖然共產主義宣言為「人民」服務——成立「人民旅社」、「人民醫院」等——「人民」代表的卻不是每一個人，而是那些少數自認為持「人民的立場」的人。

共產主義之所以如此猖獗，西方應負一部分責任。西方對最初的馬克思主義政府的敵意，導致這些政府為保護自己而往往採取可笑的預防措施。他們變得對任何事、任何人都持懷疑態度。「疑心」違反基本的人性——人都希望能信任別人——造成恐怖的不快處境。

我記得一九八二年訪問莫斯科，到克里姆林宮參觀列寧房間時，就遇到類似的情形。一名女導遊機械化的解說俄國大革命的官方歷史時，有個面無笑容，顯然隨時準備開槍的便衣人員一直監視著我。

不過，如果說我有任何政治信念，我想我還是該算半個馬克思主義者。我並不反對資本主義，只要它遵循人道主義的路線，但我的宗教信仰使我更傾向於社會主義與國際主義，它們都跟佛教的原則比較契合。馬克思主義還有一點吸引我之處，那就是它肯定人該為自己的命運負責，這不折不扣反映了佛教的觀念。

相對的，在民主架構中實施資本主義政策的國家，比追求共產理想的國家自由得多，確為不爭的事實。因此我最終還是支持人道的政府，以服務全體為理想：不分老少或是否能對社會有直接的貢獻。

儘管我以半個馬克思主義者自居，但如果真的有機會投票，我會投給支持環保的政黨。近年世界最積極的進步就是日漸認識大自然的重要性。這不是什麼神聖不可侵犯的事，照顧我們的植物就是照顧我們的家。人類來自大自然，沒有理由跟大自然作對，所以我說環保跟宗教、倫理或道德無關，這些都是奢侈品，因為沒有它們，我們照樣能生存。但再跟自然界為敵，我們將無以求生。

我們必須接受這一點。如果我們使自然界失衡，人類就要受苦。更有甚者，我們活在今天，必須為下一代著想；清潔的環境也是人權的一種。因此，保證我們交給下一代的環境，跟我們從上一代接到的同樣健康（甚至更健康），是我們的責任。這實際上並不困難。因為儘管個人的能力有限，宇宙整體的努力成就卻無可限量。這全賴每個人竭盡所能，離開房間時隨手關燈似乎是微不足道的小事，但這不表示我們因此可以不做。

身為佛教僧侶，我覺得業的觀念在日常生活中非常有用。你一旦相信動機及其效果之間的關係，就會更當心你的行動對自己及別人造成的影響。因此，儘管西藏的悲劇不斷上演，我在世上仍發現許多善。尤其消費至上的信念，逐漸被人類必須維護地球資源的觀念取代，帶給我很大的鼓舞。這件事極有必要。在某種意義上，人類就是地球的兒女。雖然到目前為止，我們共同的母親還容忍她兒女的行徑，她也正在讓我們知道，她已經到了容忍的極限。

我祈求有一天我能把關懷環境的訊息，帶給每一個中國人。由於中國對佛教並不陌生，我相信我或能以實際的方式為他們服務。已故的前任班禪喇嘛曾經在北京舉行過一次時輪金剛灌頂，如果我做相同的事，也是有先例可循，身為佛門弟子，我關懷所有的人，乃及所有受苦的有情眾生。

我相信痛苦來自無明，人們會把自己的快樂與滿足建築在別人的痛苦上。但真正的幸福來自內在的安詳和滿足，唯有經由利他、博愛、慈悲、消滅貪嗔癡的修養才能達成。

可能有人覺得這種話太天真，可是我要提醒他們，不論我們來自世界那個角落，基本上我們都是同樣的人。我們都尋求快樂，逃避痛苦。我們有同樣的基本需求與關懷。更有甚者，我們都追求自由與命運自決的權利。這是人的天性。世界各地從東歐到非洲都在發生劇變，就是最好的佐證。

同時，我們今天面臨的問題——暴力衝突、破壞自然、貧窮、飢餓等——主要都是人類造成的。它們唯有經過人類的努力與諒解，並培養民胞物與的情操才能解決。要做到這一點，我們必須基於善意與自覺，建立對彼此，及對這個我們共同擁有的星球的宇宙責任感。

不過，雖然我發現佛教信仰有助於產生慈悲，但我相信任何人都能發展出這種情操，不一定要靠宗教。我更相信，所有的宗教追求的都是相同的目標：為善與帶給全人類幸福。雖然手段不盡相同，目標卻是一般無二。

隨著科學對我們生活的衝擊日趨擴大，宗教與心靈修養在提醒我們自己具有的人性方面，重要性也與日俱增。兩者之間並沒有衝突，反而互有啟發。科學和佛陀的教誨都告訴我們，萬事萬物基本上是一致的。

本書之末，我希望利用這機會特別向西藏的朋友致感謝之忱。你們對西藏人所受苦難的關懷與支持，令我們深為感動，也帶給我們繼續為自由正義奮鬥的勇氣。我們所恃者不是武器，而是更強大有力的真理與決心。我知道我的道謝足以代表所有的西藏人，請不要在這歷史上生死存亡的一刻忘記西藏。

我們也希望能為促進世界和平、人道與美有所貢獻。未來的自由西藏將設法協助所有需要幫助的人，保護自然，促進和平。我相信，我們西藏人精神與現實並重的能力，必將有其特殊的貢獻，不論多麼渺小。

最後，我希望與讀者分享一段帶給我極大啟發與信心的發願文：

虛空尚存
輪迴未盡
願留世間
普度苦厄

譯後記

一、本書涉及之漢地及藏地名稱，以中共現行地名為主。

二、人名部分，藏人譯名以藏音為準，有些則採此地慣用之譯名（如「天津」，藏音應為「ㄉㄧㄢ津」）。

三、此書雖非佛學書籍，但因佛教思想及文化融入西藏生活，故相關名辭均以此地慣用之佛學語彙表達。

四、歷史事件各有爭議，均須留待後世查驗，讀者宜細心辨之。

五、此書牽涉層面龐雜，譯者雖已盡力，若有失誤之處，仍盼指正。

達賴喇嘛年表

一九三三年　達賴十三世圓寂，享年五十七歲。

一九三五年　七月六日，達賴十四世誕生於安多省古本寺附近的塔澤（青海湟中祈家川）。在達賴二歲多時，尋訪團出發尋找達賴的轉世。

一九三九年　在付給青海省主席馬步芳大筆贖金後，尋訪團帶著幼小的達賴於夏天動身前往拉薩。秋天，達賴抵達拉薩，時年四歲。

一九四〇年　冬季，達賴被送往布達拉宮，正式升座成為藏人的精神領袖。不久，在大昭寺由攝政瑞廷仁波切剃度成為沙彌。

一九四一年　六歲的達賴指定塔湯仁波切繼瑞廷仁波切之後成為攝政。

一九四三年　時年八歲，接受一般顯教的僧侶教育及密法。

一九四五年　時年十歲，認眞研讀佛學、因明，第二次大戰結束。

一九四七年　早春，瑞廷仁波切發動武裝政變，事敗死於獄中。時年十二歲，由兩位稱廈訓練辯論。所有在拉薩的中國官員都被驅逐出境。

一九五〇年　夏天，就在藏劇節前夕西藏發生大地震。

十月，八萬人民解放軍越過昌都東邊的翠處河。中共廣播宣稱：中共建國一周年，開始「和平解放」西藏。

十一月七日，西藏噶廈及政府向聯合國求援要求出面調停。

十一月十七日，年僅十七歲的達賴喇嘛正式即位管理國事。隨即暫居南方的錯模。

一九五一年　春天，前昌都省長嘎波嘎旺吉美在北京被迫簽署和平解放西藏的十七點協議。

七月十六日，中共西藏省主席張經武將軍抵達錯模。

八月中旬，經過九個月的流亡，達賴返回拉薩。

十月二十六日，譚冠三與張國華率領十八路軍的三千共軍開進拉薩。稍後更多共軍進駐。

冬，二萬共軍開進拉薩。拉薩發生糧荒、通貨膨脹，共軍與藏人對立態勢升高。（一九五一～五二的冬天，達賴修習「道次第」）

一九五二年　春，兩位總理被迫解職。班禪喇嘛抵達拉薩。

一九五三年　夏，林仁波切授予達賴喇嘛時輪金剛灌頂。隨即閉關一個月。

一九五四年　年初，默朗木慶典期間，達賴正式受比丘戒。中共邀請達賴訪問中國大陸。

夏天，達賴第一次傳時輪金剛灌頂。

秋，達賴、班禪與隨員一行人訪問大陸。在北京停留十周，十月慶典後才離開。

冬，達賴一行人參觀大陸的工業建設。

一九五五年　一月底，達賴在北京邀請朱毛劉周四巨頭共度羅薩節。毛在席間模仿達賴丟糌粑。

春，在回拉薩的前一天，毛對達賴說：宗教是毒藥……。令達賴驚訝害怕。

四月，尼赫魯簽署「中印和約」——包括班察希爾備忘錄。雙方同意在任何狀況下互不干涉對方內政；西藏是中國的一部分。

六月，返回拉薩。中共開始在安多、西康徵牲口稅、清算廟產、沒收充公財產、分配土地、公審地主。

冬，西藏自治區預備委員會開始籌備。康巴人奮起抗暴。

一九五六年　年初，羅薩節期間涅沖神諭預言「摩尼寶光」將照耀西方。默朗木慶典期間「處溪岡竹」——安多、西康抗暴聯盟成立。

春，錫金皇太子抵達拉薩，代表印度摩訶菩提學會邀請達賴參加在印度舉行的佛陀二千五百年誕辰紀念。

四月，陳毅率領代表團訪問拉薩。

五、六月，為對付日益壯大的抗暴活動，中共增調四萬大軍入藏鎮壓。

十一月，達賴離開拉薩赴印，與班禪喇嘛同行。留印期間除參加紀念法會、朝聖外，還向尼赫魯求助，尋求政治庇護的可能性。但最後達賴還是接受尼赫魯的勸告、周恩來的保證返回拉薩。

一九五七年　三月，啟程，四月一日抵達拉薩，全西藏的形勢不但已不受中共控制，連達賴也控制不住。

夏，抗暴勢力增強、攻勢愈發淩厲。

一九五八年　達賴遵照「新任達賴必須在寶園另築新居」的傳統，遷入諾布林卡新宮。

夏末，達賴前往哲蚌寺、色拉寺進入最後大考的第一部分考試。

冬天，返回拉薩。

一九五九年　年初，達賴從諾布林卡新宮遷往大昭寺準備參加默朗木慶典及最後大考。啟程之前，張經武邀請達賴觀賞歌舞。在默朗木誦經儀式中，又有兩名共軍下級軍官重申張將軍的邀請。

三月五日，得到格西學位的達賴從大昭寺回諾布林卡。

三月七日，中共又與達賴接觸，確定看表演的時間，達賴選了三月十日。

三月九日，中共人員帶侍衛總管去見軍事顧問傅准將，傅准將堅持不要有西藏士兵隨行，只准二三名沒有武裝的侍衛同行，並要求將整件事絕對保密。

三月十日早晨，人民湧出拉薩，圍住諾布林卡保護達賴。晚間譚冠三將軍送來第一封信，以溫和得令人懷疑的口吻，勸達賴到中共司令部以策安全。

三月十一日，群眾領袖向政府宣布，要派衛兵在諾布林卡外的內閣門口守衛，防止政府被迫與中共妥協。譚將軍第二次送來二封信，一封給達賴，一封給官員，要求拆除公路上的路障，此舉引起反效果。情勢危急，達賴請示涅沖神諭，該留下或逃走，神諭指示應留下繼續對話；達賴不敢肯定，又花了一個早晨進入另一種降神儀式「謨」，但結果相同。

三月十六日，達賴接到譚將軍的第三封信，並附有嘎波嘎旺吉美的信，嘎波要達賴在地圖上標出所在位置，炮兵就不會轟到。

三月十七日，達賴再度請教神諭，神諭指示「快走、快走、今晚！」並清楚畫出逃走的路線。一個多星期後，達賴一行人抵達隆次宗，停留兩天，達賴駁斥十七點協議並宣布恢復西藏的合法政府。在逃離拉薩三星期後，達賴到達印度的旁地拉。
四月二十四日，尼赫魯到莫梭瑞。尼赫魯正告達賴：印度不會承認西藏政府。
六月，前往德里與尼赫魯商討難民問題。
六月二十日，在莫梭瑞舉行記者會，正式否認十七點協議。當天傍晚，印度政府發表官方公報：不承認西藏流亡政府。
十月，聯合國大會辯論馬來西亞聯邦及愛爾蘭共和國提出的初步提案，最後終於通過。時年二十四歲。
年底，阿闍梨庫立帕拉尼所領導的「中央救濟委員會」以及「美國西藏難民急難委員會」成立了。
十二月，達賴朝聖。先到德里會見尼赫魯聽取他對聯大決議的意見；並且會見了印度總統拉伽德拉·普拉薩德博士。之後前往菩提伽耶，達賴第一次為一百六十二位沙彌授比丘戒。接著到鹿野苑，舉行七天法會。朝聖結束返回莫梭瑞，得知印度政府計劃把達賴等人遷往永久住所——達蘭莎拉。之後首次訪問北方各省及築路的西藏難民。

一九六〇年

二月一日，第一批西藏難民抵達印度南部米索州的拜拉庫普屯墾。
三月十日，達賴發表西藏人民抗暴紀念聲明：強調以長遠眼光來看西藏處境……當務之急是定居下來、延續傳統文化，對於未來達賴的信念是：以真理、正義和勇氣為武器，西藏終將戰勝，並重獲自由。
四月三十日，達賴一行人抵達達蘭莎拉。
九月二日，成立西藏人民代表大會。稍後與英國作家大衛·霍華恩合著《吾土吾民》。
大部分的屯墾區建立於本年至一九六五年期間。

一九六一年　西藏政府出版西藏憲法草案綱領。達賴加入一條規定：只要國民大會三分之二票數通過，就可以解除達賴職權。

一九六二年　中印戰爭。

一九六三年　召開西藏各教派（包括苯教）會議商討如何保存並傳播西藏佛教文化。

一九六四年　尼赫魯逝世。夏士崔繼任印度總理。大姊澤仁多瑪逝世。

秋天，泰國、菲律賓、馬爾他、愛爾蘭、尼加拉瓜和薩爾瓦多在聯合國提出決議草案，聯合國大會重新討論西藏問題，印度投票支持西藏。

一九六五年　九月一日，印巴戰爭。達賴稍後訪問印度南方各省。達賴開始吃素，二十個月後得了嚴重的黃疸病，醫生診斷為B型肝炎，並囑咐恢復吃肉。

一九六六年　一月十日，印巴和解。印度總理於印巴和約簽訂後數小時，死於塔什干。

一九六七年　秋天，首度離開印度到日本、泰國旅行。

一九七〇年　春拉康寺完工。在此之前已重建南嘉寺。稍後在印度南方的卡納塔卡重建甘丹、色拉、哲蚌等三大寺。六〇年代末期成立西藏文獻圖書館。

一九七三年　首度前往歐洲及北歐（斯堪地那維亞），費時六周、足跡遍及十一國。

一九七四年　達賴第一次在菩提伽耶傳「時輪金剛灌頂」。

一九七七年　四月，嘎波嘎旺吉美公開宣布：中共歡迎達賴喇嘛以及逃亡到印度的西藏人回去。不久華國鋒呼籲全面恢復西藏的風俗習慣。

一九七八年　二月二十五日，在幾乎十年監禁之後，中共突然釋放班禪喇嘛。

一九七九年　三月十日，達賴喇嘛在西藏人民抗暴十九周年紀念的演說中，呼籲中共當局開放西藏讓外國旅客無限制進入，同時也建議中共應該允許西藏當地人民能探訪流亡在外的家族等等。
年底，鄧小平成為北京政府最高領導人。
十一月，中共在拉薩舉行盛大儀式，公開釋放三十四名政治犯，這些人大部分是前西藏政府的行政官員。
二月一日，美國正式承認中華人民共和國。班禪喇嘛十四年來公開露面，呼籲達賴喇嘛以及流亡在外的西藏人回去。
二月八日，嘉洛通篤抵達康普，告訴達賴：他見到鄧小平的密使，中共領導人物想和達賴喇嘛展開溝通；並邀請他到北京談談。
三月底，中共接受達賴喇嘛派遣考察團前往西藏的提議。
六月初，達賴訪問莫斯科、布里雅特共和國、蒙古人民共和國。
八月二日，西藏流亡政府五人考察團離開新德里前往西藏和北京。考察團於北京停留二星期，考察西藏四個月。於十二月底回到達蘭莎拉。

一九八〇年　五月，二支考察團從印度前往西藏。第二支考察團被中共以「挑撥群眾造反，危及祖國統一」的罪名驅逐出境，由傑春佩瑪所率領的第三支教育考察團於一九八〇年十月回到達蘭莎拉。

一九八一年　達賴的母親去世。第二次訪美。

一九八四年　達賴派出先遣隊，為次年訪問作預備工作。但因中共鎮壓異議分子，先遣隊無法成行，訪問取消。
第三次訪美。

一九八五年　五月，中共展開鼓勵移民的大型宣傳活動。

七月，九十一位美國國會議員聯名寫信給當時的中共國家主席李先念，表示支持中共政府與達賴的代表舉行直接談判。信中鼓勵中共盡可能考慮達賴閣下及其人民極為合理而正當的願望。

暮秋，甘地夫人遇刺身亡。

一九八六年　達賴之兄羅桑桑天去世。

一九八七年　年初，達賴接到前往華府美國國會人權高峰會議的邀請。

九月二十一日，達賴在美國國會山莊演講提出「五點和平計畫」。在達賴赴美之前，美國國會出版了西藏人權被侵犯的新報告，指出國會一九八五年致李先念的信被忽視，「沒有證據顯示中華人民共和國曾對達賴喇嘛合理而正當的願望作任何考慮」。

九月、十月，拉薩發生兩次示威。

一九八八年　年初，默朗木法會照常舉行。

三月五日，拉薩動亂、宵禁兩周。這次的規模和嚴重性都遠超過去年秋天。

達賴接到在歐洲議會演說的邀請。若干西方領袖也呼籲中共，就西藏的未來與達賴談判。

六月，達賴在薩爾斯堡演說，提到在某些特殊狀況下，西藏可與中共保持關係，由北京指揮它的外交、國防。達賴也表示：西藏流亡政府隨時準備與中共官方談判。可是達賴堅持這只是提議，任何決定權都操諸西藏人民手中，不能由他自己來決定。

秋天，中共表示願意和達賴喇嘛討論西藏的未來。這次中共第一次不僅願意討論達賴喇嘛地位，也願意討論西藏本身。

一九八九年　一月，中共與西藏流亡政府代表在日內瓦會談。

一月二十八日，班禪喇嘛在訪問西藏期間，心臟病發作圓寂。
三月五日，拉薩發生一連三天的示威。
三月八日，拉薩戒嚴。
六月四日，天安門大屠殺，中共武裝鎮壓民主運動。
秋天，達賴獲得諾貝爾和平獎。

達賴喇嘛自傳

1990年12月初版　　定價：新臺幣320元
2018年3月初版第三十二刷

著者 Dalai Lama
譯者 康鼎

出版者	聯經出版事業股份有限公司	總編輯	胡金倫
地址	新北市汐止區大同路一段369號1樓	總經理	陳芝宇
台北聯經書房	台北市新生南路三段94號	社長	羅國俊
電話	(02)23620308	發行人	林載爵
台中分公司	台中市北區崇德路一段198號		
暨門市電話	(04)22312023		
郵政劃撥帳戶第	0100559-3號		
郵撥電話	(02)23620308		
印刷者	世和印製企業有限公司		
總經銷	聯合發行股份有限公司		
發行所	新北市新店區寶橋路235巷6弄6號2F		
電話	(02)29178022		

行政院新聞局出版事業登記證局版臺業字第0130號

本書如有缺頁，破損，倒裝請寄回台北聯經書房更換。　ISBN 978-957-08-0521-5 (平裝)
聯經網址 http://www.linkingbooks.com.tw
電子信箱 e-mail:linking@udngroup.com

國家圖書館出版品預行編目資料

達賴喇嘛自傳 / Dalai Lama著．康鼎譯．
初版．新北市．聯經．1990年．
344面；14.8×21公分．
譯自：Freedom in Exile：the autobiography
of the Dalai Lama
ISBN 978-957-08-0521-5(平裝)
[2018年3月初版第三十二刷]

1.達賴喇嘛十四世－傳記

226.969 79001495